5-7, rue de l'Ecole-Polytechnique, 75005 Paris

www.editions-harmattan.fr

ISBN : 978-2-343-13423-9
EAN : 9782343134239

Qu'est-ce que le droit ?

Théorie syncrétique et échelle de juridicité

Le droit aujourd'hui

La collection « Le droit aujourd'hui » regroupe des études juridiques concernant des problèmes d'actualité nationale et internationale, dans divers domaines (éthique, politique, questions de société...).

Déjà parus

Marie Pelé et Cédric Sueur (Coord.), *Questions d'actualité en éthique animale*, 2017.
Guy Dibangue, *La recherche de l'équilibre contractuel dans le cautionnement*, 2017.
David Defrance, *Le retour à meilleure fortune, Étude en droit des difficultés économiques*, 2017.
Mariem Aydi Ghozzi, *Les principes généraux dans la jurisprudence de l'organe de règlement des différends de l'OMC, 2017.*
Boris Barraud, *Le droit postmoderne. Une introduction*, 2017.
Boris Barraud, *La jurisprudence et la doctrine*, 2017.
Geneviève Iacono, *Voyages au cœur des propriétés publiques*, 2016.
Nitish Monebhurrun, *La fonction du développement dans le droit international des investissements,* 2016.
Djiby Sow, *La légalité de l'intervention militaire française au Mali. Contribution à l'étude du cadre juridique de la lutte armée contre le terrorisme international*, 2016.
Emmanuel Tessier, *Le stade en droit public. Recherche sur le régime juridique des enceintes sportives*, 2015.
Sophie Huvé, *La Russie et l'ONU. L'Organisation des Nations unies, cadre et instrument de la politique extérieure russe (1999-2015)*, 2015.
Claudine Pérez-Diaz, Marie-Sylvie Huré, *Violence conjugale, missions et finalités concrètes de l'intervention pénale*, 2015
Jean-Grégoire Mahinga, *Le statut du tribunal international du droit de la mer, Commentaire article par article*, 2015
Peggy Larrieu, *Neurosciences et Droit pénal, Le cerveau dans le prétoire*, 2015.

Boris Barraud

Qu'est-ce que le droit ?

Théorie syncrétique et échelle de juridicité

L'Harmattan

Sommaire

Introduction

La question « qu'est-ce que le droit ? » est peut-être la première et la plus cardinale de toutes les questions posées à la pensée et aux sciences juridiques[1]. Au début de son ouvrage *Le concept de droit*, écrit à la fin des années 1950, Herbert Hart note combien « il est peu de questions relatives à la société humaine qui aient été posées avec autant de persistance et qui aient fait l'objet, de la part de théoriciens réputés, de réponses aussi différentes, étranges et même paradoxales que la question "Qu'est-ce que le droit ?" »[2]. Pourtant, les entreprises menées afin d'y répondre sont aujourd'hui de plus en plus rares, comme si les juristes étaient tentés de capituler face au redoutable défi du concept de droit, comme s'ils se résignaient à ne jamais disposer d'un objet d'étude homogène et stable, dont l'identité serait précisément établie et les frontières nettement tracées[3]. En souhaitant réfléchir à nouveaux frais à la définition du droit, on touche forcément à un nid de guêpes.

Il faut cependant gager qu'il demeure possible — si ce n'est nécessaire — d'interroger *les propriétés et les dimensions du droit.* Se demander comment reconnaître le droit serait une prémisse indispensable pour pouvoir éventuellement connaître le droit, *a fortiori* à l'ère du multijuridisme et du panjuridisme, en des temps où l'on en vient à appeler « droit » des objets normatifs ou semi-normatifs hétéroclites, ne réduisant plus l'univers juridique aux domaines de la loi et de la jurisprudence. Alf Ross pouvait convenir en ce sens que la tâche de la théorie du droit serait déjà de répondre à la problématique suivante : « En quoi le système juridique se distingue-t-il d'autres ensembles particuliers de normes comme ceux des échecs, du bridge ou de la courtoisie ? »[4].

Or une nouvelle route du droit, une nouvelle manière d'aborder le monde juridique et ses limites pourrait être explorée : le *syncrétisme*

---

[1] Il s'agit en effet, autrement formulée, de la question « quel est l'objet d'étude et d'enseignement des juristes ? ».

[2] H. L. A. HART, *Le concept de droit*, trad. M. van de Kerchove, 2e éd., Publications des Facultés universitaires Saint-Louis (Bruxelles), 2005, p. 19.

[3] Néanmoins, par exemple, *Droits* 1989, n° 10, « Définir le droit (1) » ; *Droits* 1990, n° 11, « Définir le droit (2) ». Les contributions portées par ces deux livraisons de la revue *Droits* s'avèrent toutefois excessivement disparates, loin de donner au droit un contenu unitaire et des contours précis. Aussi constate-t-on une forme de défaitisme dans la pensée juridique contemporaine : du point de vue théorique, le droit serait indéfinissable et, par suite, inconnaissable.

[4] A. ROSS, *On Law and Justice*, Stevens & Sons (Londres), 1958, p. 29-30.

juridique[1]. Dans le cadre syncrétique, les définitions du droit ne doivent plus être considérées telles des concurrentes, mais telles des associées. Elles ne s'opposent plus, mais se complètent. Il s'agit moins de choisir parmi elles que de les combiner dans un élan éclectique. En ce sens, la théorie syncrétique se présente telle une *théorie pluraliste du droit.*

Il existe déjà diverses théories pluralistes du droit : ce sont les théories qui, à l'instar de la « théorie tridimensionnelle de la validité »[2], retiennent plusieurs critères de juridicité plutôt qu'un seul et unique critère de juridicité. Mais la tentation dominante, au sein de la doctrine, est de n'envisager qu'une juridicité monolithique[3]. La particularité de la théorie syncrétique du droit est de vouloir retenir non plusieurs, mais *tous les critères de juridicité.* Proposer un critère de juridicité et proposer des critères de juridicité constituent, semble-t-il, des attitudes épistémologiques proches. En revanche, *constater les critères de juridicité, tels qu'ils sont donnés dans la pensée juridique collective*, permettrait de s'attacher à la réalité du concept de droit plus qu'à la relativité du concept de droit. Par conséquent, la théorie syncrétique du droit ne se singularise guère en raison de la pluralité

---

[1] Les premiers jalons de la théorie syncrétique du droit (et de l'échelle de juridicité qui en est le corollaire) ont été posés dans deux livraisons successives des *Archives de philosophie du droit* : « L'échelle de juridicité : un outil pour mesurer le droit et fonder une théorie syncrétique (première partie : présentation) », *Arch. phil. droit* 2013, p. 365 s. ; « L'échelle de juridicité : un outil pour mesurer le droit et fonder une théorie syncrétique (seconde partie : application) », *Arch. phil. droit* 2014, p. 503 s. Cette théorie a ensuite été développée dans le cadre de recherches consacrées à l'acceptabilité *jus*-théorique du pluralisme juridique : *Théories du droit et pluralisme juridique – t. II : La théorie syncrétique du droit et la possibilité du pluralisme juridique*, PUAM (Aix-en-Provence), coll. Inter-normes, 2016. Et elle a été reprise notamment par le Professeur René Sève, qui lui consacre une partie *ad hoc* dans son dernier manuel de *Philosophie et théorie du droit* (2e éd., Dalloz, coll. Cours, 2016, p. 184 s.). L'objet du présent texte est de synthétiser les prémisses et les conséquences de la théorie syncrétique du droit et de l'échelle de juridicité. Il s'agit donc de les présenter sous une forme épurée, en faisant l'économie des ornements et du bagage scientifiques et doctrinaux utilisés au sein des travaux précités. L'objectif est de n'exposer ici que les explications les plus nécessaires à la compréhension de leurs fins et de leurs moyens, cela afin de mettre le plus directement possible le lecteur en relation avec le droit à travers le prisme du syncrétisme.

[2] Notamment, M. REALE, « La science du droit selon la théorie tridimensionnelle du droit », in *Mélanges Jean Dabin*, Sirey, 1963, p. 211 s. ; M.-J. FALCON Y TELLA, *A Three-Dimensional Theory of Law*, trad. H. Shneider, Martinus Nijhoff Publishers (Leiden), 2010 ; M.-J. FALCON Y TELLA, « La tridimensionalidad y el problema de la validez del derecho », *Revista de la Facultad de Derecho de la Universidad Complutense de Madrid* 1989-1990, p. 91 s. ; M.-J. FALCON Y TELLA, « Valeurs, normes et faits dans le droit », *RIEJ* 2004, n° 53, p. 133 s. ; F. OST, M. VAN DE KERCHOVE, *De la pyramide au réseau ? Pour une théorie dialectique du droit*, Publications des Facultés universitaires Saint-Louis (Bruxelles), 2002, p. 310.

[3] Jean Carbonnier pouvait enseigner que « la constatation que coexistent deux ordres de règles, les règles juridiques et toutes les règles sociales qui ne sont pas juridiques, nous impose de chercher *un* critère par lequel différencier les deux catégories. [...] Il faut se mettre en campagne pour découvrir ce que peut être *le* critère du juridique » (J. CARBONNIER, *Sociologie juridique*, Puf, coll. Quadrige manuels, 2004, p. 16 (non souligné dans le texte original)).

des critères de juridicité qu'elle retient, mais en raison de la méthode qu'elle applique afin de les identifier[1].

La théorie syncrétique s'envisage moins telle une théorie du droit supplémentaire que telle une *théorie du droit transversale* s'appuyant sur les théories préexistantes dans le but de comprendre autrement le concept de droit. On remarque souvent combien les théories du droit pècheraient en raison d'un biais quasi-naturel : leur prétention à l'absolutisme. Chacune aurait pour intention non de rechercher ce qu'est le droit, mais d'imposer « sa » vision du droit. Et chacune souhaiterait expliquer l'entier phénomène juridique par une donnée-clé unique, risquant de délaisser ainsi beaucoup des éléments faisant la *richesse du droit effectif.* Puisque cette donnée-clé varie d'une théorie à l'autre, la simplicité et la clarté de chaque courant théorique contrastent avec la complexité et l'ambiguïté de la pensée du droit prise dans son ensemble[2]. Dans ce paysage *jus*-théorique disparate, chaque proposition apparaît dès lors fort contingente, fort contestable. Il en résulte un *conflit des théories du droit* aujourd'hui encore très prégnant : jusdogmatisme contre

---

[1] Les propositions les plus proches de la théorie syncrétique du droit semblent devoir être recherchées du côté des théoriciens regroupés derrière la bannière du « postpositivisme ». Ces auteurs entendent, en effet, renouveler la pensée du droit en dépassant les clivages traditionnels. Ils expliquent, par exemple, que « les écoles analytique, réaliste et jusnaturaliste ne sont plus des positions opposées dont l'une devrait être choisie au détriment de l'autre. Les imperfections de chacune de ces doctrines sont devenues trop évidentes. L'objectif de la théorie du droit ne doit plus être le choix entre des courants dont chacun sort affaibli de décennies d'analyse critique, mais la collection de leurs parties demeurées intactes » (A. AARNIO, R. ALEXY, A. PECZENIK, « The Foundation of Legal Reasoning », in Ch. GRZEGORCZIK, F. MICHAUT, M. TROPER, *Le positivisme juridique*, LGDJ, coll. La pensée juridique, 1993, p. 159). Ainsi en vient-on, alors que se déploient des approches « postmodernes » tentant de dépasser le dogmatisme moderne, à retenir que, « si les diverses écoles de pensée nourrissent en elles-mêmes leurs propres excès et ne parviennent pas, isolément, à une définition complète et satisfaisante du droit, celle-ci ne peut procéder que d'une certaine conjonction des théories. […] Il existe, au-delà des positions extrêmes, une approche intermédiaire […] qui concilie les apports respectifs des diverses doctrines tout en purgeant celles-ci de leurs excès partisans » (J.-L. BERGEL, *Théorie générale du droit*, 5e éd., Dalloz, coll. Méthodes du droit, 2012, p. 30). Il y a cependant une grande différence entre ces théories « postpositivistes » ou « postmodernes » et la théorie syncrétique : dans le cadre des premières, le théoricien est invité à sélectionner arbitrairement et subjectivement le nombre et l'identité des « parties demeurées intactes » et des « apports respectifs » des théories préexistantes, donc à retenir seulement ce qui lui apparaît « juste » ou « logique » ; tandis que la définition du droit de la théorie syncrétique doit consister en une simple observation scientifique indépendante de tout jugement personnel. Si les théories « postpositivistes » ou « postmodernes » retiennent plusieurs critères de juridicité — généralement trois —, elles seraient toujours des théories empreintes de la personnalité de leurs auteurs, donc des théories partiales et partielles, des opinions particulières et orientées.

[2] Comme le décrivait — et le regrettait — Michel Villey dans les années 1980, « la pensée contemporaine ne constitue qu'un faisceau de contradictions. […] La pluralité des philosophies pourrait bien être le résultat de la présente maladie de cette discipline [le droit], et du systématisme moderne, qui provoque chacun à produire des systèmes unilatéraux. […] Notre sort est d'être écartelés entre une multitude de doctrines. Il faut choisir » (M. VILLEY, *Philosophie du droit – Définitions et fins du droit – Les moyens du droit* (1984-1986), Dalloz, coll. Bibliothèque Dalloz, 2001, p. 32).

juspragmatisme ; juspositivisme contre jusnaturalisme ; jusnormativisme contre jusréalisme ; panjuridisme contre rigorisme juridique ; monisme juridique contre pluralisme juridique ; postmodernité juridique contre modernité juridique, etc. C'est pourquoi l'on peut être tenté de chercher à *réconcilier les théories du droit* en suivant le chemin du syncrétisme juridique. Avec ce syncrétisme, il devient possible d'embrasser toutes les approches du phénomène juridique, même lorsqu'elles se sont jusqu'à présent livrées une sévère bataille[1].

Bien sûr, en invitant à ne s'affilier à aucun courant théorique, la théorie syncrétique ne trace pas moins un nouveau chemin théorique. Le bergsonien dont la profession de foi est de ne s'attacher à aucune école, d'adopter une posture de neutralité, n'est-il pas le premier à s'attacher à une école ? Reste que le syncrétisme permet de reconnaître que, si diverses conceptions du droit rencontrent un certain succès dans la psyché juridique collective, chacune porte peut-être une part de la vérité quant à l'identité du droit. En les associant, on pourrait donc mieux comprendre, à la fois plus clairement et plus complètement, ce que le concept de droit recouvre. Tel est l'objectif poursuivi par la théorie syncrétique, tel est l'objet de ce texte.

Par suite, la théorie syncrétique espère constituer plus qu'un pot-pourri théorico-postmoderne, plus qu'une simple juxtaposition de considérations éparses et formant un conglomérat ou simple agrégat théorique anarchique et confus. Elle se veut une *conjugaison théorique* comprenant une large part d'architectonique, une *théorie unitaire car répondant à une logique précise*. « *In varietate concordia* » (« l'unité dans la diversité »)[2], en somme. L'intention de la théorie syncrétique est ainsi de proposer une nouvelle voie afin de résoudre l'énigme du droit, c'est-à-dire l'*énigme de la définition du droit*. Si une théorie du droit peut être une théorie de la notion de droit ou une théorie de la science du droit (« droit » désignant à la fois un objet et la discipline qui étudie cet objet), *seules les questions de la définition du droit et des moyens de l'obtenir intéressent la théorie syncrétique*.

Les dictionnaires de la langue française définissent le « syncrétisme » en tant que « fusion de différents cultes ou doctrines religieuses ; en particulier, [la] tentative de conciliation de différentes croyances en une nouvelle qui en ferait la synthèse ; [la] combinaison plus ou moins harmonieuse d'éléments hétérogènes issus de différentes doctrines philosophiques ou visions du monde ; [le] mélange d'éléments de plusieurs cultures ou de différents systèmes sociaux »[3]. C'est bien sur ce modèle que la théorie syncrétique du

---

[1] Convaincu que la synthèse serait l'exigence supérieure, le *jus*-syncrétiste pourrait reprendre à son compte le discours du peintre Gustave Courbet qui ne souhaitait s'inscrire dans aucune école artistique en particulier : « Il faudra que l'on dise de moi : "Celui-là n'a jamais appartenu à aucune école, aucune église, aucune institution, aucune académie, aucun régime" » (lettre du 3 juin 1870).

[2] Devise de l'Union européenne.

[3] V° « Syncrétisme », in *Trésor de la langue française*.

droit entend s'appuyer. Aussi aspire-t-elle à se développer non contre, mais *avec les autres théories du droit*, chaque proposition étant la bienvenue à ses yeux, car permettant de l'enrichir[1]. La théorie syncrétique perdrait même tout sens si elle s'éloignait des théories préexistantes. En effet, elle s'envisage en tant que « médiateur théorique », c'est-à-dire en tant que tiers chargé de réconcilier des parties en litige théorique, litige portant principalement sur le sens, la portée et les limites du concept de droit. Quand les théories du droit prétendent d'ordinaire disqualifier les regards dissidents, la théorie syncrétique entend donner à chaque regard droit de cité. Prolongeant les réflexions contemporaines selon lesquelles « les théories du droit sont précieuses si elles sont envisagées non exclusivement, mais dans leur complémentarité »[2], le syncrétisme juridique n'espère donc pas réduire l'importance des théories du droit existantes en les faisant passer pour erronées ou archaïques, mais attribuer à chacune un rôle à jouer dans le grand film de la pensée juridique.

La fin de la théorie syncrétique est de parvenir à reconnaître ce qui serait « la » définition du droit, quand toute théorie du droit, habituellement, proposerait seulement « une » définition du droit — *i.e.* « sa » définition du droit. Il s'agirait de « la » définition du droit non en ce qu'elle revêtirait une quelconque qualité supérieure ou universelle, mais en ce qu'elle formerait une construction syncrétique, presque une donnée scientifique et, en tout cas, une donnée empirique. La théorie syncrétique s'imagine ainsi telle l'antithèse d'une théorie du droit partiale et partielle. *Le théoricien, muant en lexicographe et devenant plus chercheur en droit que penseur du droit, pourrait recueillir dans la pensée juridique collective la définition effective du droit.* La laïcité théorique et le polythéisme théorique sont alors proches. À l'instar du panthéon romain qui accueillait sans autre forme de procès tous les dieux grecs et étrusques profitant de quelque succès populaire, il s'agit ici de reconnaître ce qu'est le droit au terme d'une recherche objective et empirique, excluant tout préjugé et toute prise de position idéologique ou autrement personnelle.

Y compris parmi les facultés de droit, on reste souvent sans réponse face à la question « qu'est-ce que le droit ? » — ou plutôt les éléments de réponse sont si divers et parfois contradictoires qu'il en devient difficile de se représenter avec précision le phénomène juridique et ses contours, difficile de déterminer sa substance et délimiter ses frontières. Le concept de droit est peut-être le concept le plus polysémique de toute la culture juridique. Cela

---

[1] Cela en réalité à une condition : que la proposition en cause revête une force doctrinale significative dans la pensée juridique collective ; autrement dit qu'elle connaisse une audience véritable, une pénétration véritable dans la pensée juridique collective, ce qui exclut les discours par trop isolés, méconnus et/ou très peu partagés.

[2] P. DEUMIER, *Le droit spontané*, Economica, coll. Recherches juridiques, 2002, p. 318.

ne peut qu'être problématique pour les juristes et les inviter à engager de nouveaux travaux afin de mieux cerner son sens et sa portée.

Or, le nom « droit » et son adjectif « juridique » étant des outils de langage appuyés sur des représentations intellectuelles, ils ne désignent pas plus ni autre chose que ce que ceux qui les utilisent conçoivent à travers eux. C'est pourquoi la réponse à la question de la spécificité du droit parmi l'ensemble des constructions sociales pourrait être recherchée non au moyen d'une approche stipulative et spéculative, subjective et originale, mais au moyen d'une approche linguistique, presque scientifique, visant à *recenser tous les usages de ces mots partagés au sein de la communauté linguistique.* Telle est l'option méthodologique retenue par la théorie syncrétique.

Le nombre des conceptions du droit « en vigueur » est déjà si élevé qu'il en devient difficile d'imaginer que la définition du droit pourrait ne pas s'y trouver. Mieux vaudrait dès lors demeurer dans la prison sémantique et ne pas chercher à s'évader des sens, donc s'attacher à la signification du mot « droit » déjà existante plutôt qu'en proposer une nouvelle acception. Bien sûr, en d'autres temps — spécialement lorsqu'est ressenti le besoin d'une rupture épistémologique et théorique par rapport aux représentations habituelles —, il pourrait être bienvenu de s'inscrire dans un mouvement de construction ou de reconstruction du concept de droit. Mais, aujourd'hui, il est peut-être préférable d'aller au droit en empruntant les chemins battus, éventuellement avec un véhicule différent, plutôt qu'en ouvrant une nouvelle piste parallèle aux nombreuses pistes déjà tracées. Et ce véhicule différent serait un véhicule scientifique. La théorie syncrétique soutient en effet que *des vérités scientifiques et des progrès scientifiques seraient possibles dans le domaine de la théorie du droit.* Si la science du droit est un méta-langage descriptif du droit positif, la théorie syncrétique entend constituer un *méta-langage descriptif de la notion de droit positive.*

Émile Durkheim enseignait que « ce qu'il importe de savoir, ce n'est pas la manière dont tel penseur, individuellement, se représente telle institution, mais la conception qu'en a le groupe ; seule, en effet, cette conception est socialement efficace »[1]. L'objet de la théorie syncrétique est d'appliquer pareille analyse à la pensée juridique. Aussi, à l'instar de certains écrits de Michel Villey, le texte qui débute « sera comme le résumé d'un colloque, où sur les principes du droit s'affronteront des points de vue divers. L'auteur lui-même n'aura pas à intervenir ; ce ne sera pas son rôle d'apporter des vues personnelles ; seulement de régler l'ordre du jour »[2].

[1] É. DURKHEIM, *Les règles de la méthode sociologique*, 2e éd. (1937), Puf, coll. Bibliothèque de philosophie contemporaine, 1973, p. XV.
[2] M. VILLEY, *Philosophie du droit – Définitions et fins du droit – Les moyens du droit* (1984-1986), Dalloz, coll. Bibliothèque Dalloz, 2001, p. 34.

Un mot peut désigner tout objet et il n'existe jamais de lien consubstantiel entre le signifiant et le signifié. Or le droit peut être menacé autant par le danger d'une excessive dilution de son sens que par celui d'une excessive réduction de son sens. La théorie juridique poursuivrait donc un difficile équilibre. Et le syncrétisme juridique pourrait réussir un tour de force définitionnel : consacrer une définition large du droit tout en consacrant une définition précise du droit — large en ce qu'elle accueille divers critères de juridicité ; précise en ce qu'elle retient des critères de juridicité rigoureusement déterminés.

Ensuite, il faut gager que la réflexion relative à la question « qu'est-ce que le droit ? » n'est ni futile ni inutile. L'ignorance, par une discipline scientifique, de son objet spécifique ne peut que l'amener à des atermoiements, la discréditer aux yeux des autres disciplines et mettre en péril son statut de science. C'est pourquoi il serait ô combien important que quiconque étudie le droit puisse expliquer ce qu'est le droit. Préalablement à toute recherche juridique, il importerait donc d'arrêter la longueur, la hauteur et la profondeur de cet ensemble de données particulier qu'est le droit — par exemple pour pouvoir dire si des normes techniques, des normes comptables ou des normes managériales intègrent l'objet d'étude ou en sont exclues. Il serait insatisfaisant de retenir, sans autre forme de procès, que la notion de droit serait indéterminée et inconnue, mais que cela n'empêcherait guère d'étudier le droit.

Pourtant, on explique souvent qu'il ne serait pas utile de savoir ce qu'est le droit, pas utile de disposer d'une définition du droit pour « faire du droit », que le juriste serait comme le biologiste qui ne sait pas ce qu'est la vie, mais que cette méconnaissance n'empêche pas de réaliser chaque jour de nouvelles découvertes. Il semble néanmoins que, si le biologiste étudie, par exemple, des animaux plutôt que des pierres, c'est parce qu'une conception ou préconception de ce qu'est la vie l'anime et lui indique où chercher et où ne pas chercher. Comme Maurice Merleau-Ponty pouvait l'indiquer, « nous avons besoin de savoir ce que nous cherchons, sans quoi nous ne le chercherions pas »[1]. Si le scientifique du droit s'intéresse à certains objets, notamment normatifs, plutôt qu'à d'autres, cela suppose que ses activités soient mues par une quelconque définition du droit. Et cette définition lui est fournie par une théorie du droit, laquelle peut être très élaborée, mais aussi très primaire et même inconsciente[2].

---

[1] M. MERLEAU-PONTY, *Phénoménologie de la perception*, Gallimard, 1945, p. 36.

[2] Michel Troper explique ainsi que, « puisque la science du droit doit décrire son objet, qui est le droit, il importe de commencer par le définir. [...] On ne peut se passer d'une définition de l'objet droit, [...] et cette définition ne peut être fournie par la science du droit, mais seulement par la métascience — autrement dit, par la théorie du droit. [...] Le droit n'est pas donné mais construit par la théorie qui en traite » (M. TROPER, *Philosophie du droit*, 4e éd., Puf, coll. Que sais-je ?, 2015, p. 43, 45-46 et 123).

Georges Vedel confessait n'avoir qu'une vague idée de ce qu'est le droit après l'avoir pourtant enseigné durant cinquante années. Et d'affirmer qu'« il est possible d'être juriste sans avoir une bonne définition du droit »[1]. On pourrait juger que bien des choses se comprennent mieux qu'elles ne se définissent et que le droit compterait au nombre de celles-ci, si bien qu'il serait possible de penser et connaître le droit sans le définir, en ne sortant jamais le concept de droit du domaine de l'implicite et du non-dit. Un postulat important motivant la théorie syncrétique — comme la plupart des théories du droit — est qu'une définition fine de la notion de droit serait plus profitable à la recherche juridique qu'une approche nébuleuse du droit. Aujourd'hui, des juristes en viennent à retenir sans ambages que « le caractère juridique ou non juridique des règles est une question accessoire »[2]. Il semble néanmoins qu'au sein de « facultés de droit », dans le cadre d'« enseignements de droit » et de « recherches en droit », il soit plus essentiel qu'accessoire de pouvoir déterminer l'identité du droit, donc de *s'accorder sur les propriétés et les dimensions de l'objet d'enseignement et de recherche*. Peut-on observer le droit en faits sans savoir ce qu'est le droit en théorie ?

Nier l'importance de la question « qu'est-ce que le droit ? », ce serait nier l'*autonomie du droit*, nier le particularisme de l'objet-droit et de la science du droit, nier que les juristes ne sont pas (ou pas seulement) des sociologues ou des politistes. Toutefois, si des juristes souhaitent se passer de définition du droit, la plupart s'attachent bel-et-bien à une certaine notion de droit. Seulement, d'une part, cette notion peut être floue et, d'autre part et surtout, elle varie d'un auteur à l'autre, parfois radicalement. Or la variabilité du sens de « droit » n'est peut-être guère plus satisfaisante que l'absence de sens de « droit ». Comment débattre, par exemple, du développement du rôle du droit dans la société ou, à l'inverse, de l'effacement du droit à l'ère contemporaine si les parties prenantes à la discussion ne placent pas les mêmes objets dans la catégorie du droit et dans celle du non-droit[3] ? Quand, dans l'ensemble des normes régissant une activité donnée, il se trouve de moins en moins de normes d'origine législative ou jurisprudentielle et de plus en plus de normes issues de l'autorégulation, prenant la forme d'usages ou de règlements privés, que faut-il en déduire à l'égard de la place du droit ? S'efface-t-il ou évolue-t-il ? À l'origine de la théorie syncrétique du

[1] G. VEDEL, « Indéfinissable mais présent », *Droits* 1990, n° 11, p. 70.

[2] D. DOGOT, A. VAN WAEYENBERGE, « L'Union européenne, laboratoire du droit global », in J.-Y. CHÉROT, B. FRYDMAN, dir., *La science du droit dans la globalisation*, Bruylant (Bruxelles), coll. Penser le droit, 2012, p. 258.

[3] Dès lors qu'une catégorie juridique est une « construction intellectuelle destinée à une meilleure connaissance du droit » (J.-L. BERGEL, *Méthodologie juridique*, Puf, coll. Thémis droit privé, 2001, p. 151), ne faut-il pas considérer que « droit » serait la plus importante de toutes les catégories juridiques — en tant que catégorie des catégories juridiques par opposition au monde du non-droit —, donc celle qu'il importerait de déterminer avant tout ?

droit, il y a donc bien cette considération qui pourrait passer pour banale au premier abord : en droit, le problème de la définition du droit est central.

Toujours est-il que, si aucune des théories du droit proposées dans l'histoire de la pensée juridique n'a pu s'imposer comme étant la « bonne » théorie du droit, chacune pourrait être une partie de cette « bonne » théorie du droit. La réalité juridique ne saurait se situer à l'intérieur d'une théorie et à l'extérieur de toutes les autres. Telle est la thèse initiale soutenant la théorie syncrétique du droit. On devrait distinguer la question « quelle est *la* définition du droit ? » et la question « quelle est *votre* définition du droit ? » ; et ne pas répondre identiquement à l'une et à l'autre. L'auteur peut bien posséder sa propre *opinion* quant à la manière dont la doctrine devrait, selon lui, comprendre le droit[1], celle-ci ne saurait être que de peu de poids par rapport à la notion de droit effective telle qu'elle imprègne actuellement la psyché juridique collective.

Généralement, le juriste qui s'attarde sur la problématique de la définition du droit, après avoir constaté combien les réponses à la question « qu'est-ce que le droit ? » sont diverses, opte arbitrairement pour l'une d'entre elles. Toute définition du droit serait dès lors une prise de position idéologique, partisane, si ce n'est une croyance, un préjugé ou une conviction. Avec la théorie syncrétique, la définition du droit passe du statut de vérité subjective et personnelle à celui de vérité objective et collective. Il ne s'agit plus de proposer ou choisir cette définition, mais de l'*observer*, de la *recueillir* dans l'ensemble de la littérature et des discours où le nom « droit » et son adjectif « juridique » apparaissent. Une vérité élémentaire de l'épistémologie générale est que le point de vue crée l'objet et que, par conséquent, il y a autant d'objets différents que de points de vue différents. Or le point de vue syncrétique permettrait d'inclure et de réunir tous les points de vue et donc tous les objets. Le pari pris en ces lignes est que le syncrétisme juridique serait capable de rendre justice de l'entière réalité de la notion de droit positive.

Ainsi serait-il possible de contrer, au moins partiellement, les tentations du nihilisme et du relativisme, lesquelles sont forcément grandes en raison de la pluralité et de la diversité des théories du droit. Face à cette pluralité et à cette diversité, il ne faudrait pas comprendre que le droit serait un concept

[1] Si l'auteur devait proposer « sa » définition du droit, loin de la théorie syncrétique du droit, ce serait peut-être la suivante : ensemble des normes produites par les *institutions sociales puissantes*, la puissance étant la capacité d'imposer psychologiquement et matériellement ses normes à leurs destinataires et l'État étant, pour l'heure, la plus puissante de toutes les institutions sociales, donc la principale source des règles de droit. Entendu de la sorte, le droit ne serait constitué que de normes mais reposerait fondamentalement sur des faits sociaux. Cette définition se situe ainsi à mi-chemin entre le normativisme et les approches sociologiques-pragmatistes qui se focalisent sur l'effectivité ou sur l'efficacité. Mais il n'est pas lieu de développer plus avant pareille acception stipulative du droit qui, au sein du présent texte, n'est qu'une approche du concept de droit parmi une multitude d'autres.

vide de sens, mais plutôt que chaque théorie isolerait un ou quelques éléments caractéristiques du droit, si bien que la conception complète de l'objet-droit ne serait pas autre chose que la réunion de ces différents éléments. L'enjeu, en développant des outils lexicaux clairs et stables, est de faire en sorte que les deux faces de l'unité linguistique, la forme phonique (« droit ») et l'image mentale (la pensée du droit), se rapprochent ou, mieux, se rejoignent, que l'unité de la première ne contraste plus avec la pluralité de la seconde.

Or qui observe la pensée juridique actuelle — qui ne saurait se réduire à une pensée de juristes, le nom « droit » et son adjectif « juridique » étant couramment employés par des non-juristes — constate que l'ensemble des conceptions du droit se situent entre deux extrêmes antagonistes : le *panjuridisme* et l'*étatisme juridique*. Avec le panjuridisme, soit le chercheur se place dans un cadre de non-définition du droit lui permettant de qualifier librement tout objet de « juridique », soit, si son approche est juspragmatiste, le seul critère de juridicité qu'il retient est celui de l'effectivité : le juriste étudie les normes « qui marchent », qui produisent concrètement d'importants effets de régulation. Le panjuridisme permet donc à toute norme sociale d'entrer potentiellement dans le giron du droit. Avec l'étatisme juridique, la juridicité se réduit à l'étaticité et il s'agit moins de savoir reconnaître le droit que de savoir reconnaître l'État. La juridicité se résume à la validité dans l'ordre normatif étatique.

Mais beaucoup d'approches du droit se situent quelque part entre ces extrêmes, si bien qu'une norme non juridique pour certains sera toujours une norme juridique pour d'autres. C'est cette variabilité de la qualité juridique que cherche à traduire l'*échelle de juridicité*, instrument associé à la théorie syncrétique du droit, qui en est le *principal prolongement* — l'ensemble tentant de dessiner les contours d'une nouvelle forme de rationalité de la pensée juridique.

Se basant sur son irénisme et sur son objectivité, la théorie syncrétique du droit présente donc la particularité d'élaborer cet outil de mesure théorico-scientifique qu'est l'échelle de juridicité. Celle-ci permet d'*évaluer le niveau de force juridique d'une norme donnée*. Une échelle est un moyen de mesure, de comparaison. Il s'agit d'une suite continue et ordonnée en parties égales servant de moyen d'évaluation d'une certaine qualité, en l'occurrence la qualité juridique. Et l'échelle doit s'appuyer sur des étalons, sur des critères précisément identifiés. L'échelle de juridicité répond à cette définition. Reposant sur les différents critères de juridicité reconnus comme tels dans la pensée juridique contemporaine, elle consiste en un moyen de mesure, d'évaluation et de comparaison de la qualité juridique des normes sociales ; et elle se traduit par une suite continue et ordonnée de degrés de force juridique, allant de « nullement juridique » à « totalement juridique ». Partant, pour accéder au niveau minimal de juridicité, les critères sont des conditions alternatives, tandis que, pour accéder au niveau maximal de juridicité, ils deviennent des conditions cumulatives.

C'est grâce à l'association opérée à travers l'échelle de juridicité que la théorie syncrétique peut postuler que les différentes conceptions du droit constellant la culture juridique ne seraient pas inconciliables. En d'autres termes, une norme qui serait juridique aux yeux de toutes les théories du droit revêtirait nécessairement une juridicité forte ou totale sur l'échelle de juridicité ; et une norme qui serait juridique aux yeux d'une théorie, mais non du point de vue de toutes les autres ne saurait être mieux que faiblement juridique.

L'échelle de juridicité conduit ainsi la théorie syncrétique à retenir une *conception graduelle du droit* et, par suite, une forme de panjuridisme. En effet, l'expérimentation de cet instrument[1] permet de constater qu'il n'existerait guère de normes sociales non juridiques — autrement dit qu'aucune norme sociale serait non juridique dans toutes les branches de la pensée juridique sans exception. Si les normes fortement juridiques côtoient les normes moyennement juridiques et les normes faiblement juridiques, aucune norme sociale à la force juridique nulle n'a été rencontrée. Puisqu'une part des théories du droit intéressant la théorie syncrétique sont des théories panjuridiques, *i.e.* des théories réduisant la qualité juridique à la qualité normative, réduisant le fait d'être une norme juridique au fait d'être une norme sociale — au détriment de toute autonomie du juridique dans le social —, ce panjuridisme rejaillit forcément sur la théorie syncrétique. Mais il s'agit alors de *« panjuridisme modéré »* puisque les théories non panjuridiques sont également mises dans la balance et puisque, si toutes les normes sociales présentent une nature juridique, elles revêtent des degrés de juridicité fort différents[2].

Par conséquent, il ne serait plus lieu de rechercher la frontière entre droit et non-droit, car tous les modes de régulation sociale seraient, *dans une certaine mesure*, des modes de régulation juridique. Surtout, la théorie du droit autoriserait le chercheur en droit à étudier toutes les formes de normativité sociale, le champ des normes juridiques recouvrant le champ des normes sociales. C'est ainsi que la théorie syncrétique, en plus de constituer une théorie pluraliste du droit, serait une *théorie du pluralisme juridique*.

---

[1] Seconde partie/chapitre 1/section 3 de ce texte.

[2] Il faut gager que ce « panjuridisme modéré » ne saurait être assimilé au « panjuridisme brut » qui est le fait des approches sociologiques, anthropologiques, pragmatistes ou relevant du « pluralisme juridique radical ». Dans un cas, toutes les normes sociales sont de même nature mais non de même degré ; dans l'autre, toutes sont de même nature et de même degré. La théorie syncrétique ne saurait donc être assimilée aux théories qui tendent à accueillir toutes les normes, quelles que soient leurs origines et leurs caractéristiques, sous le couvert d'une seule et même juridicité, refusant ainsi toute autonomie au droit.

L'intérêt concret pour les chercheurs en droit de se placer dans le cadre épistémologique fourni par l'échelle de juridicité serait donc de leur permettre de s'intéresser, en tant que scientifiques *du droit*, aux phénomènes de « guerre des normes », de concurrence des normativités, de plurinormativité et d'internormativité, aux normes qui émergent de la pratique, à tous ces *nouveaux objets normatifs ou semi-normatifs* que sont les codes privés, les chartes, les usages, les conditions générales d'utilisation, les contrats-types, les normes comptables, les normes managériales, les normes techniques, mais aussi les modes alternatifs de résolution des conflits, les labels, les standards, les protocoles, les meilleures pratiques, les statistiques, les sondages, les indicateurs de performance, les *rankings*, les algorithmes, les *nudges* etc. Le juriste qui se bornerait à n'étudier que les seules lois et jurisprudences passerait peut-être à côté des éléments les plus remarquables du droit contemporain ; et le juriste qui se fonderait dans l'espace d'un « panjuridisme brut » risquerait de ruiner le droit, celui-ci perdant toute spécificité. La juridicité variable exprimée par l'échelle de juridicité permettrait de se préserver de l'une et l'autre menaces.

Cette approche graduelle tranche avec la façon dont on envisage classiquement le droit, selon laquelle, entre le noir et le blanc, nulle nuance de gris ne serait concevable. Conçue communément telle une qualité qu'il serait uniquement permis de revêtir ou de ne pas revêtir, la juridicité devient, à l'aune de l'échelle de juridicité, une qualité qu'il serait aussi possible de revêtir partiellement. L'habitude du binaire et du manichéisme laisse la place à un pluralisme qui est celui des forces juridiques, celui des qualités juridiques. Une norme n'a pas seulement le choix entre droit et non-droit ; elle peut parfaitement appartenir au monde du *mi-droit*. C'est ainsi que la théorie syncrétique espère *concilier panjuridisme et autonomie du droit*, donc autoriser l'étude juridique de toute forme de normativité tout en préservant le particularisme du droit parmi les divers modes de régulation sociale.

Une habitude profondément ancrée dans la théorie du droit consiste à opposer, par exemple, jusnaturalisme et juspositivisme, formalisme et matérialisme ou normativisme et réalisme. Cela concrétiserait *de facto* la « loi de la bipolarité des erreurs », cette sorte de balancier intellectuel qui ne permettrait à l'esprit de se délivrer d'un cercle d'égarements qu'en succombant aussitôt aux fourvoiements contraires[1]. On souligne combien « il appartient à la communauté scientifique des juristes de dépasser ces dichotomies, qui sont des obstacles à la formation d'une véritable

---

[1] G. BACHELARD, *La formation de l'esprit scientifique*, Vrin, 1977, p. 20 ; F. OST, M. VAN DE KERCHOVE, « De la "bipolarité des erreurs" ou de quelques paradigmes de la science du droit », *Arch. phil. droit* 1988, p. 199 s.

épistémologie juridique »[1] ; on note qu'« à l'opposition radicale entre clans ou écoles s'oppose une démarche transversale »[2] ; et on relève que, « dans une perspective qui consiste à trouver un "juste milieu", c'est la multiplicité des points de vue et le croisement des approches qui semblent seuls à même de résoudre les apories »[3]. C'est en ces termes que la théorie syncrétique raisonne, ce qui la conduit à accepter toutes les définitions du droit présentes dans la pensée juridique, à s'associer à l'échelle de juridicité et à retenir, plutôt que l'opposition du droit et du non-droit, une approche progressive de la force juridique des normes.

Toutefois, l'intention de mesurer le droit ne saurait être propre à la théorie syncrétique. Chaque théorie du droit pourrait disposer de son instrument de mesure de la force juridique ; et une norme pourrait être très juridique aux yeux de l'une en même temps que peu juridique aux yeux d'une autre — par exemple, une règle de « droit nazi » serait absolument juridique dans le cadre juspositiviste et aucunement juridique dans le cadre jusnaturaliste. La spécificité de l'échelle de juridicité est de s'appuyer sur une définition du droit obtenue au terme d'une entreprise scientifique, si bien que les niveaux de juridicité des normes seraient avec elle des *données objectives*, presque des *données scientifiques*.

En ces pages, seront donc présentées successivement la théorie syncrétique du droit, dont l'objet principal est d'*identifier les propriétés du droit* (*première partie*), et l'échelle de juridicité, qui permet d'*interroger les dimensions du droit*, c'est-à-dire ses frontières et l'étendue de son territoire[4] (*seconde partie*).

---

[1] W. SABETE, « La théorie du droit et le problème de la scientificité – Quelques réflexions sur le mythe de l'objectivité de la théorie positiviste », *Arch. phil. droit* 1999, p. 314.

[2] J.-P. CHAZAL, « Philosophie du droit et théorie du droit, ou l'illusion scientifique », *Arch. phil. droit* 2001, p. 305.

[3] L. ISRAËL, « Question(s) de méthode – Se saisir du droit en sociologue », *Dr. et société* 2008, p. 384.

[4] L'échelle de juridicité sert à déterminer quelles sont les normes qui sont juridiques et quelles sont celles qui ne le sont pas, donc à tracer la limite entre le continent du droit et le continent du non-droit dans le monde des normativités sociales. Plus finement, cet instrument de mesure conduit à distinguer, outre des normes nullement juridiques et des normes absolument juridiques, des normes fortement juridiques, des normes moyennement juridiques et des normes faiblement juridiques. Or seules les normes nullement juridiques appartiennent au non-droit, les normes faiblement juridiques étant situées à la lisière du droit — elles sont *dans une certaine mesure* juridiques.

Première partie

La théorie syncrétique du droit
(une recherche des propriétés du droit)

Telle que comprise en ces pages, une théorie du droit ne s'intéresse pas au contenu normatif et institutionnel du droit positif — il s'agirait dans ce cas davantage de *science macrojuridique*, bien qu'on qualifie assez communément de « théorique » toute recherche dont la portée est générale et abstraite. Une théorie du droit comporterait essentiellement un double objet : *le droit en tant que notion de droit*, permettant aux scientifiques du droit de connaître les limites de leur terrain d'investigation, ses caractères formels et sa structure d'ensemble, et *le droit en tant que science du droit*, permettant aux scientifiques du droit de connaître leurs méthodes, leurs possibilités et leurs interdits. Une théorie du droit consisterait par conséquent en *la prescription d'un droit* — *i.e.* le droit conçu d'une certaine façon — *comme objet d'étude et d'une méthode d'étude de ce droit à la science du droit.* Ainsi une théorie du droit arrêterait-elle le cadre de travail d'une science du droit (« sa » science du droit)[1].

Toute science du droit trouverait forcément au-dessus d'elle une charpente théorique lui fournissant un objet d'étude, des concepts, des classifications et autres outils linguistiques, des méthodes, un environnement épistémologique. Une théorie juridique définirait donc l'objet-droit puis prescrirait à la science du droit de l'envisager au moyen de certains outils influençant fortement la manière de le comprendre, l'interpréter et l'expliquer. Or la théorie syncrétique est une théorie du droit incomplète : *elle ne porte que sur l'objet-droit, que sur la définition du droit et sur l'éventuelle frontière entre droit et non-droit* — sa préoccupation essentielle est de répondre à la question « qu'est-ce que le droit ? ». Néanmoins, tout un pan de la théorie syncrétique est d'ordre méthodologique ; mais il s'agit de prescrire les *moyens de rechercher la définition du droit*, donc les moyens d'identifier la structure des ordres ou systèmes juridiques, le périmètre des sources du droit et les conditions d'existence des normes juridiques. En d'autres termes, cette théorie arrête une forme de « science des définitions du

[1] Pour ne prendre que le plus célèbre des théoriciens du droit moderne, Hans Kelsen, c'est bien en ces termes qu'il envisageait la théorie du droit : il définissait le droit à travers le critère de la validité au sein d'un ordre juridique, au sein d'une « pyramide », et il imposait aux chercheurs en droit de faire œuvre scientifique ou « pure », c'est-à-dire de se borner à dire ce que le droit est sans jamais s'intéresser à ce qu'il devrait ou pourrait être. Kelsen expliquait ainsi que « [sa] théorie se propose uniquement et exclusivement de connaître son objet, c'est-à-dire d'établir ce qu'est le droit » (H. KELSEN, *Théorie pure du droit*, 2e éd., trad. Ch. Eisenmann, Dalloz, 1962, p. 9). Bien d'autres théoriciens du droit ont compris en ces termes leur office. Déjà au XIXe s., le juriste britannique John Austin retenait que « l'objectif de la théorie du droit est de définir le droit positif » (J. AUSTIN, *The Province of Jurisprudence Determined*, Murray (Londres), 1832, Lecture I, p. 1), qu' « il s'agit de distinguer le droit positif, l'objet propre de la théorie du droit, des divers objets qui s'en rapprochent par ressemblance ou qui s'en rapprochent plus ou moins par une analogie forte ou faible » (*ibid.*, p. 5).

droit » ou « science de la pensée juridique », mais elle ne s'intéresse guère à la science du droit positif[1].

C'est pourquoi la théorie syncrétique comprend à la fois une théorie du droit et une *théorie de la théorie du droit*, soit une méta-théorie du droit. Plus exactement, elle se scinde en une *méta-théorie scientifique*, une *étude de la pensée juridique* et une *définition lexicographique du droit*. La méta-théorie scientifique ordonne l'étude de la pensée juridique qui recherche la définition lexicographique du droit. En d'autres termes, la méta-théorie scientifique prescrit à l'étude de la pensée juridique de *constater* objectivement et empiriquement la définition lexicographique du droit[2]. La méta-théorie scientifique consiste ainsi en un ensemble de prémisses qui s'imposent à l'étude de la pensée juridique, laquelle doit prendre les théories du droit existantes comme objet et les examiner sous un angle scientifique. Partant, la théorie syncrétique observe moins le droit positif que le droit cognitif ; elle se préoccupe non de la pratique juridique et de ses méthodes, mais de la pensée juridique et de ses méthodes ; elle est prescriptive à l'égard de la théorie du droit et non à l'égard de la science du droit positif.

Associant méta-théorie prescriptive et étude descriptive, il s'agit d'un *système théorique*. C'est ce système que l'expression « théorie syncrétique du droit » désigne. Si un système est un ensemble de propositions, de principes et de conclusions, alors la théorie syncrétique du droit, reposant sur

[1] En outre, la théorie syncrétique est une théorie incomplète en ce qu'elle délaisse diverses questions qui sont aujourd'hui au cœur des préoccupations de la théorie du droit au sens large (ou de la philosophie du droit), à l'image de la problématique de l'interprétation juridictionnelle. Celle-ci s'est en effet affirmée en tant qu'objet central des réflexions contemporaines sur le droit, au point qu'on évoque un « tournant interprétatif » de la pensée juridique (K. KRESS, « The Interpretative Turn », *Ethics* 1997, p. 834 s.) ou qu'on souligne combien « l'interprétation est devenue l'un des principaux paradigmes intellectuels des études juridiques ces dernières années » (A. MARMOR, *Law and Interpretation – Essays in Legal Philosophy*, Oxford University Press, 1995, p. IX). Par exemple, R. DWORKIN, *Prendre les droits au sérieux* (1977), trad. M.-J. Rossignol, F. Limare, Puf, coll. Léviathan, 1995, p. 69 s. (qui souligne combien le positivisme juridique aurait tendance à occulter l'importance des principes moraux mobilisés par les tribunaux dans leurs interprétations du droit) ; R. A. POSNER, « Pragmatic Adjudication », *Cardozo Law Review* 1996, vol. 18, p. 1 s. (qui décrit des juges, aux États-Unis du moins, prenant de grandes libertés dans leurs interprétations des règles de droit afin de pouvoir rendre les « meilleures décisions » en fonction des besoins actuels et futurs, donc celles qui seront les plus efficaces, les plus utiles, dont les conséquences léseront le moins d'intérêts).

[2] La méta-théorie imposant au théoricien-chercheur de faire œuvre scientifique, c'est-à-dire de définir le droit au départ d'une méthode objective et empirique, elle est appelée « méta-théorie *scientifique* du droit ». En d'autres termes, à l'instar de la théorie pure du droit de Kelsen qui prescrit à la recherche juridique de décrire le droit positif, la méta-théorie scientifique du droit prescrit à l'étude de la pensée juridique de décrire la notion de droit positive. Cela oblige le théoricien à travailler tel un lexicographe, donc à rechercher ce qui peut être appelé « définition lexicographique du droit ». En outre, comme la « théorie pure » kelsénienne n'est pas pure en soi mais oblige à être pur, la méta-théorie scientifique n'est pas scientifique en soi mais oblige à être scientifique. C'est ainsi non au niveau de la théorie du droit mais au niveau de la méta-théorie du droit que des choix sont opérés.

une méta-théorie scientifique et aboutissant à la définition lexicographique du droit, constitue bien un système. Il conviendra, en cette première partie, de présenter ce système, de détailler les objectifs, les moyens et les résultats qui le composent.

Souhaitant contribuer à l'évolution du statut épistémologique de la théorie du droit[1], la théorie syncrétique présente donc la particularité de s'appuyer sur un quatrième niveau : celui de la méta-théorie du droit relatif aux prémisses du travail de théoricien du droit[2]. C'est le contenu de cette méta-théorie du droit qu'il faudra tout d'abord présenter. Ce contenu impose au théoricien-chercheur de définir le droit tel un lexicographe, c'est-à-dire de *reconnaître ce qu'est le sens du mot « droit »* plutôt que de proposer ce que devrait être le sens du mot « droit ». En même temps, il lui défend de l'évaluer, le justifier, le légitimer ou le désapprouver d'une quelconque façon. La méta-théorie scientifique oblige le scientifique de la pensée juridique à bannir de ses observations toutes considérations politiques, éthiques ou autrement subjectives. Elle prône ainsi un *positivisme juridique* ; mais sa spécificité est de porter sur l'étude du concept de droit effectif et non sur l'étude des règles de droit effectives. Il faudra par conséquent, en cette première partie, exposer les principes méthodologiques censés permettre de produire, non un discours scientifique sur le droit positif, mais un discours scientifique sur la notion de droit et sur les théories du droit.

Ensuite, la définition lexicographique du droit, *résultat* de l'application de cette méthode, pourra être *retranscrite*. Or, dans l'ensemble de la théorie syncrétique, sans doute la méta-théorie scientifique du droit est-elle autrement importante que la définition lexicographique du droit. La théorie syncrétique ne se contente pas de définir le droit par ses caractères essentiels, de rechercher les éléments spécifiques du juridique, elle se préoccupe surtout de savoir comment lesdits caractères essentiels et éléments spécifiques doivent être identifiés et exprimés. Le nombre et le sens de ces caractères essentiels et éléments spécifiques sont des *données contingentes* qui ne sauraient, aux yeux de la théorie syncrétique, mériter plus d'attention que la méthode mise en œuvre afin de les cerner — il ne saurait exister de quelconques résultats sans cadre épistémologique sous-jacent, tout résultat n'étant que le fruit d'une méthode ou d'une technique. S'il fallait désigner un essentiel et un accessoire, l'appareil scientifique gouvernant l'étude de la pensée juridique serait cet essentiel quand le contenu de la définition

---

[1] La théorie syncrétique s'opposerait aux théories préexistantes en ce que ces dernières seraient des *théories « dogmatiques »* — mais sans qu'il faille y voir un qualificatif péjoratif tant, encore une fois, ce sont ces théories préexistantes qui confèrent à la théorie syncrétique sa raison d'être et sa substance, si bien qu'elle ne veut en aucune façon les remplacer mais seulement les seconder.

[2] Habituellement, seuls trois niveaux sont envisagés : 1° le droit positif ; 2° la science du droit qui traite du droit positif ; 3° la théorie du droit qui traite de la science du droit. Mais, pour que la théorie du droit puisse revêtir une qualité scientifique, il semble indispensable qu'une méta-théorie entre en jeu.

lexicographique du droit, parce qu'intimement dépendante de cet appareil scientifique, serait cet accessoire. La théorie syncrétique cherche moins à affirmer « je sais ce qu'est le droit » qu'à affirmer « je sais comment savoir ce qu'est le droit ». Comme Montaigne l'a montré, la *manière* serait plus décisive que la *matière*[1] — la méta-théorie touchant à la manière de définir le droit quand la définition lexicographique est la matière de la notion de droit telle qu'elle se donne à voir à un moment donné dans la pensée juridique collective. En somme, il y aurait plus à dire de la démarche que du résultat. La définition lexicographique n'est bien que la conséquence quasi-mécanique des prémisses scientifiques posées par la méta-théorie — à condition que l'enquête du théoricien-chercheur ait été convenablement menée.

La théorie syncrétique du droit se décompose donc en une fin qui est la définition lexicographique du droit (*chapitre 2*) et un moyen qui est la méta-théorie scientifique du droit (*chapitre 1*).

---

[1] M. DE MONTAIGNE, *Les essais*, Abel Langelier, 1588, L. III, chap. 8.

Chapitre 1. Les intentions de la théorie syncrétique : la méta-théorie scientifique du droit

La méta-théorie scientifique du droit a pour ambition de recouvrir la théorie du droit et la définition du droit qui en découle du voile légitimant de la scientificité (*section 1*). En résumé, son objet est d'amener le théoricien-chercheur à définir le droit en lexicographe, à rechercher concrètement les usages sémantiques faits des mots « droit » et « juridique », loin de toute stipulation ou spéculation quant à la signification de ces termes (*section 2*). Il appartient dès lors au scientifique de recueillir les traits communs caractéristiques de la juridicité au terme d'une enquête de terrain, soit au terme d'une recherche empirique (*section 3*) — étant précisé qu'il ne doit pas relever tous les critères de juridicité, mais uniquement ceux qui influencent de manière évidente la pensée juridique commune (*section 4*).

Ensuite, parce que cette pensée juridique commune, foncièrement normativiste, tend aujourd'hui à réduire le droit à un ensemble de régimes juridiques, donc à un ensemble de normes, le scientifique recherchant les critères de reconnaissance du droit en viendrait inéluctablement à rechercher les critères de reconnaissance de la règle de droit (*section 5*).

Enfin, avant de décrypter la définition lexicographique du droit, encore faudra-t-il insister sur les limites de cette approche particulière du concept de droit qu'est la théorie syncrétique, cela afin de ne pas en exagérer le potentiel ni la portée (*section 6*).

Section 1. *Adosser la théorie du droit à la légitimité scientifique*

La possibilité d'un savoir scientifique sur le droit positif pose question — si bien qu'on qualifie cette science, souvent et paradoxalement, de « dogmatique juridique ». Il ne pourrait qu'en aller *a fortiori* ainsi de la possibilité d'un savoir scientifique sur le concept de droit, à tel point que l'expression « théorie scientifique du droit » semble inconnue de la littérature théorico-juridique. C'est pourtant à cette problématique que la théorie syncrétique, à travers la méta-théorie scientifique, invite à réfléchir.

La pensée juridique a si rarement été approchée au moyen de méthodes scientifiques qu'il n'existerait guère de connaissances scientifiques relatives à la notion de droit et aux théories du droit. Certainement les conditions de légitimité des travaux *jus*-théoriques ont-elles déjà suscité divers développements. La particularité de la méta-théorie scientifique est de rechercher les conditions de leur légitimité *scientifique*. Or les théoriciens du droit n'imaginent généralement pas qu'il soit concevable d'opérer scientifiquement dans leur domaine, terrain de prédilection de la spéculation, de l'arbitraire et de la subjectivité. Il serait ainsi impossible de répondre scientifiquement à la question « qu'est-ce que le droit ? ». Pourtant, s'il est loisible d'étudier scientifiquement le droit positif et, par suite, de produire des connaissances scientifiques sur ce droit positif — en adoptant une attitude descriptive, objective et empirique —, peut-être est-il possible d'étudier de la même façon la notion de droit, donc la pensée juridique, les théories du droit existantes. La méta-théorie scientifique, en tant que discours sur la théorie du droit, prend ce pari et prescrit à l'étude de la pensée juridique de *déterminer scientifiquement la définition du droit*[1].

Il n'est pas certain qu'une théorie scientifique du droit soit une perspective engageante et raisonnable ; mais il n'est pas davantage assuré qu'elle n'appartienne qu'au monde des « utopies scientifiques ». « L'histoire de la réflexion sur le droit, observait Norberto Bobbio, est celle des modèles qui, à chaque occasion, ont été inventés par les juristes pour accroître la dignité et l'autorité de leur travail, ou pour le rendre plus rigoureux et l'élever ainsi au statut de science »[2]. Seulement le théoricien italien ne s'intéressait-il qu'aux travaux relatifs au droit positif. La question posée par la méta-théorie scientifique, et à laquelle elle souhaite apporter une réponse positive, est celle de savoir si des recherches théoriques relatives à la notion de droit seraient elles aussi justiciables d'une telle rigueur permettant de les élever au statut de science et d'en augmenter la dignité et l'autorité.

Il en résulte que la théorie syncrétique s'oppose à l'idée selon laquelle, par essence, théorie et science seraient antinomiques, car théoriser reviendrait toujours à opérer des choix subjectifs, à retenir des hypothèses originales et à faire œuvre unilatérale et stipulative. Une théorie ne comporterait jamais de prémisses vraies et premières, seulement des opinions, si ce n'est des prises de position idéologiques ou des sensations personnelles (forcément plurielles). Le théoricien serait animé par des convictions, des doutes et des interprétations subjectives, loin de toute certitude et de toute « vérité scientifique ». Et, lorsqu'on pose à un théoricien du droit la question de la possibilité de penser scientifiquement le droit,

---

[1] « La connaissance scientifique du droit positif, explique Hans Kelsen, ne vise pas à le justifier [...] ; la science du droit n'a ni à approuver ni à désapprouver son objet, mais uniquement à le connaître et à le décrire » (H. KELSEN, *Théorie pure du droit*, 2e éd., trad. Ch. Eisenmann, Dalloz, 1962, p. 92-93). Peut-être est-il envisageable d'examiner le concept de droit de la même manière.

[2] N. BOBBIO, *Essais de théorie du droit*, trad. Ch. Agostini, M. Guéret, LGDJ-Bruylant (Paris-Bruxelles), coll. La pensée juridique, 1998, p. 188.

celui-ci semble condamné à n'y voir qu'un « rêve naïf ou simple d'esprit »[1]. La théorie juridique pourrait évoluer — et elle évolue régulièrement —, mais elle serait dans l'impossibilité de connaître des avancées scientifiques.

L'objet de la méta-théorie scientifique est pourtant d'inscrire la théorie juridique dans l'espace scientifique, de telle sorte que les propositions qui la constituent pourraient être prouvées ou réfutées, pourraient être vraies ou fausses, alors que, classiquement, une théorie serait seulement susceptible d'être cohérente ou incohérente, pertinente ou impertinente. Au mieux, les théories du droit pourraient être des « pseudo-sciences plus proches de la métaphysique »[2], cela en raison du fossé les séparant des pratiques et réalités juridiques, des faits observables. La méta-théorie scientifique soutient, au contraire, qu'il serait envisageable de définir scientifiquement l'objet d'étude des juristes. Pour elle, certains faits et certaines pratiques et réalités de niveau théorique seraient justiciables d'une étude scientifique : *les usages sémantiques des signifiants « droit » et « juridique ».* Plus encore, elle imagine que, si toute théorie, quelle qu'elle soit, poursuit l'objectif d'améliorer la connaissance de son objet, ce serait là le moyen le plus fiable de connaître le concept de droit.

Afin de réaliser cette théorie scientifique du droit, la méta-théorie impose à l'étude de la pensée juridique de *recueillir la définition du droit en suivant la méthode des lexicographes*. Elle souhaite ainsi rendre la théorie juridique plus pédagogique, démontrer que la théorie du droit ne serait pas l'affaire de quelques juristes spécialisés et spéciaux, mais celle de toutes les personnes qui, s'intéressant au droit, conçoivent, plus ou moins clairement et plus ou moins explicitement, ce qu'il est et ce qu'il n'est pas. Par suite, si la théorie syncrétique du droit pouvait faire œuvre innovante, ce ne serait qu'à travers sa méta-théorie scientifique[3]. Encore une fois, avec la théorie syncrétique, l'essentiel résiderait non dans le contenu de la définition du droit, forcément très ordinaire en même temps que contingent et fluctuant puisque la pensée juridique et les usages sémantiques évoluent, mais dans le *cadre épistémologique entourant cette définition.*

Il faut ainsi insister avant tout sur cette intention particulière qui est celle de produire la définition lexicographique du droit, donc sur la méthode

---

[1] G. ZAGREBELSKY, *Le droit en douceur* (1992), Economica, 1999 (cité par O. PFERSMANN, « Monisme revisité contre juriglobisme incohérent », in J.-Y. CHÉROT, B. FRYDMAN, dir., *La science du droit dans la globalisation*, Bruylant (Bruxelles), coll. Penser le droit, 2012, p. 71).

[2] R. RICCI, « Le statut épistémologique des théories juridiques : essai de définition d'une pratique scientifique juridique », *Dr. et société* 2002, p. 166.

[3] La théorie syncrétique du droit pourrait apparaître à la fois originale et classique. Considérant que le droit ne serait pas autre chose que ce que ceux qui utilisent le nom « droit » désignent à travers lui, elle aboutit nécessairement à une définition du droit très ordinaire. En revanche, soutenant que cette définition ne pourrait pas être fournie par un théoricien isolé car elle serait une œuvre collective, elle tend à se distinguer de beaucoup des théories qui ont jalonné l'histoire de la pensée juridique.

scientifique que la méta-théorie assigne à l'étude de la pensée juridique — cette méthode ne pourrait que détoner, si ce n'est dérouter, dans le paysage des théories juridiques contemporaines. Pour ne prendre qu'un exemple, Michel Troper enseigne que toute « définition réelle » du droit serait impossible, c'est-à-dire qu'il serait inconséquent de chercher à fournir une « description vraie des propriétés essentielles du droit »[1]. Or la définition lexicographique du droit se conçoit bien telle une « description vraie des propriétés essentielles du droit », objectivement et empiriquement constatées[2]. Seulement ces propriétés essentielles ne sont-elles pas matérielles, mais sémantiques, si bien qu'elles ne sont pas des propriétés essentielles éternelles, mais seulement temporaires, seulement au moment de l'observation. En effet, le sens de « droit » ne traverse pas les époques et les sociétés ; il est le fruit d'une époque et d'une société, ce qui veut dire qu'il est temporellement et géographiquement localisé ; il est le « produit des sociétés qui l'ont spécifié comme tel »[3] et, comme elles, passager. La juridicité n'est pas une qualité ou propriété immanente des choses ; elle leur est apportée de l'extérieur et elle consiste en une qualification spécifique octroyée collectivement par ceux qui utilisent les termes « droit » et « juridique » lorsqu'ils observent que certaines conditions sont réunies. Nul concept, nul mot ne possède de vérité ontologique originaire, éternelle et universelle. Seuls les phénomènes naturels peuvent se prévaloir de telles vérités. « Droit » n'a nulle consistance dans la « nature des choses » ; il n'existe que dans le monde contingent de la communication verbale et de la signification.

Section 2. *Définir le droit en lexicographe*

La définition a pour but de permettre à tous ceux qui utilisent un terme de se référer à travers lui au même objet, sans quoi toute discussion serait

---

[1] M. Troper, « Pour une définition stipulative du droit », *Droits* 1989, n° 10, p. 101 ; M. Troper, *Pour une théorie juridique de l'État*, Puf, coll. Léviathan, 1994, p. 167.

[2] Pareil positionnement épistémologique va à l'encontre des idées, largement partagées parmi les théoriciens du droit, selon lesquelles la notion de droit, « comme l'objet de toute discipline, n'est jamais donnée "naturellement" par une simple observation » (M. Miaille, « Définir le droit », *Droits* 1990, n° 11, p. 42), selon lesquelles il serait possible de donner « sa » vérité du droit mais non de reconnaître « la » vérité du droit car « toute conception de la notion de droit est forcément subjective » (R. Libchaber, *L'ordre juridique et le discours du droit – Essai sur les limites de la connaissance du droit*, LGDJ, 2013, p. 9) et le résultat d'un « effort de pensée spéculatif » (*ibid.*, p. 1). La méta-théorie scientifique du droit, au contraire, estime que les dits et écrits juridiques seraient des réalités empiriques parmi lesquelles « la » vérité de la notion de droit pourrait être décrite par des propositions vraies. Il serait donc possible de répondre scientifiquement à la question « qu'est-ce que le droit ? ».

[3] L. Assier-Andrieu, « Le juridique des anthropologues », *Dr. et société* 1987, p. 94.

impossible ou, du moins, cacophonique. L'acte définitionnel — éventuellement tacite, car on peut s'accorder implicitement sur un signifié — est donc le préalable indispensable à toute communication verbale[1]. Aussi, en cas de joute intellectuelle portant sur la question du droit, semble-t-il indispensable que les différents protagonistes placent le même contenu dans le contenant « droit ».

La méta-théorie scientifique du droit retient, à la suite de Ludwig Wittgenstein, que « le sens, c'est l'usage. La signification d'un mot est entièrement son usage dans le langage »[2]. Les sens des concepts juridiques, et notamment du premier d'entre eux : le concept de droit, ne devraient pas être recherchés ailleurs que dans les usages qui en sont faits. L'ontologie du droit se réduirait donc à des *pratiques sémantiques*. C'est pourquoi la méta-théorie scientifique opte, en tant que méthode de définition du droit, pour la méthode linguistique et, plus exactement, pour la *méthode lexicographique*. Elle considère que la manière la plus efficace épistémiquement de circonscrire le sens du mot « droit » serait d'en rechercher objectivement et empiriquement les usages les plus répandus. La définition lexicographique du droit doit par conséquent se borner à *reproduire ces usages*, considérant qu'ils feraient du mot « droit » une réalité objective, une donnée immédiate accessible empiriquement.

Le travail d'un lexicographe consiste à caractériser les sens des mots en recherchant et retranscrivant les usages en vigueur au sein d'une communauté linguistique[3], cela en s'attachant à la sémantique — science des significations qui se consacre à la partie substantielle de la langue, *i.e.* aux signifiés attachés aux signifiants. Pour ce scientifique du langage, une définition n'exprime aucune nature des choses, mais seulement une *convention sociale*. S'il s'intéresse au concept de droit, il va étudier les contenus intellectuels attachés aux signes linguistiques « droit » et

---

[1] Définir est un exercice intellectuel consistant à préciser la quiddité d'un signifiant — donc un terme ou une expression plus qu'une chose — en y attachant un signifié, soit un objet matériel ou abstrait précisément caractérisé. Celui qui procède à la définition doit donc spécifier le plus finement possible les caractères distinctifs de ce signifié-objet, par rapport au genre supérieur, *i.e.* à un ensemble plus vaste, ainsi que par rapport aux ensembles connexes. En matière de théorie du droit, il s'agit d'identifier la nature particulière du droit à l'intérieur de la régulation sociale et comparativement aux autres modes de régulation sociale. En outre, définir revient à déterminer la signification d'une unité linguistique absconse au moyen d'unités linguistiques explicites, donc au moyen de termes largement acceptés, aux sens suffisamment fixés et consensuels — afin d'éviter de devoir définir la définition. Définir le droit, en rechercher les caractéristiques spécifiques, suppose donc qu'on peine à savoir ce que désigne exactement ce mot, notamment parce qu'il serait polysémique, sans quoi l'effort définitionnel serait malvenu.

[2] L. WITTGENSTEIN, *Investigations philosophiques* (1945), trad. P. Klossowski, Gallimard, coll. Tel, 1961, p. 135 (cité par E. SILVA-ROMERO, *Wittgenstein et la philosophie du droit*, Puf, coll. Droit, éthique, société, 2002, p. 242).

[3] Le lexicographe se distingue du lexicologue, lequel étudie les mots sous tous leurs aspects (morphologie, étymologie etc.).

« juridique » pour ensuite essayer de les retranscrire le plus fidèlement. Un dictionnaire n'est ni un juge ni un législateur de la langue, mais un *greffier* prenant note des usages en cours. Même le dictionnaire de l'Académie française aspire à n'être que le reflet et non l'inspirateur des usages des mots. D'ailleurs, un adage courant dans le monde de la linguistique — et notamment parmi les lexicographes — considère que « l'usage est roi ». Et les auteurs du *Nouveau dictionnaire de la langue française Larousse* de 1856 d'écrire, dans sa préface, que « le lexicographe est un laquais qui suit son maître : la pratique de la langue »[1]. C'est bien ainsi que la notion de droit doit être envisagée dans le cadre de la théorie syncrétique du droit.

Par suite, la définition lexicographique du droit s'oppose aux définitions stipulatives du droit, définitions inventives qui sont habituellement l'apanage des théoriciens du droit — et dont il faut redire qu'elles ont été et sont indispensables afin de générer quelques usages sémantiques. La définition stipulative ou constructive est un pari sur le sens ; la définition lexicographique ou explicative est une *observation du sens*. La première propose une nouvelle convention de langage ; la seconde *décrit une convention de langage préexistante*. La première est un devoir-être visant à imposer la signification, une prescription sémantique ; la seconde est un être préexistant et donné, un *fait sémantique*.

L'objet-droit retenu par la théorie syncrétique est ainsi le droit tel que reconnu par une *définition terminologique* similaire aux définitions qui se trouvent dans les dictionnaires : une définition partant d'un mot préexistant à l'opération définitionnelle (et non d'une chose pour aboutir à un mot) et recensant les *attributs spécifiques* que l'usage y associe. La définition lexicographique du droit est donc une définition scientifique dont on peut vérifier la réalité, c'est-à-dire la conformité aux usages sémantiques, mais non la pertinence, à l'inverse d'une définition constitutive créant un concept en même temps que son objet[2]. En ces lignes, la définition du droit ne serait ni plus ni autre chose que « ce qui est reçu comme droit par une société donnée à un moment donné »[3] ; « est droit ce que le groupe social s'accorde à traiter comme tel »[4].

Dans le cadre de la théorie syncrétique, le droit est simplement un signe parmi d'autres au sein du système de signes qu'est la langue. Il s'agit,

---

[1] Cité par J. PRUVOST, *Les dictionnaires français outils d'une langue et d'une culture*, Ophrys, coll. L'essentiel français, 2006, p. 10.

[2] Il y a peu, l'auteur de l'un des derniers essais de théorie du droit pouvait avancer que le concept de droit ne serait « inscrit nulle part à la façon d'un donné qu'il suffirait d'exploiter » (R. LIBCHABER, *L'ordre juridique et le discours du droit – Essai sur les limites de la connaissance du droit*, LGDJ, 2013, p. 7). Dans le cadre de la méta-théorie scientifique, au contraire, le scientifique est conduit à rechercher une définition du droit qui serait un tel « donné qu'il suffit d'exploiter », donc une réalité sémantique que tout lexicographe pourrait saisir.

[3] P. DEUMIER, *Introduction générale au droit*, 2e éd., LGDJ, coll. Manuel, 2013, p. 133.

[4] Ph. JESTAZ, *Le droit*, Dalloz, coll. Connaissance du droit, 1991, p. 21.

comme toute unité d'un langage donné, d'une habitude partagée, d'une coutume, d'une construction psychique collective, d'un « phénomène socio-psychique » — pour reprendre une expression d'Émile Durkheim[1]. Le droit est ici avant tout un mot ; et ce mot ne peut remplir sa fonction qu'à condition de reposer sur l'application de normes linguistiques acceptées par la majorité des membres de la communauté. L'une de ces normes est le sens de ce mot. C'est elle que le lexicographe doit rechercher. À l'instar des règles de droit qui, d'un point de vue sociologique, consistent en des croyances collectives, le sens du nom « droit » correspond à la *croyance collective en un certain signifié*, laquelle en devient prescriptive et s'impose à quiconque souhaite utiliser ce nom dans un discours ou un écrit. C'est un *fait social*, c'est-à-dire « une manière de faire ou de penser reconnaissable à cette particularité qu'elle est susceptible d'exercer sur les consciences particulières une influence coercitive »[2]. Il serait donc possible de fonder la connaissance du concept de droit sur l'*expérience*, sur une *approche pragmatiste*, loin de tout préjugé et de toute construction arbitraire.

Bien sûr, on pourrait considérer que la théorie syncrétique du droit usurperait le nom de « théorie » dès lors qu'une théorie se définirait en tant que « construction spéculative de l'esprit »[3], qu'elle ne serait qu'une sociologie de la pensée juridique, qu'une linguistique appliquée à la théorie du droit, non une théorie en soi. On pourrait objecter que le théoricien, en devenant scientifique, ne serait plus que « théoricien à moitié » puisque l'office du théoricien ne serait pas de mener des enquêtes empiriques, mais de proposer de nouveaux concepts et de nouvelles catégories afin de réorienter certains modes de connaissance. Néanmoins, est ici retenu que la théorie du droit peut se spécifier par ses fins — notamment établir le concept de droit — plus que par les moyens mis en œuvre pour atteindre ces fins.

Toujours est-il que ces moyens que la méta-théorie scientifique impose au théoricien-chercheur doivent l'amener à recenser, au terme d'une étude objective et empirique, laissant en dehors de la recherche les opinions et le libre-arbitre, les traits communs caractéristiques du droit tels que conçus dans la pensée juridique collective. Ensuite, si le nom « droit » est actuellement ambigu, c'est, d'une part, parce que les critères utilisés pour le définir ne suscitent guère de consensus autour de leur nombre et de leurs identités et, d'autre part, parce que ces critères se révèlent en eux-mêmes incertains, car reposant sur des sous-critères mal déterminés[4].

---

[1] É. Durkheim, *Les règles de la méthode sociologique*, 2e éd. (1937), Puf, coll. Bibliothèque de philosophie contemporaine, 1973, p. 10.

[2] *Ibid.*, p. XX.

[3] Ch. Atias, *Théorie contre arbitraire*, Puf, coll. Les voies du droit, 1987, p. 33.

[4] Par exemple, si l'on conçoit que le droit se rattache à la validité ou à la justice, la difficulté est que les sens de « validité » et de « justice » sont controversés. Si la juridicité est une qualité complexe, chacune de ses dimensions constitutives ne saurait être simple — où revient le besoin de « définir la définition ».

Section 3. *Procéder à une étude objective et empirique du concept de droit*

Une définition énumère les propriétés qu'un objet doit posséder pour pouvoir être subsumé sous le concept considéré. C'est pourquoi la méthode du lexicographe consiste à caractériser les concepts en s'appuyant sur des critères cumulatifs ou alternatifs. Concernant la définition du droit, indispensable aux sciences du droit afin qu'elles puissent identifier les phénomènes dont elles s'occupent, afin qu'elles puissent les reconnaître avant de les connaître, il s'agit de *lister les critères de distinction du droit parmi les divers modes de régulation sociale* — et, suivant les préconisations de la méta-théorie scientifique du droit, il convient non de proposer ces critères, mais de les constater en explorant en scientifique la pensée juridique collective. Rechercher la définition du droit revient donc à *rechercher les critères de juridicité.*

Qui observe la pensée juridique contemporaine et notamment la diversité des théories du droit qui l'influencent comprend que ces critères de juridicité sont forcément pluriels. Aussi la définition lexicographique du droit ne saurait-elle s'appuyer sur un critère unique et décisif ; elle ne peut que *réunir différents critères de juridicité*, autant qu'il existe de définitions différentes du droit imprégnant la psyché juridique commune. Elle n'a pas les moyens de réduire la polysémie de la notion de droit ; elle peut seulement en rendre compte en suivant le principe « l'unité dans la diversité ». Les visages du droit sont multiples, ce qui signifie qu'il est possible d'accéder au monde juridique par différentes voies et que le droit des uns est le non-droit des autres — et inversement. C'est ce qui justifie, au moment de concevoir l'échelle de juridicité, de faire des critères de juridicité des *critères alternatifs* plutôt que cumulatifs — les critères doivent tous être remplis pour accéder à un niveau de juridicité absolue, mais non pour qu'existe une forme primaire de droit.

Une définition gagne en précision et perd en utilité à mesure que le nombre des conditions de caractérisation augmente et, inversement, gagne en utilité, mais perd en précision à mesure que leur nombre diminue. Une classification trop précise et exacte n'est plus une classification, mais une simple identification de chaque cas particulier. Le chercheur-lexicographe, toutefois, ne saurait entreprendre de quelconque sélection des conditions de caractérisation les plus pertinentes ; la méta-théorie-scientifique l'enjoint de se borner à *recenser celles qui jouent un rôle effectif dans la pensée juridique collective.* Ainsi le nombre et l'identité des critères de juridicité doivent-ils être considérés comme donnés. Si le chercheur-lexicographe, au moment de les présenter et de les expliquer, opère nécessairement une mise en forme, celle-ci, outre qu'elle doit se réduire au strict minimum (un plan avec diverses étiquettes permettant de spécifier chaque critère et chaque sous-critère), doit être guidée uniquement par la recherche de pédagogie et de clarté de l'exposé, sans jamais tenter de faire prévaloir un critère sur un autre ou chercher à passer un critère sous silence, ce qui aboutirait à déformer la notion « réelle » de droit, à la reconstruire au lieu de seulement la retranscrire.

L'intermédiaire entre le sujet connaissant et l'objet à connaître doit donc être le plus transparent possible. Il serait néanmoins illusoire d'imaginer que l'activité de connaissance théorico-juridique pourrait se passer de toute forme de jugement. Sans doute la théorie syncrétique ne saurait-elle compter sur des expériences spontanées, sur un vécu immédiat indépendant de tout médiateur cognitif. Le droit n'autoriserait que les expériences réfléchies, impliquant des jugements, à plus forte raison concernant ses aspects théoriques. La représentation du monde juridique ne saurait être l'exact reflet du monde juridique. La réalité est toujours plus riche et complexe que sa retranscription par le scientifique et il y a forcément une part d'arbitraire et de déformation dans la définition lexicographique du droit par rapport à la définition effective du droit. Mais, si « la carte n'est pas le territoire »[1] — ce qui signifie, à l'instar du célèbre tableau de René Magritte « La Trahison des images »[2], qu'il convient de ne pas confondre la réalité avec la représentation de la réalité —, il faut gager que « la carte est plus intéressante que le territoire »[3], donc que la représentation de la réalité est plus utile à la connaissance que la réalité nue[4].

Par ailleurs, il importe de ne pas idéaliser la scientificité des travaux, surtout lorsqu'ils touchent au droit ; car l'indépendance axiologique n'est-elle pas déjà une forme de dépendance axiologique ? Et l'intention scientifique n'est-elle pas déjà la marque d'une idéologie ? La théorie syncrétique n'en est pas moins motivée par la considération selon laquelle les propositions relatives à la notion de droit seraient pertinentes et efficaces

---

[1] A. KORZYBSKI (cité par M. TROPER, « Le territoire est plus intéressant que le territoire », *Jurisdoctoria* 2013, n° 10, p. 11).

[2] Ce fameux tableau représente une pipe accompagnée de la légende « Ceci n'est pas une pipe ».

[3] M. HOUELLEBECQ, *La carte et le territoire*, Flammarion, 2010 (cité par M. TROPER, « Le territoire est plus intéressant que le territoire », *Jurisdoctoria* 2013, n° 10, p. 11).

[4] Sur ce point, il n'est pas inutile de citer cette anecdote que rapporte le grand écrivain argentin Jorge Luis Borges : « Un roi du Moyen-Âge avait commandé l'élaboration d'une carte très précise de son royaume. Il insista pour que la carte représentât scrupuleusement le moindre détail. Les cartographes les plus renommés de l'époque se chargèrent de cet important projet. Quand, finalement, ils présentèrent leur travail, on constata qu'il était impossible d'être plus fidèle car la carte et le royaume coïncidaient point par point. Cependant, leur frustration fut grande : la carte n'était pas très pratique puisqu'elle était de la même taille que le royaume » (J. L. BORGES, *Dreamtigers*, University of Texas Press (Austin), 1970, p. 90 (cité par B. DE SOUSA SANTOS, « Droit : une carte de lecture déformée – Pour une conception post-moderne du droit », *Dr. et société* 1988, p. 385)).

épistémiquement à mesure qu'elles parviendraient à se délier de toutes considérations subjectives, idéologiques, axiologiques ou métaphysiques[1].

C'est pourquoi la méta-théorie scientifique prescrit au chercheur de mener une *enquête scientifique* au sein de la pensée juridique contemporaine, cela afin de *recueillir de manière objective et empirique les différents critères de juridicité constitutifs de la définition lexicographique du droit.* Mais cette objectivité et cet empirisme doivent être compris tels des moyens et non tels des fins ; et, si ces moyens sont nécessaires, ils ne sauraient être suffisants. Ils amènent en tout cas à suivre les professeurs qui enseignent que « l'utilisation par le droit de la méthode sociologique est devenue une nécessité impérative »[2]. Approchant le concept de droit sous un angle sociologique, considérant que ce concept ne serait pas autre chose qu'un fait social étudiable au moyen des outils de la sociologie, la théorie syncrétique serait encore une *« théorie sociologique du droit ».*

Si la méta-théorie scientifique prescrit à l'étude de la pensée juridique *de procéder à des recherches objectives et d'opérer des conclusions objectives*, cela doit permettre à la théorie syncrétique du droit de se caractériser par une *neutralité, impartialité ou indépendance théorique.* L'objectivité est la « qualité de ce qui existe en soi, indépendamment du sujet pensant ; [la] qualité de ce qui donne une représentation fidèle de la chose observée »[3], cette chose observée étant en l'occurrence les différents sens des termes « droit » et « juridique ». Un travail objectif suppose ainsi le plus complet retrait de la personnalité, de la psychologie, de l'idéologie, des sentiments, des sensations, des intérêts et même de la pensée[4] propres à l'auteur. L'objectivité implique de s'interdire tout jugement de valeur : si un critère de juridicité apparaît très inconséquent aux yeux du chercheur-lexicographe, par exemple parce qu'il exprimerait une regrettable confusion entre normativité (fait d'être une norme) et juridicité (fait d'être une norme juridique), il n'en doit pas moins être intégré comme les autres dans la liste des critères de juridicité. La tâche de la science est de connaître et de décrire son objet, pas de le prescrire ni de le justifier ou de le juger. La méta-théorie

---

[1] Peut-être, face aux interrogations et aux doutes nombreux qui entourent la notion de droit, l'approche scientifique n'est-elle pas la plus malvenue dès lors que le premier des enjeux serait désormais de « rompre avec nos habitudes de pensée héritées du passé et mettre résolument nos idées en accord avec les faits » (P. AMSELEK, « L'évolution générale de la technique juridique dans les sociétés occidentales », *RDP* 1982, p. 289).

[2] J.-L. BERGEL, *Théorie générale du droit*, 5e éd., Dalloz, coll. Méthodes du droit, 2012, p. 200.

[3] V° « Objectivité », in *Trésor de la langue française.*

[4] L'objectivité consiste, ainsi que le décrivait Martin Heidegger, à « faire de la science sans penser » (M. HEIDEGGER, *Qu'appelle-t-on penser ?* (1951), trad. A. Becker, G. Granel, Puf, 1959, p. 15). En effet, l'objectivité s'oppose à l'idéologie qui, étymologiquement, est un « discours sur des idées », donc des idées sur des idées. Toute pensée est par définition subjective ; on peut vouloir penser objectivement et tout mettre en œuvre afin d'y parvenir, la réalité de la psychologie est telle qu'une pensée objective ne serait fatalement qu'une contradiction dans les termes.

scientifique oblige donc à *s'émanciper de toute intention critique* et, plus généralement, de toute volonté extra-scientifique.

Pour faire œuvre objective, il faut s'extirper y compris des influences exercées par soi-même sur soi-même — car tout chercheur a des intérêts idéologiques résidant dans le besoin de ne pas contredire ses écrits antérieurs, donc ne pas s'auto-contester. Que ce soit consciemment ou inconsciemment, se détacher ainsi de sa subjectivité peut sembler difficile ; aussi l'objectivité ici en cause n'est-elle qu'un *objectif d'objectivité* qui ne saurait être parfaitement atteint — d'autant plus que la théorie du droit est un champ du savoir en proie à des obstacles épistémologiques nombreux et puissants, notamment en raison de la multivalence et de la malléabilité de la notion de droit. La méta-théorie scientifique pousse à diminuer au maximum l'influence de la subjectivité du chercheur tout en sachant qu'il serait utopique d'imaginer possible d'écarter complètement cette influence.

Bien entendu, promouvoir l'objectivité au sein de recherches juridiques n'est guère une nouveauté et Kelsen pouvait souhaiter que la science du droit acquière la « même objectivité que celle des sciences de la nature »[1]. La particularité est que ce n'est pas ici une théorie du droit qui impose l'objectivité à la science du droit positif, mais une méta-théorie du droit qui impose l'objectivité à la théorie du droit. Or les théoriciens du droit, par nature, sont plus habitués à faire coller la réalité à leurs théories que leurs théories à la réalité, c'est-à-dire plus habitués à faire œuvre constructive qu'à faire œuvre descriptive. En théorie du droit, l'observateur semble l'emporter sur l'objet observé, si bien que, en fonction de la personnalité de cet observateur, la présentation de l'objet peut varier assez radicalement. La méta-théorie scientifique — intéressée essentiellement par l'objet observé et étant proche de nier la personnalité de l'observateur — doit permettre à la théorie syncrétique de suivre la réalité de la notion de droit effective et d'évoluer à mesure que celle-ci évolue. Tout chercheur-lexicographe devrait dessiner le même portrait de cette notion de droit, car tout expérimentateur placé dans les conditions prescrites par la méta-théorie devrait obtenir les mêmes résultats. Une expérience est scientifique et une observation est objective si l'agent est interchangeable — et si le cadre de l'expérience ou de l'observation a été précisément arrêté. Partant, la théorie syncrétique n'autoriserait guère de dialectique ni d'interactions entre le sujet connaissant et l'objet de connaissance. Le premier ne serait jamais un acteur, mais toujours un simple spectateur. Si, *de facto*, la notion de droit présente certains traits particuliers, le scientifique doit essayer de les refléter sans les déformer, tant dans leur quantité que dans leurs qualités. Ceci suppose de ne pas construire *a priori* et déductivement la définition du droit. Celle-ci doit être reproduite *a posteriori* et inductivement.

---

[1] H. KELSEN, *Théorie pure du droit*, 2e éd., trad. Ch. Eisenmann, Dalloz, 1962, p. 27.

Il résulte de cette attente d'objectivité que la théorie syncrétique ne saurait témoigner d'une quelconque parenté intellectuelle, manifester un esprit de corps ou suivre des dogmes (substantiels ou formels), des habitudes corporatives ou des protocoles de pensée préétablis. Conçus telle une science sociale, ses orientations et son cheminement intellectuels excluent tout déterminisme. Cette théorie est donc une théorie du droit foncièrement positiviste, ce qui implique notamment qu'elle « marche main dans la main avec le relativisme »[1]. Le théoricien positiviste doit se borner à décrire sans prendre parti « ce qui arrive le plus souvent »[2] concernant la notion de droit[3]. Par suite, il est décisif pour la théorie syncrétique d'admettre que les signifiés sont observables autant que les signifiants. Une idée ou une conception peut s'analyser comme une chose concrète dès lors qu'elle produit des effets, qu'elle est, en quelque sorte, publiée et qu'elle devient à cet instant sensible.

Mieux vaut cependant ne pas qualifier plus avant la théorie syncrétique de « théorie positiviste » tant le positivisme juridique tend à s'attacher, dans l'imaginaire juridique commun, au seul normativisme kelsénien, loin de la pensée originaire d'Auguste Comte — pourtant, le normativisme ne semble être ni le seul positivisme juridique ni la plus positiviste des théories juridiques, spécialement en comparaison des théories sociologiques et pragmatistes.

Quant à l'empirisme, puisque la méta-théorie scientifique prescrit également à l'étude de la pensée juridique *de procéder à des recherches empiriques et d'opérer des conclusions empiriques*, il suppose que les connaissances ne puissent découler que de l'expérience. Il implique de fonder le savoir sur l'observation des faits quand, souvent en matière de

---

[1] H. Kelsen, « Qu'est-ce que la théorie pure du droit ? » (1953), *Dr. et société* 1992, p. 561. De toute évidence, le juriste positiviste a une position personnelle à l'égard des finalités du droit et des valeurs qui devraient imprégner le droit positif. Dans une optique *jus*-scientifique, il dira que le droit nazi a été du droit effectif ; dans une optique *jus*-morale, il dira que le droit nazi a été du mauvais droit. Mais, conscient de la relativité de son point de vue, ce juspositiviste n'a pas l'intention, à l'inverse du jusnaturaliste, d'ériger ce qui n'est qu'une opinion personnelle en système général et universel. Aussi préfère-t-il, dans son cadre professionnel tout du moins, faire primer l'angle *jus*-scientifique et laisser de côté l'angle *jus*-moral, donc ses sentiments individuels et contingents.

[2] N. Bobbio, *Essais de théorie du droit*, trad. Ch. Agostini, M. Guéret, LGDJ-Bruylant (Paris-Bruxelles), coll. La pensée juridique, 1998, p. 36.

[3] L'objectivité et la neutralité sont des qualités du discours et non de l'objet à décrire ; un jugement de valeur est un fait justiciable d'une étude descriptive et objective, si bien que des critères de juridicité d'ordre axiologique peuvent potentiellement intégrer la définition du droit. Il existe des « faits-valeurs » (É. Maulin, « Positivisme », in D. Alland, S. Rials, dir., *Dictionnaire de la culture juridique*, Lamy-Puf, coll. Quadrige dicos poche, 2003, p. 1172) et observer que certains discours sont porteurs de valeurs, ce n'est pas porter soi-même ces valeurs. Le fait que le droit positif et même la pensée juridique soient largement imprégnés de valeurs ne saurait donc empêcher de saisir le droit en scientifique. De même, une croyance — par exemple la croyance collective en un certain sens du mot « droit » — serait justiciable d'une étude scientifique.

théorie du droit, on peut être tenté d'esquisser des conclusions sans avoir mené d'enquête « de terrain »[1]. Il s'agit donc de *faire l'expérience du concept de droit*, en se plongeant au cœur de la pensée juridique professionnelle et profane afin de recueillir les conceptions du droit qui s'y trouvent, de conduire des investigations scientifiques afin d'accéder le plus directement et spontanément possible aux usages sémantiques faits des mots « droit » et « juridique ». Ainsi la théorie syncrétique pourrait-elle coller de près à la réalité du concept de droit. Des *jus*-théoriciens regrettent que les chercheurs en droit tendent à s'asservir aux faits ; la théorie syncrétique, au contraire, souhaite se soumettre pleinement aux faits — à tel point qu'elle devrait idéalement s'appuyer sur des sondages et des statistiques relatifs aux sens donnés au droit.

La connaissance empirique s'oppose à la connaissance analytique qui consiste en des constructions conceptuelles ; il en résulte que la méta-théorie scientifique conduit à connaître empiriquement des connaissances analytiques. Certaines théories du droit cherchent à imposer une science empirique du droit, considérant que les normes juridiques seraient des faits — des « faits normatifs » en quelque sorte — susceptibles de donner lieu à des « jugements de réalité »[2], *i.e.* des vérifications empiriques. La mission de la théorie du droit serait dès lors, « en recourant à la posture analytique, de clarifier le langage nécessaire à la description »[3], donc de fournir les outils nécessaires à une science empirique ; mais la théorie du droit ne saurait être elle-même empirique. Ici, la méta-théorie plaide pour une *théorie empirique du droit*[4].

L'étude de la pensée juridique doit donc se passer au maximum des structures conceptuelles — sans s'en passer totalement puisque de simples données et observations ne sauraient constituer une science et encore moins une théorie — et s'appuyer prioritairement sur des constatations factuelles. La théorie syncrétique serait ainsi une théorie descriptive, principalement, et explicative, ensuite, mais en aucun cas une théorie normative — au sens de

---

[1] Cela bien que « théorie » signifie étymologiquement, selon Michel Villey, « regard ou observation de la chose dont on parle pour la faire apparaître telle qu'elle est » (M. VILLEY, *Critique de la pensée juridique moderne – Douze autres essais* (1976), Dalloz, coll. Bibliothèque Dalloz, 2009, p. 231).

[2] M. TROPER, *Pour une théorie juridique de l'État*, Puf, coll. Léviathan, 1994, p. 55.

[3] É. MILLARD, « Présentation », in A. ROSS, *Introduction à l'empirisme juridique*, trad. E. Matzner, É. Millard, Bruylant-LGDJ (Bruxelles-Paris), coll. La pensée juridique, 2004, p. 8.

[4] Les options épistémologiques des jusnaturalismes, mais aussi des théories positivistes modernes, ne permettent pas d'en faire des théories empiriques puisqu'elles « déterminent *a priori* leur capacité explicative, indépendamment de l'observation de leur pertinence quant à l'analyse du phénomène juridique » (R. RICCI, « Le statut épistémologique des théories juridiques : essai de définition d'une pratique scientifique juridique », *Dr. et société* 2002, p. 166). Par exemple, Raymond Carré de Malberg, pour la part théorique de son œuvre, s'enquérait des « idées dont la valeur de vérité est indépendante de leurs réalisations empiriques » (É. MAULIN, *La théorie de l'État de Carré de Malberg*, Puf, coll. Léviathan, 2003, p. 336).

théorie prescriptive. Quand des théoriciens peuvent proposer des définitions du droit stipulatives tout en « tenant compte de certaines pratiques [...] pour être opératoire[s] »[1], le théoricien-lexicographe devrait se contenter de rendre compte des pratiques entourant les termes « droit » et « juridique ».

Toutefois, la méta-théorie scientifique ajoute que, si toutes ces pratiques doivent être intégrées dans l'étude sans opérer de discrimination subjective, une *discrimination objective* doit en revanche être appliquée : seuls les critères de juridicité attestant d'une *force doctrinale significative dans la pensée juridique collective actuelle* doivent être recensés. La méthode préconisée par la méta-théorie scientifique afin de constater la définition lexicographique du droit suit ainsi celle retenue il y a fort longtemps par Aristote : « Nous devons poser devant nous les faits tels qu'ils apparaissent [...] et trouver toutes les opinions communes [...] toutes les opinions qui sont *les plus répandues et les plus importantes* »[2].

Section 4. *Recenser les acceptions du droit revêtant une force doctrinale significative*

Proche des prémisses de la théorie syncrétique à cet instant, Herbert Hart notait que sa « règle de reconnaissance » n'existe « que sous la forme d'une pratique complexe, mais habituellement concordante, qui consiste dans le fait que [les juristes] et les simples particuliers identifient le droit en se référant à certains critères. Son existence est une question de fait »[3]. Il en irait à l'identique du concept de droit qui ne serait qu'une question de fait, que les signifiés que ceux qui utilisent le nom « droit » y attachent. C'est pourquoi la théorie syncrétique entend simplement comprendre et expliquer ce que d'autres, *collectivement*, ont décidé de désigner par « droit » en y associant certaines caractéristiques.

Dans cette approche syncrétique, l'aspect collectif est important. Un critère de juridicité retenu par un seul auteur ou par quelques rares auteurs ne saurait intégrer la définition lexicographique du droit. Pour être comptabilisé, un critère de juridicité doit connaître une *audience véritable*, une *pénétration véritable* dans la pensée juridique collective, ce qui exclut les propositions par trop isolées, méconnues et/ou très peu partagées. La méta-théorie scientifique enjoint donc le chercheur-lexicographe de s'intéresser à toutes les définitions du droit revêtant actuellement une *force*

---

[1] É. MILLARD, *Théorie générale du droit*, Dalloz, coll. Connaissance du droit, 2006, p. 47.
[2] ARISTOTE, *Éthique à Nicomaque* (vers 340 av. J.-C.), Vrin, coll. Textes philosophiques, 1994, L. VII (non souligné dans le texte original).
[3] H. L. A. HART, *Le concept de droit*, trad. M. van de Kerchove, Publications des Facultés universitaires Saint-Louis (Bruxelles), 1994, p. 138.

doctrinale significative. La définition lexicographique doit être exhaustive, mais seulement à l'égard des propositions justifiant d'une certaine *autorité* dans la psyché juridique. Aussi l'étude de la pensée juridique, s'il elle n'a pas à juger sur le fond des mérites respectifs de ces propositions, doit-elle être capable d'en mesurer la prégnance ou l'impact, ce qui est appelé ici « force doctrinale »[1].

On observe que les désaccords entre les différentes « chapelles » de la théorie juridique empêcheraient de savoir ce qu'est réellement le droit[2]. Toutefois, du point de vue de la théorie syncrétique, ce sont justement ces désaccords qui expriment la réalité du droit ; mais seules les « chapelles » fréquentées et non les chapelles désertées peuvent être prises en compte. La théorie syncrétique accueille donc toutes les explications relatives à l'identité du droit, non pas pertinentes — ce qui reviendrait à introduire la subjectivité au cœur de la recherche —, mais dotées d'une force doctrinale significative, laquelle constitue une donnée objective. Il s'ensuit que certaines de ces explications peuvent être contradictoires ou incompatibles ; l'étude de la pensée juridique n'a pas à s'en préoccuper : elle doit toutes les inclure dans ses conclusions. En somme, l'étude de la pensée juridique doit juger de la qualité des différentes théories du droit à l'aune de leur seule force doctrinale. Aux yeux d'un lexicographe, la définition d'un objet unanimement acceptée sera toujours plus vraie que celle retenue seulement par quelques auteurs épars, quels que soient leurs contenus respectifs.

Une conception du droit donnée revêt une force doctrinale suffisante dès lors qu'un nombre important d'auteurs — y compris hors des facultés de droit, lesquelles n'ont pas le monopole de la pensée juridique — la soutiennent, étant précisé que ces auteurs peuvent néanmoins être très minoritaires. Il importe peu de savoir qu'une personne donnée utilise un mot dans un certain sens ; ce qui compte est la signification attachée à ce mot par la majorité ainsi que par les minorités significatives. Autrement dit, seules les approches du concept de droit qui peuvent être qualifiées de « rares » ou de « marginales » doivent être écartées. Celles qui peuvent être qualifiées de « courantes » ou de « fréquentes », c'est-à-dire qu'un chercheur rencontrera forcément quelques fois au cours de ses travaux, doivent être prises en compte. La force doctrinale d'une idée est donc sa prégnance, sa capacité à emporter la conviction dans la pensée commune, son autorité faisant qu'elle rencontre un succès suffisant parmi les esprits pour les influencer.

---

[1] À titre d'exemples de critères de juridicité ne revêtant pas actuellement une force doctrinale significative, peuvent être cités la volonté de créer une norme juridique, la nature des conduites que les normes ont pour objet d'ordonner, le caractère public de la norme, le langage de la norme, le dynamisme de la norme, la capacité de la norme à répondre à la mise en péril des intérêts de la communauté, la pertinence psychologique de la norme, le caractère marxiste ou communiste de la norme, le caractère féministe de la norme ou encore le caractère autobiographique de la norme.

[2] D. DE BÉCHILLON, *Qu'est-ce qu'une règle de droit ?*, Odile Jacob, 1997, p. 11.

Outre l'aspect collectif, l'aspect *actuel* est tout autant important puisque, comme la pensée juridique évolue, il fait peu de doute que la liste des critères de juridicité présentant une force doctrinale significative évolue, certains critères par trop secondaires gagnant en force doctrinale jusqu'à devoir intégrer la définition lexicographique du droit quand d'autres critères peuvent perdre petit à petit leur force doctrinale jusqu'à devoir être retirés de cette définition. Aussi la reconnaissance de la définition lexicographique du droit est-elle une tâche sisyphéenne, à recommencer sans fin puisque le nombre et le contenu des critères de juridicité à force doctrinale significative sont forcément sujets à des mouvements plus ou moins rapides et plus ou moins radicaux en fonction des époques — et en fonction des lieux. La notion de droit est une partie de la pensée et de la culture juridiques, lesquelles, à l'image de toute pensée et de toute culture, sont inévitablement évolutives — et géolocalisées. La grande *relativité culturelle du droit* touche en premier lieu le concept de droit. Il faut donc insister sur le fait que les frontières de la juridicité connaissent des mutations dans le temps — mais aussi dans l'espace. Le concept de droit d'aujourd'hui n'est ni celui d'hier ni celui de demain. Il ne connaît pas l'éternité — ni l'universalité. La signification des termes « droit » et « juridique » ici en cause n'est que celle qui est *actuellement en usage au sein de la communauté linguistique*[1].

Par ailleurs, si la force doctrinale est une donnée objective, cette donnée est délicate à mesurer[2]. Aussi est-ce sûrement lorsqu'elle essaye de tracer la ligne de démarcation entre force doctrinale suffisante et force doctrinale insuffisante que la méta-théorie est la moins scientifique. Nul doute que, entre le dernier critère de juridicité jugé recevable et incorporé dans la définition lexicographique et le premier critère jugé non recevable et écarté de cette définition, il se trouve tout un espace abandonné à un certain arbitraire — ce que, d'ailleurs, l'emploi du verbe « juger » trahit. Le syncrétisme juridique, s'il doit s'ouvrir à toutes les théories du droit préexistantes, ne saurait néanmoins accueillir y compris une théorie si impromptue que seuls de rares auteurs la soutiendraient. Mais il est dès lors

---

[1] Par conséquent, s'il est fait référence aux écrits de Kelsen, Hart, Montesquieu ou encore Aristote, ce ne peut être que parce qu'ils jouissent d'une force doctrinale significative à l'aube du XXIe s., étant couramment repris et prolongés par des auteurs contemporains. Et, dès lors que la théorie syncrétique ne porte que sur des instantanés de constructions psychiques collectives, la définition lexicographique du droit et donc la présentation des différents critères de juridicité ne sauraient citer certains auteurs en particulier. Par exemple, si la validité est admise au rang de critère de juridicité, ce ne saurait être parce que Kelsen l'a révélée mais seulement parce que beaucoup de penseurs et observateurs du droit actuels identifient le fait d'être juridique au fait d'être valide. Si l'œuvre kelsénienne venait à être citée, ce seraient en réalité tous les auteurs qui la reprennent aujourd'hui à leur compte qui seraient cités à travers elle.

[2] La mesure de la force doctrinale d'une proposition donnée ne peut donner lieu qu'à un résultat approximatif tant, d'une part, les objets observés sont extrêmement diffus et, d'autre part, aucun chercheur ne dispose de moyens matériels permettant de mener une enquête suffisamment exhaustive dans l'ensemble de la littérature juridique.

difficile de déterminer une frontière scientifiquement satisfaisante entre les conceptions du droit acceptables et celles dont l'accès à la définition lexicographique du droit doit être refusé. En conséquence, il semble nécessaire d'étendre au maximum cette définition, de la rendre très inclusive, permettant à un grand nombre d'approches différentes du droit de l'intégrer, cela afin que la recherche soit la moins arbitraire possible. La force doctrinale devant seulement être « significative », c'est-à-dire notable par opposition à dérisoire ou courante par opposition à ponctuelle, la définition lexicographique du droit en devient fort englobante et fort peu excluante — ce qui est en accord avec l'intention syncrétiste.

Le recours à l'outil de la force doctrinale des propositions théoriques est donc apparu indispensable, malgré ses imperfections, sa difficile praticabilité et son manque de lisibilité. La définition lexicographique du droit rend compte d'usages sémantiques ; or un usage est une répétition, en l'occurrence du sens d'un mot, au sein d'un groupe social. Il n'existe guère d'usages individuels ou limités à quelques rares individus.

Par suite, ce ne sont pas que les universitaires des facultés de droit, les avocats, les magistrats et autres juristes qui sont concernés par la notion de droit, mais bien tous les individus. Aussi l'expression « force doctrinale » ne doit-elle pas induire en erreur : la force doctrinale se mesure principalement au sein des facultés de droit, des prétoires et des cabinets, puisque c'est en ces lieux que l'on parle le plus du droit et donc que l'on est le plus amené à s'en faire une idée, mais les conceptions profanes, ordinaires et communes des phénomènes juridiques doivent également être intégrées dans l'étude. La « psyché juridique collective » est constituée de tous ceux qui, pour une raison ou une autre, sont amenés à se demander « qu'est-ce que le droit ? ». Les juristes revendiquent souvent, par réflexe, un point de vue interne qui serait le mieux en mesure d'aboutir à une bonne connaissance du droit. Cependant, le nom « droit » appartient aussi au langage courant et la théorie syncrétique ne saurait ignorer les visions du droit de ceux qui ne sont pas juristes de profession, y compris lorsque celles-ci s'avèrent floues — mais à condition, donc, qu'elles soient partagées. Ce sont bien toutes les personnes qui utilisent un mot qui contribuent à déterminer sa signification en forgeant des usages sémantiques[1].

En outre, il semble que la psyché juridique collective soit si nomo-centrée que la définition lexicographique du droit se fonderait dans la

---

[1] Ainsi, aux yeux de la théorie syncrétique, le sentiment général à l'égard du droit revêt-il une plus grande importance que la définition stipulative proposée par un éminent professeur de droit — *a fortiori* dès lors qu'il se trouve beaucoup plus de non-juristes qui parlent du droit que de juristes dans l'ensemble de la communauté linguistique. Si les écrits des théoriciens du droit les plus célèbres peuvent compter, ce n'est qu'en raison de leur influence sur la pensée juridique collective, non en eux-mêmes. Un théoricien sera toujours moins puissant qu'un groupe social pour fixer dans les faits le sens d'une notion.

définition lexicographique de la règle de droit et que les critères de juridicité seraient nécessairement les *critères de juridicité des normes.*

Section 5. *Identifier le domaine du droit au domaine des règles de droit*

À l'observation selon laquelle « l'utilité d'une science du droit est de décrire ce qui dans les faits est appelé "droit" »[1] pourrait être ajoutée celle selon laquelle « l'utilité d'une théorie du droit est de décrire ce qui dans les faits est appelé "droit" ». Or sont très communément appelés « droit » des ensembles de régimes juridiques, des *ensembles de normes* répondant à certaines conditions ressortissant à leurs origines, leurs objets ou encore leurs qualités substantielles. Les normes seraient les atomes du droit, ses éléments de base, si bien que toute donnée issue du monde juridique se réduirait, en dernière analyse, à des normes. Celles-ci seraient au droit ce que les pions sont aux échecs ou ce que les ingrédients sont à la cuisine. Il semble que la notion de règle de droit soit la clé de voûte du concept de droit et que, s'il est impossible de connaître le droit sans connaître la règle de droit, qui connaît la règle de droit connaît le droit.

C'est pourquoi la méta-théorie scientifique, préconisant à l'étude de la pensée juridique de recenser les critères de reconnaissance du droit, ne pourrait que l'amener dans le même mouvement à *recenser les critères de reconnaissance des règles de droit.* Aussi la théorie syncrétique du droit est-elle plus exactement une *théorie de la juridicité des normes.* Mais cela est moins un choix que la conséquence de l'état actuel de la pensée juridique collective, laquelle ne paraît qualifier que très rarement de « juridiques » des objets non normatifs[2].

---

[1] É. MILLARD, *Théorie générale du droit*, Dalloz, coll. Connaissance du droit, 2006, p. 48.

[2] On observe ainsi que les théories du droit modernes définissent le plus souvent le droit comme un « système de normes » (Ch. BÉAL, *Philosophie du droit – Norme, validité et interprétation*, Vrin, coll. Textes clés de philosophie du droit, 2015, p. 9). Et d'ajouter : « Les théories normativistes du droit, qui se sont largement imposées dans la pensée contemporaine, présentent l'ordre juridique comme un système hiérarchisé de normes. Le concept de norme est donc essentiel pour comprendre le phénomène juridique ; mais la question de la nature des normes juridiques donne lieu à des divergences significatives dans la théorie du droit » (*ibid.*, p. 12). Bien sûr, il pourrait en aller différemment s'il s'agissait de définir non le droit mais la justice, la doctrine ou encore l'État. Toutefois, qu'on étudie une loi, une décision judiciaire, un testament ou un contrat, on étudierait toujours des normes — des *actes normatifs*, donc des ensembles de normes. Ainsi le droit obligerait-il presque par nature à s'intéresser à des objets normatifs. Si un acte tel qu'une loi ou un contrat pourrait s'analyser autrement qu'à travers les normes qu'il porte, l'essentiel, juridiquement parlant, résiderait toujours dans celles-ci, c'est-à-dire dans les droits et obligations qui en découlent. Et, si le droit est parfois approché tel un savoir, une technique, un pouvoir, un idéal, un phénomène factuel, un système institutionnel ou encore un langage, ces conceptions du droit semblent toujours

Cependant, la théorie syncrétique est une théorie non normativiste mais *nomo-centrée*. En effet, si les critères de juridicité en viennent quasi-systématiquement à s'appliquer à des normes, ils peuvent aussi renvoyer potentiellement à des dimensions non normatives, dimensions que la théorie syncrétique ne nie pas et n'ignore pas. Reste que, de l'ordre juridique à l'institution juridique en passant par la sanction juridique, les concepts utilisés afin d'expliquer le droit serviraient avant toute autre chose à expliquer les règles de droit. En somme, la pensée juridique ne paraît pas affirmer tout entière que le droit serait exclusivement composé de normes, mais elle semble retenir que les normes seraient les éléments primaires du droit[1]. En conséquence, toute personne interrogeant la juridicité serait amenée à penser la juridicité des normes. « Qu'est-ce que le droit ? » ne serait pas une autre question que « qu'est-ce qu'une règle de droit ? » — et ce serait là la question la plus fondamentale posée à la théorie du droit dès lors que « la connaissance juridique a pour objet les normes qui ont le caractère de normes juridiques »[2].

Si les théoriciens du droit se répartissent entre normativistes et non-normativistes, les premiers réduisant le droit à un ensemble de normes au contraire des seconds pour qui il existerait des phénomènes juridiques non normatifs, tous sont tentés, au moment de définir le droit, de définir la règle

---

se rapporter aux normes : il s'agit d'un savoir normatif, d'une technique normative, d'un pouvoir normatif, d'un idéal normatif, de faits normatifs, d'institutions produisant des normes ou d'un langage sur les normes. Par exemple, lorsqu'on définit le droit par la conformité à un idéal de justice, ce sont toujours des normes qui, en dernière instance, doivent être conformes à cet idéal de justice afin d'intégrer le monde du droit. Lorsque Jean Carbonnier définit le droit telle « une paix, une concorde, un équilibre » (J. CARBONNIER, *Sociologie juridique*, Puf, coll. Quadrige manuels, 2004, p. 319), n'entend-il pas dire que le droit serait un ensemble de normes visant à assurer la paix, la concorde et l'équilibre ?

[1] Par exemple, Norberto Bobbio enseignait que « la science du droit est une science normative en ce qu'elle s'occupe de normes. Les normes d'un système déterminé constituent, pour le juriste, les instruments principaux de son travail : c'est d'elles, pour l'essentiel, qu'il tire les connaissances et les arguments qui lui sont utiles » (N. BOBBIO, « Être et devoir-être dans la science du droit », in Ch. BÉAL, *Philosophie du droit – Norme, validité et interprétation*, Vrin, coll. Textes clés de philosophie du droit, 2015, p. 153). Et d'évoquer « l'idée, typiquement positiviste, selon laquelle la science du droit ne s'intéresse qu'aux seules normes » (*ibid.*). Autre exemple, Alf Ross faisait du droit un ensemble de faits de deux types : les directives et les normes. Mais les directives du théoricien danois sont proches des normes telles qu'entendues par la théorie syncrétique : il s'agit d'énoncés prescriptifs visant à faire adopter une certaine conduite par ses destinataires. Ross y associe les constitutions, les lois, les règlements etc. — alors que les normes sont pour lui les prescriptions appliquées concrètement par les tribunaux (A. ROSS, *Directives and Norms*, Routledge & Kegan (Londres), 1968). Dernier exemple, Ronald Dworkin soutenait que le droit ne saurait s'analyser tel un système de règles ; il serait plus exactement un système de règles et de « principes », car les juges, au moment de rendre leurs décisions, s'appuieraient à la fois sur les unes et sur les autres (R. DWORKIN, *Prendre les droits au sérieux* (1977), trad. M.-J. Rossignol, F. Limare, Puf, coll. Léviathan, 1995, p. 397 s.). Or il n'est que possible de rapprocher ces « principes » des normes telles qu'ici comprises.

[2] H. KELSEN, *Théorie pure du droit*, 2e éd., trad. Ch. Eisenmann, Dalloz, 1962, p. 6.

de droit, celle-ci se présentant tel le repère essentiel dans l'univers juridique. Or, si la théorie syncrétique n'a pas à choisir entre normativisme et non-normativisme, elle ne peut que suivre la tendance des juristes à se focaliser sur la norme. On pourrait légitimement juger que, en définissant le droit par la règle de droit, on définirait le tout par la partie. Dans la conception commune du droit, cette partie est si proéminente qu'elle en vient à masquer les autres parties. Tant qualitativement que quantitativement, il semble difficile, à l'aune des travaux actuels sur le droit, de ne pas faire de la règle de droit l'élément cardinal de la mécanique juridique, focalisant toute l'attention.

La théorie syncrétique du droit se présente par suite telle une théorie de la règle de droit et non telle une théorie de l'ordre juridique, c'est-à-dire telle une théorie de la norme juridique individuellement comprise et non telle une théorie systémique ou holistique des normes formant un collectif — car l'inclusion dans un ordre juridique semble n'être qu'un critère de juridicité parmi d'autres au sein de la pensée juridique collective. Pour reprendre la célèbre métaphore de Norberto Bobbio[1], la théorie syncrétique est amenée à privilégier l'étude de l'arbre par rapport à l'étude de la forêt, même s'il ne fait aucun doute que la forêt est utile à la définition de l'arbre. S'il importe de savoir identifier les ordres juridiques parmi les divers ordres normatifs, ce n'est qu'afin de pouvoir distinguer au sein des diverses formes de normes sociales les normes juridiques, auxquelles on reviendrait toujours *in fine*. Parler des arbres permettrait de parler de la forêt ; parler des règles juridiques permettrait de parler du droit.

Ce seront donc les critères de juridicité des normes qui seront présentés au sein du prochain chapitre, en tant que constitutifs de la définition lexicographique du droit. Aussi convient-il de définir brièvement la norme — toujours en se bornant, suivant les canons imposés par la méta-théorie scientifique, à retranscrire l'approche imprégnant la psyché juridique collective. Il serait peu commode de savoir reconnaître le caractère juridique d'une norme sans savoir reconnaître une norme — étant précisé que les termes « norme » et « règle » sont en ces pages envisagés tels des synonymes, si bien que les expressions « norme juridique » et « règle juridique » le sont à l'identique[2].

Une norme (ou règle), telle qu'entendue par la théorie syncrétique du droit, *i.e.* telle qu'entendue le plus ordinairement, est *la signification d'un*

---

[1] N. Bobbio, *Essais de théorie du droit*, trad. Ch. Agostini, M. Guéret, LGDJ-Bruylant (Paris-Bruxelles), coll. La pensée juridique, 1998, p. 217.

[2] Sur ce point, simplement peut-on noter que de nombreux auteurs procèdent ainsi et que de tout aussi nombreux auteurs opèrent des distinctions — mais au départ de critères variables, notamment celui de la portée générale (règle) ou individuelle (norme).

énoncé servant de modèle de comportement. Elle est un « outil mental »[1] servant à tracer les lignes directrices des conduites des individus. Il importe de ne pas assimiler la norme au texte qui la porte, de ne pas confondre norme juridique et acte juridique, de ne pas voir le normatif dans ce qui ne fait que le relever ou l'exprimer, dans les signes extérieurs qui ne sont que des véhicules, des moyens de transport. Un énoncé est une forme, une mise en forme verbale ; la signification — donc la norme — est le fond porté par cette forme. Confondre la norme et l'énoncé, la règle de droit et l'acte juridique, ce serait comme confondre l'*instrumentum* et le *negotium*, la parole et la pensée, la source et l'eau de la source. La norme, c'est le message[2].

Ensuite, l'important est la *signification de devoir-être* de l'énoncé. Aussi une proposition contient-elle une norme dès lors qu'elle impose, permet, conseille ou interdit d'adopter un certain comportement dans une certaine situation, quels que soient sa source, son objet et son degré de généralité et d'abstraction — il existe des normes à portée individuelle. Une norme, suivant le sens accepté en ces pages, est donc la signification d'un énoncé à l'aune de laquelle le destinataire comprend qu'il peut, qu'il ne peut pas, qu'il devrait ou qu'il doit faire quelque chose. La norme a pour objet de donner la mesure des possibilités d'agir, d'imposer ou de proposer à un ou plusieurs individus un comportement ou une attitude, une action ou une abstention. La norme est donc un indicateur des devoirs et des interdits, des possibles et des impossibles. Bien entendu, que le comportement imposé ou proposé soit *de facto* adopté est une question de fait sans influence sur l'existence et la définition de la norme. Mais la possibilité d'être violée, non respectée, non suivie, semble être un critère pertinent d'identification des normes.

Partant, toute signification d'un énoncé qui est une description, une déclaration ou une évaluation, qui n'indique aucune attitude à adopter à

---

[1] P. AMSELEK, « Le droit, technique de direction publique des conduites humaines », *Droits* 1989, n° 10, p. 9.

[2] Le sens du terme « norme » est rarement interrogé, un peu comme s'il allait de soi tout au contraire du sens de l'adjectif « juridique » auquel on l'associe souvent. S'il est vrai que la notion de droit pose plus de difficultés que la notion de norme, cela n'empêche pas cette dernière d'être entourée de quelques hésitations. En premier lieu, il faudrait qualifier la loi, le règlement ou le contrat d' « acte normatif » et non de « norme ». Il semble qu'une loi, un règlement ou un contrat porte généralement une pluralité de normes et ne soit donc pas une norme en soi. La norme serait *un contenu et non un contenant*, à l'inverse de la loi, du règlement et du contrat. Elle se comprendrait mais ne se verrait pas et appartiendrait ainsi au domaine du psychique, de la pensée, de l'esprit, du mental, de l'intelligence, de l'idéel et de l'abstrait. Quant aux actes juridiques, ils ne portent pas toujours des normes. On peut séparer les actes juridiques porteurs de normes et ceux qui sont seulement déclaratifs, qui manifestent l'établissement d'une certaine situation au regard du droit qui appellera le jeu de régimes juridiques correspondants. Il n'est pas rare qu'une loi comporte des dispositions sans portée normative, consistant en des déclarations d'objectifs ou jouant un rôle symbolique, pédagogique ou informatif.

quiconque dans un quelconque contexte, n'est pas une norme. Appartiennent à l'ordre du prescriptif — par opposition à ce qui relève de l'ordre du descriptif — l'obligatoire, l'impératif, le prohibitif, mais aussi le permissif, l'incitatif, le recommandatoire, le suggestif, l'habilitatif et l'attributif[1]. Et il faut préciser que seul le *signifié* de l'assertion, fruit d'une *interprétation*, permet de la catégoriser, sa formulation syntaxique et grammaticale n'étant un indice que dans certains cas. Il n'est en effet pas rare de trouver des normes exprimées sous la forme indicative.

Par ailleurs, la théorie syncrétique retient un élément définitionnel supplémentaire qui permet d'identifier non plus *la* norme génériquement, mais *chaque* norme concrètement. Cet élément est d'ordre formel : *une* norme ne se reconnaît pas uniquement à un contenu, mais aussi à un contenant. Si elle se définit en tant que signification d'un énoncé, il importe de ne pas omettre le second élément de cette définition, à savoir l'énoncé. Cela signifie qu'*il y a une norme différente à chaque fois qu'il y a une forme différente, à chaque fois qu'il y a un contenant différent.* De la sorte, lorsqu'une même signification normative, donc un même modèle de conduite, émane de plusieurs énoncés (d'une directive européenne et d'une loi de transposition par exemple), il y a *autant de normes différentes que de supports formels différents.* Dit autrement, le nombre de normes se mesure au nombre de contenants et non seulement au nombre de contenus. L'ajout d'un tel caractère formel permet de précisément identifier chaque règle et de faire des normes un objet proche de celui des sciences de la nature, soit un objet prenant place dans le temps et dans l'espace. Or envisager de la sorte les normes sera indispensable au moment de mesurer leur force juridique au moyen de l'échelle de juridicité[2].

Après la question « qu'est-ce qu'une norme ? » vient la question « qu'est-ce qu'une norme *juridique* ? ». La réponse retenue par la théorie syncrétique du droit ne manque pas de présenter certaines limites et difficultés qu'il convient à présent de relever — avant d'exposer cette réponse au sein du prochain chapitre.

---

[1] Les normes attributives, qui confèrent des droits à des individus, peuvent être considérées comme des obligations et interdictions indirectes : obligations de respecter ces droits et interdictions d'y porter atteinte d'une quelconque manière.

[2] Cet instrument de mesure de la juridicité requiert qu'à chaque enveloppe formelle corresponde une norme individualisée dès lors qu'une part de la juridicité dépend de cette enveloppe formelle. Les critères de juridicité des normes sont en effet parfois des critères de juridicité des actes qui portent les normes. La qualité juridique d'une norme dépend en partie de celle de son support. Cette observation conforte l'idée selon laquelle la théorie syncrétique, dépendante de l'état de la pensée juridique collective, serait comme cette pensée nomo-centrée mais non normativiste. Toujours est-il que, au moment de recenser les critères de juridicité et de calculer la force juridique, il ne saurait être question que de normes. Sans doute un même acte normatif comporte-t-il souvent des normes à la juridicité variable et on ne pourrait s'enquérir de quelque « force juridique de la loi » ou « force juridique du contrat ». Il est néanmoins envisageable de mesurer la force juridique moyenne des normes contenues dans une loi ou dans tout autre acte normatif.

Section 6. *Les limites du syncrétisme juridique*

Tout d'abord, si on distingue le droit objectif et les droits subjectifs, la théorie syncrétique ne s'intéresse qu'au premier. En d'autres termes, elle se pose la question « qu'est-ce que le droit ? » et non la question « qu'est-ce qu'un droit ? » — tout en tendant donc à réduire les phénomènes juridiques à des phénomènes normatifs. La théorie syncrétique est en quelque sorte une *théorie objective du droit objectif* ; elle espère ne pas être une théorie subjective du droit et n'est en tout cas pas une théorie du droit subjectif.

Ensuite, la théorie syncrétique est une *théorie du droit positif* et non une théorie de la science du droit. Classiquement, les théories du droit sont à la fois l'une et l'autre — le terme « droit » désignant en même temps une discipline scientifique et son objet, si bien que les juristes peuvent dire que « le droit étudie le droit », c'est-à-dire que la discipline-droit étudie l'objet-droit. Ces théories visent à imposer le cadre d'une science du droit en définissant ses méthodes et son objet. La théorie syncrétique, pour sa part, se pose uniquement la question « qu'est-ce que le droit positif ? », c'est-à-dire « qu'est-ce que l'objet-droit que les juristes doivent étudier, quelles en sont les limites ? ». La théorie syncrétique est donc une théorie du droit incomplète puisqu'elle n'aborde que l'un des deux pans classiquement constitutifs des théories du droit : l'*objet d'étude des scientifiques du droit*, n'envisageant guère le problème de leurs méthodes d'étude. Certes, la méta-théorie scientifique est prescriptive d'une méthode, mais elle s'adresse uniquement à l'étude de la pensée juridique, non aux sciences du droit positif.

Une tout autre limite de la théorie syncrétique réside dans son absence de caractère critique. En effet, dès lors qu'il s'agit de reproduire les critères de juridicité tels qu'on peut les observer dans la psyché juridique collective, il n'est pas lieu de revenir sur les multiples critiques adressées à ces critères ni de chercher à en formuler de nouvelles. La théorie syncrétique doit permettre de présenter et non de discuter la définition lexicographique du droit[1]. Notamment, si certains critères de juridicité sont peut-être davantage des critères de normativité, permettant de reconnaître les normes ou les normes sociales plus que les normes juridiques, ces pages ne sont pas l'endroit où se demander plus avant si la pensée juridique se fourvoie lorsqu'elle suit un tel cheminement.

---

[1] Par exemple, si une part significative de ceux qui parlent du droit considèrent que « définir le droit par la sanction est opportun et traduit une véritable compréhension de ce qu'est la spécificité du juridique » quand une autre part significative d'entre eux estime que « définir le droit par la sanction est une impasse et traduit une incompréhension de ce qu'est le droit », seule la première proposition intéresse le scientifique de la pensée juridique en quête de la définition lexicographique du droit. Nul doute qu'aucun critère de juridicité n'est en mesure de susciter l'unanimité.

La théorie syncrétique n'a en aucun instant l'intention de prendre la place des théories existantes ni de les dépasser ou marginaliser de quelque manière que ce soit. Au contraire, le syncrétisme amène non à s'opposer aux autres théories, mais à les soutenir puisque ce sont elles qui donnent, en quelque sorte, sa raison d'être ou son carburant à la théorie syncrétique. Elles lui sont indispensables : la théorie syncrétique se conçoit telle une *via media* au milieu des théories du droit, si bien que, sans elles, elle perdrait ses repères. En conséquence, elle ne saurait inviter les juristes à abandonner toute approche personnelle du concept de droit au profit de l'approche lexicographique, donc scientifique — ou alors le lexicographe n'aurait plus de terrain où mener ses enquêtes[1].

Par ailleurs, une pierre d'achoppement limitant la portée de la théorie syncrétique réside dans ses relativités géographique et temporelle. Les mots, *i.e.* les signifiants, et plus encore les signifiés qui s'y attachent varient nécessairement dans le temps et dans l'espace, parfois radicalement. Cela vaut inévitablement à l'égard du concept de droit. Concernant la dimension temporelle, l'historicité du droit se présente tel un lieu commun aux yeux des historiens du droit. Les phénomènes juridiques, qu'ils soient positifs ou théoriques, sont marqués par la relativité et la contingence : ils apparaissent, ils prospèrent, ils vivent, ils périclitent, ils disparaissent. D'ailleurs, le droit, que ce soit le mot ou la réalité normative qu'il désigne, a nécessairement été inventé puis s'est répandu, en différents endroits et en différents moments. L'évolutionnisme ou darwinisme juridique touche jusqu'à la notion de droit. Il serait donc vain d'envisager un improbable concept intemporel ou perpétuel de droit et la théorie syncrétique se limite à interroger le *concept actuel de droit*[2]. La définition lexicographique du droit est ainsi tel un tonneau des Danaïdes, à renouveler sans cesse. Elle est le reflet de

[1] Il faut simplement séparer *la* théorie syncrétique du droit et *les* théories personnelles du droit, chacun pouvant, d'une part, *constater la* définition syncrétique du droit et, d'autre part, *proposer une* définition personnelle du droit. La conception scientifique du droit n'a donc pas vocation à subroger les conceptions personnelles du droit, tout au contraire. Elle s'envisage comme leur parfait complément, consciente que la pensée juridique doit être dynamique et non sclérosée ou frileuse et que seules les propositions personnelles, plus ou moins audacieuses, contribuent à ce dynamisme. C'est aussi pour cela que la théorie syncrétique ne saurait comporter de quelconques critiques à l'endroit des réflexions déjà engagées autour de l'identité du droit. Un auteur qui, hypothétiquement, aurait fait sienne la théorie syncrétique et donc la définition lexicographique du droit n'en demeurerait pas moins libre d'exprimer à loisir et par ailleurs son ressenti personnel quant à la manière dont il faudrait concevoir l'objet-droit.

[2] Aussi, puisque la définition lexicographique du droit ne saurait être fixée qu'en un instant donné et est appelée à évoluer à mesure de l'évolution des opinions collectives quant au sens du terme « droit », revient-il au scientifique de rechercher les critères de juridicité uniquement dans la pensée juridique actuelle, contemporaine, ce qui implique notamment de n'étudier que les ouvrages récents — ainsi que les ouvrages plus anciens auxquels se réfèrent toujours de nombreux ouvrages récents.

compréhensions collectives, d'institutions verbales inexorablement temporaires et mouvantes[1].

Quant à la dimension spatiale, il n'est pas davantage permis d'imaginer que le concept de droit pourrait être universel, c'est-à-dire connu de tout homme et de toute population sur la planète[2]. Les droits positifs demeurent, pour l'heure, intimement nationaux, en particulier en raison du lien entre droits et États. Mais les cultures juridiques sont-elles de la même manière nationales ? Si elles semblent l'être dans une moindre mesure, elles s'avèrent au mieux régionales. Définir le droit de manière générale, non géographiquement située, serait donc impossible. C'est pourquoi la signification du mot « droit » ne paraît pouvoir être recherchée que parmi la culture juridique européano-occidentale, laquelle — c'est une conséquence des colonisations juridiques des siècles passés — est néanmoins largement présente en Amérique du Sud, en Afrique ou encore en Océanie.

Cependant, puisque les mots « droit » et « juridique » sont propres à la langue française, donc localisés, peut-être la théorie syncrétique doit-elle se résoudre à n'envisager que la qualité de droit telle que comprise par les francophones, dans les systèmes juridiques de langue française. Il semble délicat de trouver des synonymes du mot français « droit » au sein des langues étrangères. Le constat est partagé par beaucoup : « Dans la plupart des langues, il n'existe pas d'équivalent exact du terme droit »[3] — même si ce n'est pas parce que le signifiant n'existe pas à l'intérieur d'une communauté linguistique, car y est en usage une autre langue, que le signifié lui-aussi n'y existe pas. Puisque la théorie syncrétique interroge le lien entre le signifiant (« droit ») et le signifié (le concept de droit), la recherche ne saurait se concentrer sur le seul signifié, si bien que la définition

---

[1] Dans le système linguistique, le temps est un acteur premier et le sens d'un mot est évolutif ; il n'est pas rare que son sens actuel soit sans rapport avec son sens originel autant qu'avec son sens futur. Le concept de droit, donné que le chercheur doit recueillir, n'est pas un donné invariant. Il est le fruit de constructions anciennes mais incessantes, de luttes sémantiques autour de la détermination de son signifié. Le langage a presque une vie biologique et on a pu affirmer que « les langues sont des organismes vivants dont la vie, pour être d'ordre purement intellectuel, n'en est pas moins réelle et peut se comparer à celle des organismes du règne végétal ou du règne animal » (A. DARMESTETER, *La vie des mots étudiés dans leurs significations* (1887), L'Harmattan, 2010, p. 3). Or il appartient aux dictionnaires et aux lexicographes de suivre et retranscrire les changements dans les usages sémantiques des mots.

[2] Le droit compte parmi les rares phénomènes étudiés au sein des universités à ne revêtir aucune prétention à l'universalité. Les étudiants français, s'ils se consacrent à l'économie, à la médecine ou à la chimie, s'intéressent, dans les facultés de droit françaises, au droit français.

[3] N. ROULAND, « Sociétés traditionnelles », in D. ALLAND, S. RIALS, dir., *Dictionnaire de la culture juridique*, Lamy-Puf, coll. Quadrige dicos poche, 2003, p. 1421. Pour ne prendre qu'un exemple — mais non le moindre —, les juristes anglais et américains, *common lawyers*, désignent ce que les juristes français envisagent sous l'étiquette « droit » par « *Law* », terme pourtant proche étymologiquement du latin « *lex* », donc de « loi » ; et ils parlent de « *statute law* » pour indiquer les normes contenues dans les actes législatifs.

lexicographique du droit ne pourrait découler que d'une enquête parmi les travaux rédigés en français, où l'on peut trouver le signifiant « droit »[1].

La théorie syncrétique du droit ne permet donc de remédier que modestement à la relativité et à la contingence de la notion de droit, celles-ci lui étant consubstantielles. Cette théorie amène à constater la *définition du droit actuelle et francophone*, non la définition du droit éternelle et universelle. Elle est, en cela, totalement tributaire et solidaire de son environnement spatial et temporel. Elle ne saurait revendiquer le titre de « théorie générale du droit ».

Enfin, reste à ne pas exagérer la scientificité du syncrétisme juridique. Si l'étude de la pensée juridique, en raison des prémisses posées par la méta-théorie scientifique, s'appuie sur une méthode et une ambition censées permettre de nouvelles connaissances concernant le concept de droit — des connaissances « scientifiques » —, cela ne saurait masquer les limites d'une telle science sociale. En premier lieu, le théoricien-lexicographe tend à remodeler en partie la réalité en constituant son objet autant qu'il l'observe, quelle que soit sa volonté de l'étudier objectivement et empiriquement. L'étude de la pensée juridique, bien que gouvernée par la méta-théorie scientifique, ne saurait se baser sur des méthodes aussi rigoureuses que celles des sciences de la nature ni porter sur des objets aussi précis et clairs que ceux des sciences de la nature. Toute définition lexicographique est nécessairement empreinte d'une part d'arbitraire et même d'idéologie implicite qui conduit à se concentrer incidemment sur certains faits au détriment d'autres — où revient la problématique de la frontière entre force doctrinale suffisante et force doctrinale insuffisante[2]. Il faut simplement espérer que cette part d'arbitraire ne déforme qu'à la marge et non dans son essence la réalité de la pensée du droit actuelle, donc espérer que la définition lexicographique du droit qui sera développée au long du prochain chapitre ne soit pas, dans l'ensemble, inexacte malgré les imperfections qui ne peuvent que la toucher[3].

---

[1] Par suite, cela ne devrait-il pas amener à écarter toutes les œuvres étrangères traduites en français tant rien n'assure que ce qui est désigné par « droit » dans l'ouvrage traduit corresponde exactement à la notion de « *Law* », de « *Recht* » ou de « *diritto* » ? « *Traduttore, traditore* » (« traducteur, traître » en italien) ; « traduire c'est trahir ». Néanmoins, il serait sans doute peu pertinent d'avancer sur ces chemins théorico-juridiques loin des travaux de Kelsen, Hart, Ross ou Bobbio eu égard à leur influence sur la pensée juridique francophone. C'est pourquoi la littérature étrangère francisée ne saurait être exclue par principe.

[2] Encore une fois, la théorie syncrétique entend procéder à un effort scientifique dans le domaine *jus*-théorique, mais elle ne s'imagine guère capable d'aboutir à des résultats dignes d'une science exacte. L'objectivité et l'empirisme, cadre de la recherche et de la retranscription des critères de juridicité, sont des guides afin d'essayer de produire l'œuvre la plus scientifique possible ; mais il est certain que la subjectivité et les idées du chercheur ne sauraient totalement disparaître.

[3] Le travail du lexicographe, consistant à recueillir scientifiquement les sens donnés aux mots dans une communauté linguistique, est difficile et ne saurait répondre à des protocoles parfaitement

Les moyens permettant d'identifier la définition lexicographique du droit, prescrits par la méta-théorie scientifique, désormais expliqués, il convient à présent de détailler cette définition lexicographique du droit, cela en abordant successivement les différents critères de juridicité revêtant actuellement une force doctrinale significative au sein de la pensée juridique collective — critères qui sont autant de conceptions différentes de ce qui fait la force du droit. Il est donc temps de passer, en même temps que d'un chapitre à l'autre, de la méthode de la recherche aux résultats de la recherche.

---

rigoureux. Quand bien même de tels protocoles existeraient, les moyens matériels manqueraient au chercheur qui ne pourrait les appliquer de manière satisfaisante.

Chapitre 2. Les conclusions de la théorie syncrétique : la définition lexicographique du droit

L'étude de la pensée juridique ayant été menée, dans le cadre des prémisses méthodologiques préconisées par la méta-théorie scientifique et présentées au sein du chapitre précédent, *six critères de juridicité principaux* sont identifiés. Ce sont ces critères de juridicité, constitutifs de la définition lexicographique du droit, qui seront développés parmi les prochaines pages. Leur connaissance et leur compréhension sont importantes parce que la mesure de la force juridique au moyen de l'échelle de juridicité — objet de la seconde partie de ce texte — repose sur eux. En un mot, plus une norme remplit de critères de juridicité, plus son niveau de force juridique est élevé.

Ces six critères de juridicité revêtant actuellement une force doctrinale significative semblent être les suivants — étant rappelé qu'il s'agira uniquement, en tant que lexicographe, de les formuler, de définir chacun, et en aucun instant de les discuter ou critiquer[1] — :

- la valeur juridique (*section 1*) ;
- la validité juridique (*section 2*) ;
- les qualités nomo-juridiques (*section 3*) ;
- la sanction juridique (*section 4*) ;
- l'application juridique (*section 5*) ;
- l'effectivité (*section 6*).

Un critère transversal, à savoir le développement juridique de l'ordre normatif (*section 7*), complète cette liste. Ce critère transversal, très présent dans les théories du droit modernes, s'avère déterminant puisque certains

---

[1] En outre, la définition lexicographique du droit étant le propre de la pensée juridique collective et non d'un auteur donné ou de quelques auteurs donnés, il ne s'agira pas, en ces pages, de se référer à certaines œuvres ou à certains auteurs en particulier. Par exemple, nul critère kelsénien ne saurait être évoqué — car la prospérité de la pensée kelsénienne est due aux propositions de l'illustre théoricien autrichien mais aussi et surtout à leur réception au sein de la communauté des juristes. Les critères de juridicité sont forcément les produits d'un *travail progressif et collectif de conceptualisation*. De la même manière, si les prochaines pages ne comporteront guère d'illustrations tirées de la doctrine actuelle, elles ne comporteront pas plus d'exemples issus du droit positif et de ses acteurs. Si certains critères de juridicité peuvent être retenus par le Conseil constitutionnel (caractère obligatoire ou sécurité juridique), par le Conseil d'État, par la Cour de justice de l'Union européenne, par la Cour européenne des droits de l'homme etc., ces institutions ne sont elles-aussi que quelques parties prenantes parmi beaucoup d'autres au sein de la pensée juridique collective.

critères (validité, sanction et application) sont remplis à proportion du niveau de développement juridique de l'ordre normatif auquel la norme étudiée appartient.

Pour définir chaque critère de juridicité et, par suite, savoir si une norme donnée est juridique ou non sous l'angle de ce critère, il faut retenir des indices, des sous-critères — des « critères des critères ». Ceux-ci sont indispensables dans le processus didactique ; aussi sera-ce essentiellement à leur identification, toujours dans l'antre de la pensée juridique collective, que ce chapitre s'attachera. La présentation des critères de juridicité ne saurait donc consister en une simple énumération sans explications[1].

Le vocabulaire utilisé afin de dépeindre les différents critères de juridicité sera propre à chacun d'entre eux et aux visions du droit dont ils témoignent. Il en résulte que, à l'image de la pensée juridique au sein de laquelle des auteurs jusnaturalistes et juspositivistes, pour prendre l'exemple le mieux connu, s'opposent, certains des prochains développements pourront paraître contradictoires. Toutefois, les six critères de juridicité renvoient à des acteurs et à des moments de la vie des normes différents et il semble que, dans l'ensemble, ils se complètent plus qu'ils se contredisent — en tout cas est-il possible qu'une norme les remplisse tous à la fois, revêtant ainsi une force juridique absolue.

De plus, certains critères sont purement théoriques, d'autres relèvent de la psychosociologie, d'autres encore sont d'ordre technique. Ils pourraient donc être agencés de différentes manières. Ici, ils seront présentés en commençant par le plus philosophique, le plus distant de la pratique du droit (la valeur juridique), et en remontant jusqu'au plus matériel, au plus en rapport avec la pratique du droit (l'effectivité). Pareille présentation ne reflète aucun jugement de valeur ; elle procède simplement de la décision de débuter par les considérations les plus abstraites et de terminer par les éléments les plus concrets[2].

---

[1] Par ailleurs, il faut d'ores et déjà noter que, à l'instar de la juridicité qui est susceptible de connaître des degrés en fonction du nombre de critères de juridicité remplis, la satisfaction à un critère donné peut être incomplète dès lors que l'application de la méthode du faisceau d'indices amène à conclure que certains sous-critères sont remplis quand d'autres ne le sont pas.

[2] Dans l'idéal, puisque la force doctrinale est l'aune permettant de reconnaître la définition lexicographique du droit, la liste des critères de juridicité aurait pu s'ordonner en suivant les niveaux de force doctrinale de chacun, débutant par celui jouissant du plus haut niveau de force doctrinale (peut-être la validité juridique) et terminant par celui présentant la plus faible force doctrinale (peut-être la valeur juridique ou l'effectivité). Seulement, s'il est déjà difficile de séparer les critères profitant d'une force doctrinale suffisante et ceux dont la force doctrinale est insuffisante, il ne peut qu'être excessivement compliqué d'estimer finement, sans faire œuvre trop approximative, les niveaux de force doctrinale réels de chacun. C'est aussi pour cela que l'échelle de juridicité qui sera présentée au sein de la seconde partie ne pondère pas ces critères — chacun confère un sixième de sa juridicité à la règle de droit, même si, dans la pensée juridique collective, ce n'est certainement pas un sixième des auteurs qui soutiennent chaque critère.

Section 1. *La valeur juridique*

1. Une norme est juridique si elle est légitime sous un angle axiologique

Ce critère est le plus idéaliste, le plus relatif, le plus spéculatif et le plus subjectif des six critères de juridicité. La valeur juridique confond volontairement identification du droit et légitimité du droit. Elle invite à une approche évaluative de la juridicité. Elle distingue droit et non-droit en se fondant uniquement sur le contenu matériel des règles. Critère entièrement substantiel, la valeur juridique en appelle au fond du droit, à la dimension spirituelle des phénomènes juridiques, ainsi qu'à la philosophie du droit. Elle n'a donc aucun égard pour quelque problématique formelle et imagine un droit dépouillé de son appareil technique — si bien que la consécration par le droit valide est parfaitement indifférente et qu'*est juridique ce qui est légitime*, non ce qui est légal.

Seuls sont juridiques le *droit naturel* ainsi que le droit positif conforme aux exigences absolues imposées par ce droit naturel. Autrement dit, tout le droit positif découle ou dérive nécessairement du droit naturel. Si une norme, pour accéder à la juridicité, doit être conforme à des normes supérieures, ce sont des normes supérieures de droit naturel et non de droit positif. Le droit doit forcément demander son chemin à un ordre de valeurs idéales. Et il appartient à la raison de le découvrir. Parce que le droit a principalement une *dimension morale* et est avant tout obligatoire moralement, obligatoire à condition d'être *juste*, la juridicité d'une norme dépend encore, selon le critère de la valeur juridique, des *finalités* qu'elle poursuit.

Ce critère est rempli lorsque le contenu normatif apparaît *en adéquation avec les valeurs méta-positives qui animent l'observateur cherchant à mesurer la juridicité de la norme*. Il s'agit donc, pour ledit observateur, d'émettre un jugement personnel à l'aune des exigences axiologiques qu'il porte, des valeurs que, selon lui, le droit devrait réaliser. Le droit est ici perçu en tant que science ou art du juste et de l'injuste, en tant que pratique de la vertu de justice ; mais il revient à chacun de décider de ce qui est juste, donc juridique, et de ce qui est injuste ; ou encore de décider de ce qui est équitable, donc juridique, et de ce qui est inéquitable. En conséquence, c'est *la justice qui définit le droit* et non le droit qui définit la justice. Le droit est le mariage de la force concrète et de la justice idéaliste. Il doit être un moyen n'existant qu'à l'aune de sa fin.

Par suite, le contenu de la valeur juridique est variable, multiple et hétéroclite puisque chacun est entièrement libre d'y insérer ce qui lui paraît légitime et d'en retirer ce qui lui paraît illégitime[1]. La norme doit donc être

[1] La norme, pour être juridique, doit être conforme aux balises d'un horizon axiologique transcendantal, à un donné primordial, à un idéal de justice, à un idéal démocratique, à la morale, à

en adéquation avec des méta-normes, supérieures aux normes positives, non écrites, qui ne découlent pas d'actes de production ou d'abrogation par des autorités humaines, mais qui appartiennent au *for intérieur du chercheur*.

Par ailleurs, beaucoup de normes sont purement techniques ou formelles. Dans l'hypothèse où une règle apparaît *neutre axiologiquement* aux yeux de l'observateur, ne confortant ni n'enfreignant aucun principe supérieur, le critère de la valeur est logiquement rempli à hauteur de moitié. Mais l'observateur peut retenir que serait juste tout ce qui n'est pas injuste, tant et si bien qu'aucune norme ne saurait être neutre axiologiquement. Reste que le critère de la valeur juridique est très particulier par rapport aux cinq autres critères en ce qu'il est entièrement abandonné au jugement personnel de celui qui mesure la juridicité.

2. La valeur juridique d'une norme se mesure subjectivement, du point de vue du for intérieur du chercheur, et est donc variable et relative

La grande spécificité du critère de la valeur juridique est que celle-ci peut changer radicalement en fonction de l'observateur et de ses obédiences axiologiques, car il va de soi que tous les chercheurs ne partagent pas les mêmes valeurs, quoique certaines soient très largement répandues quand d'autres se rencontrent rarement. Ce critère est le seul à ne pas être objectif et le seul, donc, à pouvoir potentiellement être totalement rempli pour un observateur, mais nullement rempli pour un autre. Les valeurs sont flexibles et n'existent que dans les yeux subjectifs de celui qui regarde.

La justice, le bien, la morale, l'équité etc. sont des contenants dans lesquels tous types de contenus peuvent être insérés. Il n'est guère de justice qui ne suppose des engagements éthiques et philosophiques. Sous l'angle du critère de juridicité ici en cause, le pluralisme et la relativité des définitions du droit correspondent *au pluralisme et à la relativité des valeurs*. Les cinq autres critères de juridicité sont des critères objectifs qui doivent amener tous les chercheurs à obtenir peu ou prou de mêmes résultats. La valeur juridique, elle, n'est pas vérifiable, n'est pas discutable. Par conséquent, *un sixième de la force juridique est laissé à l'entière discrétion, à l'entier libre arbitre du scientifique chargé de la mesurer*.

Les valeurs supérieures défendues par ce scientifique ne doivent pas être confondues avec celles consacrées dans l'ordre normatif auquel la norme

---

l'équité, à l'éthique, à la religion, à la volonté divine, à la paix, à l'équilibre, à l'acceptable socialement, à des lois *a priori* transcendantes de la nature, à la nature des choses, à la nature humaine, à l'utilité sociale, à la paix sociale, à la socialité, à l'idéal démocratique, au bien-être du plus grand nombre, au progrès de la société humaine, au bien commun, au bonheur, à la sagesse, au Juste, au Bien, au Bon, à la vertu, à la juste raison, à l'honnêteté, à la sécurité, à la responsabilité, aux droits fondamentaux de l'être humain, mais aussi à toute forme d'idéologie plus ou moins partagée.

étudiée appartient — même s'il arrive souvent que les unes et les autres se rejoignent. Parfois, les parlements et les tribunaux arrêtent très explicitement les valeurs poursuivies par l'ordre juridique. L'observateur peut néanmoins, si tel est son sentiment personnel, s'opposer aux principes « officiels » et s'attacher à d'autres principes. Ceux auxquels le chercheur adhère peuvent lui avoir été insufflés par l'ordre juridique qu'il fréquente, mais, le plus souvent, ils lui sont inculqués par l'éthique sociale, la religion ou simplement la conscience. Ce chercheur est, de toute manière, libre d'arrêter le contenu de droit naturel que la norme étudiée doit respecter pour intégrer le domaine juridique.

Après le critère de la valeur juridique vient celui de la validité juridique. Avec ce dernier, la juridicité passe de la subjectivité à l'objectivité.

Section 2. *La validité juridique*

3. Une norme est juridique si elle est valide formellement et matériellement à l'intérieur d'un ordre juridique

La validité juridique (*appartenance à un ordre juridique*) est une espèce particulière de validité qui doit être distinguée de la validité normative (appartenance à un ordre normatif). Toute norme est nécessairement valide dans un ordre normatif plus ou moins sophistiqué — éventuellement très primaire — ; mais toute norme n'est pas systématiquement valide dans un ordre juridique. La qualité de règle de droit ne peut être attribuée qu'à un énoncé remplissant les conditions de validité d'un ordre juridique. Cela pose la question de la *juridicité des ordres normatifs*, donc celle des caractéristiques de leur développement juridique. Si, parmi les normes sociales, le droit se particularise, ce n'est pas parce qu'il existerait des normes juridiques à côté des normes non juridiques, mais parce qu'il existe des ordres juridiques en parallèle des ordres normatifs non juridiques. C'est donc son *contexte ou environnement normatif* qui confère à la norme son éventuelle force juridique.

Du point de vue des théoriciens qui s'attachent à la validité juridique, le droit se présente tel un ensemble de normes unitaire, marqué par la cohérence, par l'homogénéité, par la logique, par l'interdépendance et par la systématicité, c'est-à-dire tel un ordre juridique. En conséquence, la juridicité ne peut être connue au départ d'une norme isolée ; nulle norme ne saurait être juridique en soi et pour soi. Ce sont les relations entre les normes, au sein d'un ordre normatif perfectionné, efficace et doué de souveraineté, qui rendent ces normes juridiques. La juridicité est une qualité qui ne caractérise que des ensembles normatifs ; elle touche les normes individuelles seulement par ricochet, parce qu'elles appartiennent à ces ensembles. Avec le critère de la validité juridique, l'ordre juridique devient le concept central de la théorie du droit.

La problématique de la juridicité des ordres normatifs sera l'objet de la septième section ci-après, intitulée « le développement juridique de l'ordre normatif (critère transversal) »[1]. Pour l'heure, seuls doivent être envisagés les modes de rattachement de la norme à son ordre normatif, sachant que cela suppose d'avoir au préalable vérifié que l'ordre normatif en question est effectivement un ordre juridique. Or il faut distinguer deux modes de rattachement des normes aux ordres juridiques : l'un formel, l'autre matériel. Les observations effectuées quant à l'un et quant à l'autre permettent de déduire, par simple addition, la validité juridique globale d'une norme. Le critère de la validité juridique n'est donc pleinement rempli qu'à condition que *les validités formelle et matérielle se cumulent*. Autrement dit, si une norme est valide formellement, mais non valide matériellement, alors le critère de la validité juridique est moyennement rempli, et inversement.

La validité juridique désignant l'*appartenance formelle et matérielle d'une norme à un ordre juridique*, il faut la décrire successivement sous son aspect formel (*a*) puis sous son aspect matériel (*b*). Dans le cas de la validité formelle, une norme est valide juridiquement si elle a été édictée dans le respect des conditions procédurales posées par les normes supérieures de l'ordre juridique. Dans le cas de la validité matérielle, une norme est valide juridiquement si son contenu est conforme à celui des normes supérieures de l'ordre juridique[2].

a) La validité formelle

4. Une norme est valide formellement si elle a été produite conformément aux normes procédurales en vigueur dans son ordre juridique

La validité formelle désigne l'inscription de la norme dans la « pyramide » que constitue l'ordre juridique. Est valide dans un ordre

[1] Lorsque la norme étudiée est totalement valide au sein d'un ordre normatif, elle remplit le critère de la validité juridique à hauteur du niveau de développement juridique de cet ordre normatif. Par exemple, si l'ordre normatif est moyennement juridique, une norme de cet ordre remplit à moitié le critère de la validité juridique. Et, si une norme est moyennement valide au sein d'un ordre normatif moyennement juridique, alors elle remplit le critère de la validité juridique à hauteur d'un quart.

[2] La différence entre valeur juridique et validité matérielle est la suivante : avec la première, la légitimité axiologique de la norme se juge à l'aune du for intérieur de l'observateur ; avec la seconde, la conformité de la norme dépend des valeurs et autres principes affirmés dans l'ordre normatif.

juridique donné la norme qui y est en vigueur, c'est-à-dire qui *répond aux conditions de validité intrasystémiques*, internes et intrinsèques, dont l'enveloppe formelle a été élaborée conformément à la procédure de production des normes dans cet ordre, qui y entretient une relation validante avec au moins une norme supérieure et antérieure. D'ailleurs, pour être précis, il ne faudrait pas évoquer simplement la « validité », mais plutôt la « validité dans l'ordre juridique *X* ».

Une règle est formellement valide dès lors qu'elle a été adoptée — ou plutôt dès lors que l'acte qui la porte a été adopté — au terme d'une procédure en bonne et due forme, par l'organe compétent, et dès lors qu'elle n'a pas été abrogée[1]. La validité formelle dépend donc du fait que la norme ait été édictée dans le respect des modalités, des signes d'appartenance et des critères d'identification contenus dans les *règles secondaires, règles de reconnaissance ou règles habilitatrices*. Pour qu'une norme fasse partie d'un ordre juridique, elle doit avoir été créée en suivant le mode de production préétabli par des normes déjà valides dans cet ordre. Chaque norme d'un ordre juridique est ainsi la conséquence d'autres normes qui déterminent son procédé de création et permettent son inscription au sein du système juridique. Si la norme est formellement valide, elle intègre un certain échelon de la hiérarchie des normes et elle peut devenir à son tour la source de la validité d'autres normes.

Dans le cadre d'une telle *approche dynamique et processuelle du droit*, l'objet, la signification et la portée de la règle sont sans importance — mis-à-part lorsque la procédure comporte des exigences substantielles, faisant dépendre de celles-ci le respect ou non des exigences formelles. Plus encore, le sens d'une norme inférieure peut être contraire à celui d'une norme supérieure sans que cela n'affecte sa validité formelle. Les normes juridiques ne sont pas formellement valides parce qu'elles présentent une certaine substance, mais parce qu'elles ont été produites d'une certaine manière.

Un ordre juridique comporte donc deux types de règles : les devoir-être à destination des individus, règles primaires ; les règles procédurales ou de compétence, règles secondaires à destination des organes officiels de l'ordre juridique qui doivent les appliquer afin de produire de nouvelles normes. Tandis que la validité formelle repose sur ces règles secondaires ou procédurales, la validité matérielle, qui constitue l'autre pan de la validité juridique, dépend davantage de l'adéquation avec les règles primaires ou de comportement de l'ordre juridique.

---

[1] Là encore par l'organe compétent et selon les formes requises puisque l'abrogation se définit en tant que suppression de la validité d'une norme par une autre norme valide et habilitée dans l'ordre juridique à procéder à cette dévalidation.

b) La validité matérielle

5. Une norme est valide matériellement si elle ne contredit pas les principes et valeurs antérieurs et supérieurs contenus dans son ordre juridique

Pour qu'une norme soit pleinement valide juridiquement, il ne suffit pas qu'elle soit valide sous l'angle formel ; il faut encore qu'elle le soit dans son aspect matériel, c'est-à-dire concernant son objet, ses fins, sa portée, les effets qu'elle doit produire. Un ordre juridique s'analyse tel un ensemble d'exigences et de contraintes matérielles en plus d'être un ensemble formellement ordonné et rigoureux. Il convient donc de vérifier, outre si les conditions procédurales sont respectées, si la norme étudiée n'entre pas en conflit avec des normes supérieures de l'ordre juridique. Elle ne doit pas contrevenir aux valeurs, principes ou, plus simplement, prescriptions que ces normes supérieures consacrent. Le contenu de la norme analysée doit se laisser subsumer comme le particulier sous le général à l'intérieur de l'ordre juridique.

Étant en cause les valeurs défendues au sein de l'ordre juridique, le sous-critère de la validité matérielle ne doit pas être confondu avec le critère de la valeur juridique — ce dernier en appelant aux valeurs imprégnant le for intérieur du chercheur. Ici, l'analyse doit être *neutre axiologiquement*, donc objective et empirique, loin de tout jugement personnel et moral. Seuls des éléments internes à l'ordre juridique doivent servir l'évaluation. Comme pour la validité formelle, il convient seulement, afin de juger de la validité ou non-validité matérielle d'une norme dans un ordre juridique, de procéder à une recherche ascendante des fondements de sa validité et à des tests de dérivation, donc à des investigations à l'intérieur de l'ordre juridique concerné[1].

Par ailleurs, une norme non valide formellement dans un ordre juridique ne peut logiquement voir sa validité matérielle mesurée par rapport à cet ordre. Cette validité matérielle doit être *mesurée en relation avec l'ordre normatif d'appartenance de la norme*, à savoir celui auquel elle se rattache formellement. Une règle invalide formellement dans un ordre juridique ne peut jamais être matériellement valide dans ce même ordre[2].

---

[1] Le sous-critère de la validité matérielle peut être rempli partiellement dès lors que l'ordre juridique concerné comporterait des normes substantiellement contradictoires et que, en conséquence, la règle étudiée serait matériellement conforme à certaines de ses supérieures mais non à d'autres.

[2] Concrètement, une norme portée par un code de conduite privé invalide formellement dans un ordre étatique est nécessairement invalide matériellement dans cet ordre étatique puisqu'elle ne lui appartient pas. Sa validité matérielle doit être mesurée relativement aux autres normes de l'ordre

Après la valeur juridique et la validité juridique, le troisième critère de juridicité est celui des qualités nomo-juridiques. Il se décompose en quatre sous-critères qui ont en commun de porter sur le contenu des normes individuellement étudiées et de tendre à assimiler la juridicité à la normativité. Il n'est alors plus question d'ordre juridique ni d'environnement normatif. Seule importe la texture de la norme étudiée.

Section 3. *Les qualités nomo-juridiques*

6. Une norme est juridique en elle-même, sans égard envers quelque donnée extérieure, si elle répond à quatre exigences particulières

Plusieurs attributs permettent d'établir qu'une norme est juridique en elle-même, c'est-à-dire sans attention portée à aucun élément extérieur, notamment aux caractéristiques de son ordre normatif d'appartenance ou à l'attitude de certains organes. Tout d'abord, la règle doit être soit une règle de conduite, soit une règle de procédure, soit une règle attributive (*a*). Ensuite, elle doit être obligatoire (*b*) et générale (*c*). Enfin, elle doit être sécurisante (*d*) — *i.e.* répondre à l'exigence de sécurité juridique, notamment en étant précise, intelligible et accessible à ses destinataires. Ces qualités sont comprises telles des qualités qui ne seraient pas propres à toute norme ni à toute norme sociale, mais qui seraient des qualités spécifiquement juridiques. Selon les tenants de ce critère de juridicité, une norme de conduite obligatoire, générale et sécurisante serait donc une norme juridique[1].

---

normatif privé dont elle découle — ordre privé qui n'est potentiellement que peu développé, insuffisance se répercutant sur la validité juridique de la norme.

[1] Chacun des quatre sous-critères compte à hauteur d'un quart dans le critère des qualités nomo-juridiques. Par suite, si un seul de ces sous-critères n'est pas satisfait, le critère est rempli à un niveau de 3/4 ; si deux de ces sous-critères ne sont pas satisfaits, le critère est rempli à un niveau de 2/4 ; et si trois de ces sous-critères ne sont pas satisfaits, le critère est rempli à un niveau de 1/4.

a) Une norme de conduite, une norme de procédure ou une norme attributive

7. Une norme est juridique si elle constitue une norme de conduite, une norme de procédure ou une norme attributive

Il existerait *trois types de règles de droit* : les règles de conduite, les règles de procédure et les règles attributives. Il faut, tout d'abord, distinguer les règles de conduite (devoir-être à destination des individus ou des personnes morales) et les règles de procédure (devoir-faire à destinations des organes de l'ordre normatif). Les règles attributives, qui créent des droits, des pouvoirs ou des compétences au profit de leurs destinataires, sont un cas particulier ; mais elles n'en sont pas moins autant juridiques que les normes relevant des deux autres genres *jus*-normatifs.

Une règle de conduite se définit tel un *modèle de comportement dont les destinataires sont les membres du corps social*. Ce modèle peut consister en un être, un non-être ou un pouvoir-être. Les normes de conduite, qui invitent à des actions ou à des abstentions, peuvent donc être positives ou négatives. Elles donnent la mesure et les limites des actions juridiquement acceptables, circonscrivent l'espace du possible et tracent la frontière entre le licite et l'illicite juridiques.

Quant à la règle procédurale, qui elle-aussi peut être soit positive soit négative, elle se définit également tel un modèle d'action décrivant ce que des personnes peuvent, doivent ou ne doivent pas faire. Mais cette norme secondaire se distingue des normes primaires du point de vue de ses fonctions et de ses destinataires qui sont les *acteurs des ordres normatifs*, soit les gouvernants et leurs agents, les institutions, les autorités, les administrations, les organes jurislatifs et exécutifs associés à l'ordre normatif — tous devenant, à cet instant, sujets de droit. Ils doivent se conformer aux normes de procédure afin que leurs actes soient valides au sein de l'ordre normatif et puissent, en conséquence, participer à sa conservation et à son renforcement juridique en le rendant plus structuré, suffisant et efficace.

Si les règles comportementales sont beaucoup plus nombreuses que les règles procédurales dans les systèmes juridiques, ce sont ces dernières qui sont qualitativement décisives, permettant de définir et de faire vivre organiquement lesdits systèmes, ainsi que de les individualiser par rapport aux systèmes normatifs simples ou primitifs, non juridiques ou préjuridiques. Par rapport aux normes de conduite, les normes de procédure, normes secondaires, se présentent telles des méta-normes puisque leur fonction est de prévoir et d'encadrer les modes d'édiction et d'application de ces normes de conduite, donc d'élaborer des voies de droit. Elles sont indispensables pour édifier, identifier, reconnaître, modifier ou encore abroger les devoir-être, ainsi que pour juger et sanctionner ceux qui, parmi leurs destinataires, les violeraient. Elles constituent donc les rouages de l'ordre normatif sans lesquels celui-ci serait un monolithe inerte dépourvu de tout mécanisme ; elles lui permettent de fonctionner, de se transformer et de s'auto-organiser et auto-réorganiser.

Enfin, une norme attributive est une norme, reposant sur des *actes de langage performatifs*, qui octroie, à une ou plusieurs personne(s), chose(s) ou catégorie(s) de personne(s) ou chose(s), déterminée(s) ou indéterminée(s), actrice(s) ou non actrice(s) de l'ordre normatif, publique(s) ou privée(s), un droit, un devoir, un pouvoir, une habilitation ou une compétence subjectif et exclusif. Les normes qui ont pour effet de diminuer ou d'éteindre des droits, devoirs, pouvoirs, habilitations ou compétences s'analysent également en tant que normes attributives. En somme, les normes attributives sont des normes qui modifient, dans un sens positif ou négatif, l'état antérieur des droits, devoirs etc.

Il ne suffit pas d'être une norme de conduite, une norme de procédure ou une norme attributive pour être une norme juridique. Encore faut-il réunir d'autres qualités nomo-juridiques et, en premier lieu, être une norme obligatoire — ce qui suppose l'existence de normes facultatives (non juridiques) aux côtés des normes obligatoires (juridiques).

b) Une norme obligatoire

8. Une norme est juridique si elle est impérative, si elle prescrit

Les normes juridiques se définissent telles des *prescriptions*. Elles s'appuient sur le mode déontique — quoique souvent implicitement. Elles sont obligatoires et, donc, *contraignantes* sur le plan sémantique. Une obligation se définit comme la signification d'un énoncé selon laquelle quelque chose doit être ou ne doit pas être, ses destinataires devant observer la norme *d'une manière inconditionnée et catégorique*. Les règles de droit relèvent du domaine des commandements et de l'obéissance par opposition au domaine des conseils et du consentement, les conseils ayant seulement une force indicative. Elles désignent des actions ou abstentions — la défense étant le commandement d'une certaine abstention et le commandement étant la défense d'une certaine abstention — que leurs destinataires doivent accomplir sans aucune marge de manœuvre ni liberté d'en apprécier l'opportunité.

Les règles de droit sont douées d'une puissance impérative et coercitive faisant qu'elles s'imposent de l'extérieur aux individus. En conséquence, il y a une norme juridique lorsque le destinataire est tenu d'obéir — ce qui ne veut pas dire qu'il obéisse *de facto* — et il n'y a pas de norme juridique lorsque le destinataire est libre de suivre ou non ce qui apparaît alors comme une simple indication, proposition ou invitation. La mise en conformité des comportements à la norme doit être obligatoire, quelle que soit l'adhésion en termes de légitimité. Néanmoins, si la norme juridique opère par coercition, seule compte la coercition verbale et sémantique ; les moyens mis en œuvre et potentiellement à mettre en œuvre afin de sanctionner les contrevenants ou de procéder à l'exécution forcée des normes sont sans influence sur le caractère obligatoire qui est inhérent au contenu normatif et ne dépend d'aucun facteur extérieur, notamment pas de la contrainte — la force obligatoire n'est pas la force contraignante et peut exister sans elle. En particulier, la position d'autorité et les pouvoirs effectifs de l'auteur de la norme sont, de ce point de vue, indifférents. La juridicité — pour qui se fonde sur l'obligatoriété — se mesure à l'objet de la norme et non à ses effets. Le fait qu'une norme juridique soit largement ou même totalement bafouée en pratique ne change rien à son caractère obligatoire. L'obligatoriété se mesure dans le monde des normes et non dans le monde des faits ; elle se recherche uniquement au sein des significations des énoncés.

Par ailleurs, si l'impératif est le langage du droit, le sens réel d'un énoncé implique de procéder à une *interprétation*, à une *reconstruction sémantique* détachée de la formulation littérale et du mode syntaxique, si bien que certaines phrases *a priori* descriptives doivent être analysées comme prescriptives et donc comme supports de normes juridiques. La norme ne se confond pas avec son support. L'important est que l'impératif existe psychologiquement, ce qui n'est pas incompatible avec des énoncés au mode indicatif. Ce que le chercheur doit donc rechercher, afin de savoir s'il est ou non en présence d'une norme juridique, ce n'est pas si la formule est impérative, mais *si le sens de la formule est impératif*. L'indicatif formel est souvent utilisé par les jurislateurs en tant qu'impératif substantiel.

Par ailleurs, les normes dont l'objet est d'imposer une définition, une qualification, une interprétation ou toute autre forme de précision induisant un effet juridique direct sont assurément obligatoires. En effet, il est alors impératif que les acteurs juridiques acceptent cette définition, qualification, interprétation ou précision — donc qu'ils n'en retiennent pas une autre — et en tirent toutes les conséquences concernant les situations juridiques. Quant aux normes attributives, elles peuvent elles-aussi s'analyser telles des normes obligatoires — à tel point qu'il est impossible que les prescriptions qu'elles imposent soient bafouées puisqu'elles émanent de commandements performatifs[1]. Enfin, si habiliter est une fonction normative, permettre en est

[1] Autrement dit, si une norme attributive octroie à un organe particulier une certaine compétence, il est impossible que cet organe refuse ladite compétence. L'objet d'une telle norme est qu'une

également une. Les *normes permissives* (qui relèvent des normes de conduite) laissent libres — ou rendent libres — leurs destinataires d'adopter les comportements qui leur siéent le plus[1].

Tout cela signifie que, *a contrario*, les normes non obligatoires ne sont pas juridiques.

9. Une norme n'est pas juridique si elle est déclarative, incitative ou recommandatoire

Une règle de droit impose ; elle ne propose pas. Une norme dotée d'une force de référence facultative, qui participe d'une direction souple ou non autoritaire des comportements, ne peut pas être une règle de droit. Les règles non contraignantes — du point de vue de la structure déontique — ne sauraient être juridiques dès lors que l'obligatoriété est une condition de la juridicité.

Si les normes incitatives ou recommandatoires sont, à l'identique des normes obligatoires, des modèles de comportement, elles ne sauraient être dites « juridiques ». Ces normes ne doivent pas être confondues avec les normes permissives qui consacrent une liberté d'agir, bien que, dans l'un et l'autre cas, les destinataires conservent une totale marge d'appréciation et de décision. Elles consistent en des invitations à agir d'une certaine façon, cela en recourant à des propositions empruntant au mode recommandatoire. Semblables à des conseils, leur ambition, contrairement aux normes juridiques, est d'influencer et non d'imposer. Partant, elles ne comportent aucun contenu obligatoire, ni direct ni indirect. Les normes incitatives ou recommandatoires se définissent donc négativement par leur absence de force obligatoire.

Quant aux dispositions simplement déclaratives, proclamatoires ou déclamatoires, elles se bornent à décrire une situation, à affirmer un symbole, à afficher l'attachement à une valeur, à émettre un avis, à fixer un objectif ou une intention ou même à énoncer un programme politique. Ces énoncés déclaratifs peuvent s'analyser eux-aussi tels des modèles de comportement — leurs destinataires sont supposés agir afin d'atteindre

---

qualité ou un pouvoir soit conféré à une personne ou une institution ; elle produit nécessairement son effet, la qualité ou le pouvoir étant *de facto* attribué dès l'instant où elle entre en vigueur.

[1] Les normes permissives confèrent des autorisations, permissions ou facultés à leurs destinataires. Ces autorisations, permissions et facultés sont obligatoires parce qu'elles défendent à quiconque, destinataires directs ou indirects, d'agir comme si l'action autorisée était obligatoire ou interdite. Elles défendent, spécialement aux tiers, d'interférer avec la libre détermination consentie. En somme, la permission juridique s'analyse telle une « interdiction d'interdire ». La norme permissive peut se traduire en ces termes : « il est obligatoire de pouvoir ». Comme toute norme obligatoire, elle impose que soit réalisé l'objet de la norme. Par exemple, si une certaine attitude est permise, il devient prohibé d'obliger ou interdire ce comportement.

l'objectif ou concrétiser la valeur en cause —, mais ils ne sont pas davantage juridiques en ce qu'ils ne comportent aucune prescription[1]. Par conséquent, *normativité et obligatoriété doivent être distinguées* : des recommandations et des incitations, alors qu'elles ne sont obligatoires ni directement ni indirectement, comportent des normes, c'est-à-dire des modèles de comportement[2].

Pour revêtir la force juridique, une norme doit être une norme de conduite, une norme de procédure ou une norme attributive obligatoire. En outre, sa portée doit être générale.

c) Une norme générale

10. Une norme est juridique si elle est abstraite, impersonnelle et permanente

Certaines normes sont individuelles, précises et temporaires. Les normes juridiques, pour leur part, sont *impersonnelles, abstraites et permanentes*[3]. La règle de droit est une règle générale quant à son sujet et quant à son objet, par opposition aux règles personnelles et *ad hoc*. Modèle générique de comportement susceptible d'un nombre indéfini d'applications, elle ne se préoccupe des faits particuliers qu'indirectement, par le truchement d'un organe d'application tirant du principe général une conséquence contingente. Néanmoins, la généralité est une qualité incertaine et discutée. Il faut ici comprendre le qualificatif « général » dans son sens général, c'est-à-dire en y incluant à la fois l'abstraction, la permanence et l'impersonnalité.

Que la règle de droit soit générale signifie qu'elle doit être appliquée indistinctement à toutes les personnes, toutes les choses et tous les faits répondant à ses conditions de mise en œuvre. Concernant tous ceux qui se retrouvent dans la situation abstraitement visée, elle ne doit pas tenir compte de considérations subjectives ni de circonstances par trop précises et concrètes ; elle ne doit pas désigner une situation unique, par exemple en nommant un ou plusieurs destinataire(s). La spécificité du droit est de

---

[1] En revanche, les normes qui imposent des définitions ou des qualifications ne doivent pas être assimilées à des énoncés déclaratifs puisqu'elles sont obligatoires et engendrent des effets juridiques.

[2] En d'autres termes, si la valeur obligatoire correspond au plus haut degré de la valeur normative, laquelle peut également se traduire en une valeur recommandatoire, déclaratoire, voire simplement inspiratoire, l'obligatoriété est en revanche indissociable de la juridicité. Une norme peut être obligatoire ou non et les normes juridiques sont les normes obligatoires.

[3] Étant encore une fois précisé que, dans l'exposé de chaque critère de juridicité, est reproduit le discours des tenants de ce critère, quelles que soient les éventuelles critiques ou objections qui peuvent être soulevées par ceux qui ne le soutiennent pas.

concerner potentiellement un nombre indéterminé de personnes, de choses et/ou de faits non identifiés *ab initio*[1].

Outre son impersonnalité et son abstraction, la règle juridique doit être permanente, *i.e.* continue, stable, s'appliquant sans interruption dès son entrée en vigueur et jusqu'à son retrait de l'ordre normatif. Elle ne s'épuise pas avec son application — ni avec sa non-application — et dispose pour le présent et pour l'avenir. Les normes instantanées, spontanées et momentanées, qui ne trouvent à s'appliquer que dans une situation unique visée *a priori*, sont donc exclues de l'empire du droit. C'est pourquoi les énoncés portant les normes juridiques sont normalement rédigés au présent — un présent intemporel —, posant de la sorte des vérités normatives pérennes. Et la généralité est encore une généralité territoriale : la norme doit s'appliquer indistinctement sur l'ensemble du territoire couvert par l'ordre normatif.

La généralité est un gage d'impartialité, de neutralité, de non-arbitraire et d'égalité, ce qui conduit sur les traces de la dernière des qualités nomo-juridiques, à savoir le besoin que la règle satisfasse à l'exigence de sécurité juridique.

d) Une norme sécurisante

11. Une norme est juridique si elle est précise, claire, intelligible et accessible

Une norme peut être dite « sécurisante » dès lors qu'elle offre à ses destinataires directs et indirects — les destinataires indirects étant les organes d'application du droit — toutes les garanties de sécurité juridique qui sont la marque des règles de droit. Ce sous-critère est lié à la pensée des fins du droit puisqu'il découle de l'idée, largement partagée, selon laquelle l'objet des règles de droit serait de *créer de l'ordre et de la sécurité au sein du groupe social*, le coupant ainsi d'un état de nature désordonné et insécuritaire. C'est principalement la sécurité juridique qui doit susciter la confiance dans l'ordre normatif et l'acceptation de l'ordre normatif par les membres du corps social.

Un individu est en présence d'une norme qui lui offre une sécurité juridique suffisante lorsqu'il peut *orienter ses comportements de manière éclairée*, c'est-à-dire en étant capable d'apprécier leurs conséquences

[1] Il se peut que la situation envisagée par la règle de droit ne se produise jamais dans les faits, qu'elle se produise à une seule occasion ou qu'elle se produise seulement à quelques occasions. Ce qui compte est que cette situation conduisant à mobiliser la règle puisse virtuellement advenir un nombre incertain de fois.

juridiques, leur caractère légal ou illégal (au sens large). L'impersonnalité et la permanence sont nécessaires à la sécurité juridique. Mais la norme doit également présenter d'autres caractéristiques « sécurisantes », notamment faire preuve d'une précision minimale empêchant qu'elle se trouve livrée à la libre interprétation de ses destinataires. Cette précision suppose que le vocabulaire utilisé afin d'exprimer la norme soit suffisamment technique pour permettre d'identifier sans hésitation et sans incertitude son objet et sa portée. Néanmoins, la précision, lorsqu'elle confine à la technicité et au langage d'initiés, est à concilier avec d'autres considérations qui entrent en partie en contradiction avec elle, si bien que la sécurité juridique doit être envisagée tel un savant équilibre entre ces différentes exigences partiellement antinomiques[1].

En effet, pour satisfaire à l'exigence de sécurité juridique, la norme doit encore être *intelligible*, donc claire, compréhensible de la plupart de ses destinataires, dénuée de toute ambiguïté. Son auteur doit s'être efforcé à recourir à des notions stables et permanentes, certaines, largement comprises et acceptées, donc non polysémiques, non équivoques, non indéfinies, ainsi qu'à des énoncés lisibles, ne laissant guère de place au doute. En somme, les destinataires des normes devraient tous tirer des énoncés qui les portent les mêmes signifiés en termes de modèles de conduite. Cela implique que l'appareil conceptuel, la terminologie et le discours du droit soient relativement rigides et systématiques, sans quoi il ne saurait y avoir d'uniformité et de stabilité.

Avec la clarté, l'intelligibilité, l'accessibilité et la sécurité juridique dans son ensemble, les normes juridiques sont censées organiser convenablement la vie en société, en particulier parce qu'elles permettent à chacun d'établir des *prévisions raisonnables* quant à ce qui est licite et illicite, quant à ce qui est permis, obligatoire et interdit dans une situation donnée, ainsi que quant à ce que pourraient décider les organes d'application du droit en cas de conflit. La prévisibilité, qui n'a de sens que grâce à la sécurité juridique, apparaît ainsi à la fois tel un objectif premier et telle une qualité première du droit. Si, à l'inverse, les concepts et termes employés étaient incertains, abscons ou variables, la règle ne jouerait plus son rôle préventif et régulateur. Ses destinataires directs et indirects disposeraient alors d'une marge d'appréciation incompatible avec le besoin de sécurité juridique, donc de prévisibilité.

Enfin, la sécurité juridique, parce qu'elle doit aussi se comprendre en tant que *praticabilité juridique*, mobilise divers autres principes plus techniques que les règles de droit ne sauraient bafouer. Sont concernées, en

---

[1] Concrètement, le niveau où placer le curseur, entre langage commun et langage savant, dépend de l'identité des destinataires des normes : plus sont en cause les spécialistes d'un secteur particulier et plus la complexité est acceptable, si ce n'est indispensable.

particulier, la généralité et ses différentes facettes (précédemment décrites), la non-rétroactivité — afin de protéger les droits acquis —, la publication et la publicité qui assurent une autre forme d'accessibilité, ainsi que l'organisation de contrôles de validité (formelle et, surtout, matérielle) garantissant l'absence de contradictions entre les normes — sans quoi il y aurait des situations dans lesquelles il serait impossible de ne pas agir illégalement.

Après les qualités nomo-juridiques, le critère de juridicité suivant est la sanction juridique. Avec ce quatrième critère, la définition du droit se rapproche de la réalité pratique et concrète des phénomènes juridiques, spécialement car l'effectivité de la sanction importe autant que son existence dans les textes.

Section 4. *La sanction juridique*

12. Une norme est juridique si son non-respect est l'objet d'une sanction

La sanction, telle que la comprennent les tenants du présent critère de juridicité — c'est-à-dire dans son sens le plus courant puisqu'elle constitue en quelque sorte le critère « profane » de reconnaissance du droit —, consiste en une réaction d'un organe d'application suite au respect ou non-respect de la norme par ses destinataires[1]. Une sanction est ainsi une conséquence induite par un comportement effectif comparé à un modèle de comportement. Il ne s'agit pas d'une caractéristique interne à la norme juridique, mais d'un élément extérieur qui permet néanmoins de la reconnaître : toute norme juridique est *attachée à une sanction potentielle.*

La sanction a pour fonction principale de punir celui qui enfreint la règle, ainsi que de réparer le préjudice causé à autrui. De plus, son existence aux côtés de la norme a pour fin d'assurer, de manière préventive et dissuasive, le respect de l'obligation, interdiction ou permission en raison de la menace de subir une mesure coercitive qu'elle fait peser. C'est là le rôle prophylactique de la sanction ; elle guide les individus par la crainte qu'elle leur inspire. La sanction a donc trois fonctions principales : la fonction

[1] Il existe des sanctions négatives mais aussi des sanctions positives, dites parfois « restitutives » ; car une sanction est ici tout effet avantageux ou désavantageux engendré par le respect ou le non-respect d'un devoir-être. Si les sanctions négatives focalisent l'attention, il ne faut pas omettre la possibilité de sanctions positives qui sont des formes de récompense de quiconque respecte la norme. Les sanctions encouragent les actes licites autant qu'elles découragent les actes illicites, les deux aspects étant interdépendants. Si la sanction, *de facto*, consiste généralement en un désagrément, tel n'est pas le cas systématiquement. Elle peut aussi prendre la forme d'une récompense. Elle ne doit donc pas être réduite à la peine et au caractère afflictif.

répressive, la fonction réparatrice ou restitutrice et la fonction préventive, dissuasive ou pédagogique.

La caractéristique essentielle de la sanction est la *contrainte* : elle s'impose à son adressataire, psychologiquement et/ou physiquement, sans qu'il puisse l'accepter ou la rejeter, ni moduler ses effets et ses dimensions. Une sanction est normalement douée d'une puissance impérative et coercitive. Par suite, si toute sanction est contraignante, toute sanction n'est pas juridique. Sanction et contrainte sont des données sociologiques et seulement dans certaines circonstances des données juridiques. Bien des ordres normatifs non juridiques mettent en œuvre le principe de rétribution et disposent de systèmes sanctionnateurs. Aussi faut-il définir la sanction juridique bien plus que la simple sanction. La plupart de ceux qui associent le droit à la sanction n'associent pas le droit à toute sanction, mais seulement à des sanctions répondant à certaines conditions particulières.

13. Une norme est juridique si son non-respect est l'objet d'une sanction organisée dans son ordre juridique

C'est la présence de sanctions aux côtés des normes, mais encore et surtout la nature et le genre de ces sanctions qui caractérisent le droit. Tout d'abord, une sanction juridique se spécifie, parmi l'ensemble des sanctions sociales, par son contenu : elle doit pouvoir aller jusqu'à la contrainte physique, jusqu'à la suspension de la liberté et jusqu'au retrait de la vie. Les sanctions juridiques sont soit physiques (emprisonnement, peine de mort), soit économiques (amende, paiement de dommages et intérêts, saisie du patrimoine), soit civiques, politiques ou juridiques (suspension ou déchéance de certains droits subjectifs, mais aussi nullité ou irrecevabilité), soit psychologiques (publication de la condamnation). De plus, la sanction juridique consiste souvent en une exécution forcée de la norme à laquelle elle se rapporte, spécialement lorsqu'est en cause une obligation de faire. Mais l'attention portée à la substance de la sanction ne saurait suffire à la reconnaître comme juridique[1].

Il importe surtout que la sanction soit juridique au sens d'*organisée dans un ordre juridique*. Une sanction juridique est une norme d'un ordre juridique, donc valide au sein de celui-ci. Elle consiste en une norme secondaire ou de complément prescrivant à un organe d'application d'imposer une conséquence désagréable à qui bafoue — éventuellement une conséquence agréable à qui respecte — une norme primaire à laquelle elle se rattache par un lien de validité, c'est-à-dire une norme de conduite du même

[1] Notamment, il n'est pas lieu de distinguer selon qu'est en cause une sanction de type pénal ou une sanction de type civil.

ordre juridique. La sanction n'est pas inhérente à la règle de droit, à l'inverse de son caractère obligatoire ; c'est l'ordre juridique qui l'y attache[1].

La sanction juridique est formalisée, explicite et objective. C'est une sanction reconnue comme telle dans l'ordre juridique et, plus généralement, dans le corps social, une sanction globalement légitime du point de vue des destinataires de la norme. Autrement dit, la sanction juridique repose sur une *contrainte institutionnalisée*. Dès lors, que la sanction émane d'un organe spécialement habilité dans l'ordre normatif, différencié du corps social et placé en position de *tiers indépendant, impartial et désintéressé par rapport au conflit*, au terme d'une procédure transparente et rigoureuse, est un indice du fait que cet ordre normatif est un ordre juridique et, par suite, du fait que cette sanction est une sanction juridique — la sanction sociale non juridique est davantage diffuse et spontanée, inorganisée et prononcée par des individus ayant quelques intérêts dans la situation en cause. L'idée de sanction juridique est alors proche de celle de sanction judiciaire. La sanction doit être externe dans le sens d'extérieure aux individus intéressés. Quand la sanction générique se matérialise par la contrainte et par la force, la sanction juridique s'appuie sur une contrainte et sur une force organisées et objectivement légitimes[2].

En outre, justement parce qu'elle relève d'un ordre juridique qui prévoit son existence, la sanction juridique est une norme secondaire ou de complément qui satisfait à l'exigence de sécurité juridique. En effet, les acteurs et destinataires du droit sont en mesure d'anticiper la possibilité d'une sanction, celle-ci étant prédéterminée, conditionnée et constante, donc quasi-certaine et quasi-systématique.

Ensuite, la sanction juridique étant définie et distinguée de la simple sanction sociale, le critère ici en cause se divise en deux sous-critères qui comptent à parts égales dans la détermination de la juridicité des normes : la possibilité de la sanction (*a*) et l'effectivité de la sanction (*b*). La sanction juridique comporte donc deux facettes : une réalité normative et un résultat factuel. Et cet enchaînement de la sanction-norme à la sanction-fait traduit l'évolution de la juridicité abstraite vers la juridicité concrète empreignant le présent exposé des sources de la force juridique.

---

[1] Cela reporte le problème de la juridicité de la norme sur celui de la juridicité de l'ordre normatif (*i.e.* le septième critère ci-après : « le développement juridique de l'ordre normatif »). Une norme est juridique si elle est liée par un lien de validité à une sanction elle-même valide au sein d'un ordre juridique. Et la norme comme la sanction sont juridiques à mesure du développement juridique de leur ordre normatif.

[2] Certaines sanctions juridiques, telles les nullités d'actes ou les déchéances de droits, ne requièrent par nature aucun appareil matériel doté de moyens de contrainte irrésistibles.

a) La possibilité de la sanction

14. Une norme est juridique si son non-respect est sanctionnable

Le critère de la sanctionnabilité est le critère de juridicité le plus intuitif, qui se retrouve le plus fréquemment dans la pensée populaire : d'aucuns « profanes », non-juristes, voient du droit là où il y a possiblement intervention d'une force contraignante psychologique et physique, soit des gendarmes, des policiers, des tribunaux, des magistrats, donc une condamnation potentielle en cas de non-respect de la règle. La possibilité d'une sanction juridique, d'une contrainte organisée et légitime, est souvent conçue tel l'élément décisif de distinction des modes de régulation juridique par rapport aux autres modes de régulation sociale. Sans sanctions, beaucoup de projets normatifs risquent de rester inopérants, loin de la finalité instrumentale et des réalisations concrètes attendues du droit. Or de nombreux systèmes normatifs comportent des règles de conduite non assorties de sanctions éventuelles.

La sanctionnabilité organisée, institutionnalisée, est indissociable de la norme juridique. L'absence de sanction implique qu'il puisse s'agir uniquement d'avis, de proposition, de conseil ou de recommandation — quel que soit le caractère de commandement de l'énoncé. Une règle de droit se définit par la possibilité d'être violée et par le fait que ce viol ne saurait demeurer impuni. Différents moyens doivent permettre de la faire respecter, ce à quoi sert la sanction lorsqu'elle joue son rôle répressif et lorsqu'elle joue son rôle préventif. L'obligatoriété réelle — non l'obligatoriété textuelle et sémantique qui intéresse les qualités nomo-juridiques — dépend très étroitement du fait qu'une sanction et une contrainte potentielles soient attachées à la norme.

La possibilité de la sanction en cas d'infraction à la règle ne doit pas être confondue avec l'effectivité de la sanction. La possibilité de la sanction implique de s'inscrire dans une perspective normativiste, de *s'attacher à la validité*, à des rapports d'imputation, et de jauger la force juridique à l'aune de l'existence, dans l'ordre juridique de la norme étudiée, d'une norme de sanction. Seule compte alors l'observation selon laquelle, en vertu d'une norme secondaire, de procédure ou de complément, une sanction doit être prononcée en cas de non-respect de la norme. Que, dans les faits et quelle qu'en soit la raison, la sanction pourtant prévue ne soit jamais, rarement ou qu'irrégulièrement mise en œuvre n'atteint pas la juridicité comprise comme sanctionnabilité. En revanche, cela diminue la juridicité du point de vue de l'effectivité de la sanction[1]. Si la sanction permet au droit d'entrer dans le réel, d'entrer dans le factuel, ce n'est qu'à travers le sous-critère de son effectivité. La norme de sanction ne doit pas seulement exister ; elle doit aussi être appliquée.

b) L'effectivité de la sanction

15. Une norme est juridique si son non-respect est sanctionné

Si les règles de comportement sont observées par leurs destinataires, tel est parfois la conséquence du sentiment du bien-fondé de celles-ci, mais tel est aussi souvent la conséquence du rôle prophylactique de la sanction, la conséquence de la crainte de voir son acte puni par l'autorité habilitée. La force intrinsèque de la norme de fond est rarement l'égale de sa force extrinsèque qui dépend en premier lieu du risque d'être sanctionné. Or une norme de conduite dont la violation ne serait jamais sanctionnée, malgré l'existence dans son ordre normatif d'une norme de sanction, ne bénéficierait pas de cet effet dissuasif et pédagogique. La sanction juridique rend la règle obligatoire d'un point de vue externe et objectif ; mais, sans application effective de la sanction à tous les contrevenants ou, du moins, à une grande partie des contrevenants, cette règle devient *de facto* non obligatoire, non juridique.

Parmi les juristes et, plus encore, au sein de la pensée commune, l'effectivité de la sanction est ainsi ressentie telle une véritable condition de la force juridique. Il n'y aurait guère de différence entre une norme de conduite non assortie d'une norme de sanction et une norme de conduite assortie d'une norme de sanction non appliquée dans les faits. Seule la sanction prononcée et exécutée permettrait de reconnaître le droit. Par suite, le respect d'une norme de comportement doit s'entendre comme respect par ses destinataires directs, mais aussi comme respect par ses destinataires indirects, c'est-à-dire par les organes censés sanctionner quiconque l'enfreindrait[2].

---

[1] Par conséquent, une norme attachée à une sanction juridique possible mais non effective revêt, sous l'angle de la sanction juridique — réunion des sous-critères de la possibilité et de l'effectivité de la sanction —, une juridicité moyenne.

[2] C'est donc à la sanction comme résultat qu'il faut s'intéresser dans le cadre de ce second sous-critère. L'effectivité statistique de la norme de sanction doit être étudiée, c'est-à-dire le rapport entre le nombre d'infractions et le nombre de sanctions effectivement prononcées et exécutées. Par conséquent, une norme de sanction accompagnant une norme de conduite qui n'est à aucune occasion bafouée doit être analysée comme entièrement juridique à l'aune du sous-critère de l'effectivité de la sanction : elle remplit parfaitement son office puisqu'elle se révèle dissuasive et pédagogique, même si son accomplissement est psychologique et donc invisible.

Les délits ne déjuridicisent pas les normes. À l'inverse, ils affirment leur juridicité, mais à condition qu'ils soient effectivement sanctionnés. Ensuite, pour être effective, la sanction doit, d'une part, être prononcée systématiquement lorsque la norme de conduite en cause n'est pas respectée et, d'autre part, être réellement exécutée, exerçant la contrainte prévue sur le contrevenant. L'application de la norme de sanction par un juge est sans effet si la décision de condamnation qui en résulte n'est pas mise en œuvre concrètement[1].

Après le critère de la sanction juridique vient celui de l'application juridique. Alors que l'un se divise en un sous-critère d'ordre normatif (la sanction possible) et un sous-critère d'ordre factuel (la sanction effective), l'autre fait entrer de plain-pied la juridicité dans le domaine des faits. L'application des normes ne s'entend pas telle une application possible ; elle est généralement conçue telle une application effective. La progression de cet exposé des sources de la force juridique va donc bien des plus spéculatives aux plus concrètes. Au-delà, sanction et application juridiques semblent intimement liées dès lors que, pour qu'un organe sanctionne le non-respect d'une norme de conduite, encore faut-il qu'il la reconnaisse et consente à l'appliquer.

Section 5. *L'application juridique*

16. Une norme est juridique si des organes exécutifs, notamment juridictionnels, la mobilisent

Sous l'angle de l'application juridique, la juridicité est conférée à une norme, quels que soient son origine formelle et son contenu matériel, par le fait que les *organes exécutifs* d'un ordre juridique l'appliquent, donc la mobilisent et en tirent les conséquences juridiques à l'égard de faits donnés[2].

---

[1] Et, puisqu'il est rare que toutes les violations de la règle soient sanctionnées sans exception, le sous-critère de l'effectivité de la sanction juridique est rempli à hauteur du taux de sanction effective.

[2] Les autorités exécutives, chargées de la *fonction d'application des normes* par opposition aux autorités chargées de la fonction de création des normes, sont *les juges*, principalement, et *les administrateurs*, secondairement. Un juge est un tiers impartial et désintéressé, organe attaché à un ordre juridique donné, chargé de trancher les conflits et de réprimer les infractions en recourant aux normes *applicables*. Un administrateur est un autre organe dépendant d'un ordre juridique donné qui, pour sa part, précise et met en pratique les normes *applicables* dans des situations concrètes, loin de tout conflit et de toute infraction. Il ne faut pas réduire *a priori* les autorités exécutives aux juges et administrateurs étatiques : l'idée que des ordres normatifs non étatiques puissent consister en des ordres juridiques jouit d'une force doctrinale suffisamment élevée pour qu'il ne faille pas considérer que seuls les ordres étatiques pourraient comporter des organes exécutifs. Le niveau de satisfaction au critère de l'application juridique est dès lors proportionnel au niveau de

Le droit se définit alors tel un système de règles de conduite et de règles de procédure effectivement appliquées. Qu'une norme soit appliquée signifie que ses *destinataires secondaires ou indirects*[1] la mettent concrètement en œuvre à chaque fois que les conditions requises pour qu'elle le soit sont réunies[2]. L'application juridique est donc une pure question d'effectivité, de factualité[3]. Elle est intime d'une approche pragmatiste du droit.

Avec ce critère, dire qu'une certaine norme constitue du droit valide signifie qu'elle est effectivement utilisée comme tel, qu'elle est de fait appliquée, car les autorités exécutives sont les représentantes de l'ordre juridique et s'expriment en son nom. Une norme n'est jamais juridique avant d'avoir reçu l'onction de ces autorités exécutives. Celles-ci, dès lors, apparaissent davantage comme des autorités de consécration — si ce n'est de création — du droit. En conséquence, les décisions, sentences et dispositifs des jugements et des actes administratifs seraient les véritables sources formelles des règles de droit.

Seuls les organes d'application du droit disposent de la capacité de dispenser, contrôler, réguler et moduler la force juridique. Par exemple, une norme issue d'une loi, parfaitement valide formellement et matériellement dans un ordre juridique, assortie d'une norme de sanction et réalisant l'idéal de justice, mais que les instances exécutives refuseraient d'appliquer, ne serait guère juridique. Les normes non encore mises en œuvre concrètement constituent de l'infra-, de l'ante- ou du sous-droit, du droit potentiel, plus ou moins en puissance, qui attend d'être mobilisé par les autorités exécutives

---

développement juridique de l'ordre normatif — critère transversal présenté au sein de la septième section ci-après. Cependant, la présence de juges et d'administrateurs contribue au fort développement juridique d'un ordre normatif.

[1] Les destinataires secondaires ou indirects (les organes exécutifs) sont les autres sujets du droit aux côtés des destinataires primaires ou directs que sont, pour les normes de conduite, les personnes physiques et morales et, concernant les normes de procédure, les institutions dérivant de l'ordre juridique.

[2] Pour savoir si le présent critère est rempli, il convient de rechercher si et dans quelle mesure les organes d'application mobilisent ou refusent de mobiliser la norme étudiée, ce qui est un travail délicat et partiellement subjectif puisqu'il implique que le chercheur sépare les cas dans lesquels la norme devait être appliquée et ne l'a pas été des cas où elle ne devait pas être appliquée et ne l'a pas été. Ensuite, la condition de l'application juridique est pleinement remplie si la norme a été appliquée chaque fois qu'elle le devait, moyennement remplie si elle ne l'a été qu'environ une fois sur deux, nullement remplie si elle ne l'a jamais été etc. Pour qu'une règle soit juridique, il est nécessaire de constater une pratique concordante dans son application, en particulier de la part des organes suprêmes. Une mise en œuvre isolée, non répétée et non partagée, doit être assimilée à une absence d'application juridique.

[3] Puisque seule importe ici l'application effective par les organes exécutifs d'un ordre juridique, un modèle de conduite qui n'aurait jamais été appliqué se positionnerait nécessairement du côté du non-droit — peu important que cette situation provienne du fait qu'il ait toujours été rigoureusement respecté par ses destinataires directs. Avec le critère de l'application juridique, l'important n'est donc pas la potentialité (sanctionnable, opposable, contestable, mobilisable, invocable) mais l'effectivité (sanctionné, opposé, contesté, mobilisé, invoqué).

pour devenir du droit en bonne et due forme. Et jamais les normes n'intègrent du jour au lendemain le monde du droit ; leur juridicité se consolide à mesure que des institutions officielles les appliquent. À l'inverse, la non-application de plus en plus récurrente d'une norme est une dégradation progressive de sa force juridique.

Si l'origine formelle de la norme appliquée est indifférente, *l'œuvre interprétatrice de l'organe d'application doit être distinguée de son œuvre créatrice* : dans un cas, c'est la norme d'origine qui est appliquée ; dans l'autre cas, c'est une nouvelle norme qui l'est, soit une norme dont la source est l'organe d'application lui-même. On peut ainsi se trouver en présence de deux normes proches, mais dont une seule est juridique : celle qui est effectivement appliquée[1].

17. La norme initiale est juridique uniquement si son application n'est pas créatrice

Il importe de séparer les *applications-interprétations* et les *applications-créations* — dans le premier cas, une norme préexistante est juridicisée ; dans le second cas, une nouvelle norme est créée, accédant directement à la juridicité. Toute application normative est nécessairement précédée d'une interprétation normative, si ce n'est d'une création normative, car, pour appliquer une norme, encore faut-il la connaître, donc connaître son sens et sa portée, comprendre l'énoncé qui la supporte. Avec l'application-interprétation, application non créatrice, la norme première est bel-et-bien appliquée ; avec l'application-création, la norme d'origine n'est pas appliquée, donc pas juridicisée, et c'est une nouvelle norme, une *norme dérivée*, qui est appliquée en même temps que créée.

Peut-être l'élément permettant de séparer l'application simplement interprétative de l'application créatrice consiste-t-il à rechercher si la norme initiale et la norme effectivement appliquée correspondent à la même obligation, interdiction ou possibilité, au même modèle de conduite. Si tel est le cas, cela signifie que la norme d'origine a été appliquée, que n'est en cause qu'une seule et unique norme. Si, en revanche, l'obligation, interdiction ou possibilité diffère entre la norme supposément applicable et la norme concrètement appliquée, alors l'organe exécutif a conféré la force juridique à une nouvelle norme — et la norme initiale doit s'analyser telle une simple source d'inspiration[2].

---

[1] Cela signifie qu'une norme créée en même temps qu'appliquée par les organes exécutifs est pleinement juridique malgré son absence de validité dans l'ordre juridique.

[2] Par suite, encore faut-il savoir déterminer si la norme originaire et la norme appliquée sont identiques ou différentes, ce qui n'est pas aisé tant cela suppose d'« interpréter l'interprétation ». Si les autorités exécutives soutiennent généralement que ce sont bien des normes antérieures et préexistantes qu'elles mobilisent et mettent en œuvre, il revient au scientifique de mener

Après l'application juridique, le critère de juridicité suivant est l'effectivité. L'un et l'autre témoignent de la progression du *pragmatisme* dans la pensée juridique. Ils traduisent la mutation progressive, mais certaine des centres d'intérêt des chercheurs en droit, lesquels se focalisent de moins en moins sur le monde « purement » normatif et s'attachent de plus en plus *à la pratique du droit, à sa factualité, à ses effets, à son utilité et à ses conséquences*. L'effectivité semble être ainsi devenue un critère de juridicité à part entière, notamment grâce au développement des approches sociologiques du droit.

Section 6. *L'effectivité*

18. Une norme est juridique si elle est respectée par ses destinataires

L'effectivité occupe une place à part parmi les six critères de juridicité, cela à plusieurs titres. Tout d'abord, en interrogeant la possibilité d'un changement de régime de la rationalité juridique dont elle serait l'une des expressions, elle suggère un nouveau mode de connaissance du droit. Là où les cinq autres critères sont la valeur, la validité, les qualités, la sanction et l'application « juridiques », l'effectivité, elle, n'est pas affublée de l'adjectif « juridique ». En effet, cette effectivité est une *donnée empirique d'ordre sociologique, anthropologique et psychologique*, si bien que les auteurs contribuant à son affirmation en tant que critère de juridicité ne la séparent guère de quelconques « effectivités non juridiques »[1].

Ensuite, l'effectivité est le sixième et dernier critère de juridicité exposé, car il est le plus matériel et concret de tous. Ici, le droit est fondé sur le fait ; le devoir-être repose sur l'être. Ce qui importe est que le comportement qui

---

objectivement son enquête afin de conclure à l'équivalence ou non-équivalence entre norme préexistante et norme appliquée. Le chercheur procédant à l'évaluation de la juridicité d'une norme *n* doit comprendre le sens et la portée de l'énoncé initial afin de les comparer au sens et à la portée de la norme effectivement appliquée. Ainsi s'adonne-t-il à son tour à l'interprétation de l'énoncé normatif d'origine, mais aussi à l'interprétation de l'énoncé normatif issu de l'application. Il peut alors en conclure que ce dernier est bien la norme *n* ou alors une norme *n'*. Reste qu'un même énoncé est toujours susceptible de servir de support à plusieurs normes et que, entre deux observateurs différents, la compréhension de la norme que l'organe exécutif aurait dû appliquer peut varier. En somme, toute interprétation d'un énoncé est subjective, y compris celle opérée par le scientifique. Toutefois, cela ne saurait poser problème que dans les cas complexes, dont il faut espérer qu'ils soient beaucoup moins nombreux que les cas simples — lorsque le sens et la portée de la norme ne sont guère discutables ni discutés.

[1] Notamment, le développement juridique de l'ordre normatif n'est pas pris en compte : le sociologue ou anthropologue du droit préfèrera étudier des normes produisant d'importants effets de régulation bien qu'elles relèvent d'un ordre normatif relativement sommaire qu'étudier des normes valides dans un ordre étatique mais largement ignorées par leurs destinataires.

doit-être soit. La juridicité de la norme ne lui est alors plus conférée par elle-même, par sa logique, son contenu, sa structure ou son environnement normatif, mais par sa *réalisation sociale*. Ainsi sont-ce les *destinataires des normes* et non leurs sources qui décident de leur juridicité, à travers leur *réception*. La reconnaissance de la juridicité de la règle est une reconnaissance *a posteriori* — là où, notamment avec la validité, la force juridique est conférée *a priori*. Aussi l'aspect le plus révolutionnaire de l'effectivité réside-t-il peut-être dans le fait que le pouvoir de juridiciser une norme soit octroyé à ses destinataires. Ceux-ci sont alors la source paradoxale du droit — les forces créatrices du droit se confondant avec ses *forces réceptrices*. Il n'est pas de force juridique conférée par l'émetteur de la norme, uniquement une force juridique perçue par ses récepteurs. Longtemps oublié par la théorie du droit, le sujet-récepteur est désormais mis au premier plan.

L'effectivité dépend du respect de la règle par ses destinataires. Il s'agit de la capacité réelle à orienter les comportements (normes de conduite) ou le fonctionnement des institutions (normes de procédure). Elle se constate simplement à travers les effets que la norme étudiée produit — ou ne produit pas. Est effective la norme utilisée *de facto* par ses destinataires comme modèle de conduite. Il convient donc d'évaluer le *degré de correspondance des faits aux normes* afin de connaître la juridicité de ces dernières[1]. Dans l'attente de l'effectivité, la juridicité des normes n'est que latente, présumée ou potentielle ; avec l'effectivité, elle devient réelle, avérée ou confirmée. La force juridique des normes dépend donc de leurs résultats sociaux, de leur capacité à régler la mécanique sociale ou une partie de cette mécanique. Une *obligation de résultat* leur est ainsi assignée.

Au XXIe s., à mesure que le juspragmatisme postmoderne gagne du terrain au détriment du juspositivisme moderne, on considère de plus en plus fréquemment que les normes juridiques seraient les normes qui produisent les plus forts effets de régulation, *i.e.* les normes « qui marchent ». L'effectivité devenant le critère de la juridicité, se développe le *panjuridisme* — avec lequel toute norme, quelles que soient son origine et ses qualités intrinsèques, peut être juridique si ses destinataires l'acceptent. La raison d'être du droit est sa faculté d'orienter les conduites individuelles et sociales, de telle sorte qu'une norme valide, générale et impersonnelle, associée à une

[1] La juridicité-effectivité dépendant de la conformité des comportements des destinataires de la norme par rapport au modèle qu'elle vise à instituer, il faut se concentrer sur sa réception. La correspondance entre conduites réelles et conduites attendues est rarement totale ou nulle et le critère de l'effectivité est rempli à proportion du taux de respect de la norme par ses destinataires. Cela oblige l'observateur à mener une enquête sociologique et statistique afin d'estimer le plus exactement possible quel est ce taux, quel est le degré d'application ou d'utilisation de la règle, quel est son niveau d'assimilation ou d'acceptation par le corps social ou par les institutions. Il faut *mesurer l'écart entre la norme et la pratique* : plus il est grand, moins la norme est juridique ; plus il est fin, plus la norme est juridique.

sanction, mais qui, dans les faits, ne parviendrait guère à orienter les conduites individuelles et sociales ne serait guère juridique. En conséquence, les comportements personnels et collectifs et les *réactions au droit* deviennent l'objet d'étude privilégié des chercheurs en droit, lesquels se rapprochent de la sociologie — d'ailleurs, les chercheurs en cause ne sont souvent pas juristes de formation, mais sociologues, anthropologues, politistes ou encore philosophes.

Le droit apparaît tel un *fait psychosociologique*. Ce sont par conséquent des *croyances collectives* et une *confiance collective* qui le façonnent. Si une norme existe réellement, c'est en tant que conviction qu'il existe une norme, donc une obligation de se comporter d'une certaine manière. Une norme ou même un ordre normatif repose sur l' « *opinio juris sive necessitatis* », soit le sentiment d'être juridiquement lié par la norme ou par l'ensemble de normes. C'est le public et non les acteurs placés sur la scène du droit qui décident de son succès. En somme, une norme n'est juridique que parce qu'on la croit juridique. Il n'y a pas d'obligation, seulement un sentiment d'obligation. Le droit n'est qu'une opinion publique, une croyance populaire. Et il importe peu de savoir si l'acceptation de la juridicité de la règle est inspirée par l'autorité de l'organe qui l'a édictée, par le risque d'une sanction en cas de violation ou par le sentiment de sa légitimité axiologique ; il importe peu de savoir si cette règle s'impose grâce à une pression sociale, psychologique, économique, religieuse, idéologique ou politique.

Par ailleurs, le niveau d'effectivité d'une norme donnée est susceptible d'évoluer sensiblement dans le temps, entraînant une évolution correspondante de sa force juridique[1]. La juridicité d'une norme, par essence provisoire et fragile, doit être sans cesse reconfirmée. Le droit, compris à travers le prisme de l'effectivité, nécessite une *adhésion permanente et réitérée*. Et le critère de l'effectivité implique qu'une norme ne saurait être juridique *ab initio* ; elle le devient avec l'expérience, avec la pratique, à mesure qu'elle est diffusée, que ses destinataires en prennent connaissance et qu'ils ajustent leurs comportements afin de s'y conformer. Au début, il n'y a toujours que des propositions de droit, lesquelles vont être soit acceptées soit rejetées.

Se concentrer sur l'effectivité revient à expliquer le droit, loin de toute unilatéralité et de toute verticalité, par la réciprocité et par la réception des normes. Par suite, le respect du devoir-être ou devoir-faire doit être psychologique avant de pouvoir être comportemental, si bien que le critère de l'effectivité se divise en deux sous-critères : l'effectivité matérielle (*a*) et l'effectivité symbolique (*b*).

---

[1] Beaucoup de normes à la force juridique intense migrent peu à peu vers la désuétude ; d'autres, au contraire, voient leur juridicité grandir au fur et à mesure — la règle coutumière est l'exemple-type.

a) L'effectivité matérielle

19. Une norme est juridique si elle est comportementalement respectée par ses destinataires

L'effectivité matérielle correspond à l'élément sociologique de l'effectivité comprise comme phénomène psychosociologique. Sous l'angle du respect comportemental de la règle par ses destinataires, seules importent les *attitudes de mise en conformité ou de non mise en conformité des conduites* par des actes réels et tangibles — il est indifférent que lesdits destinataires jugent la règle légitime ou non[1].

L'effectivité matérielle ou comportementale se définit en tant que degré de réalisation des normes dans les pratiques sociales et institutionnelles, en tant que capacité de ces normes de diriger concrètement les conduites de leurs destinataires, de servir de modèles ou de guides. Mesurer l'effectivité matérielle d'une norme revient à mesurer son impact ou influence dans la pratique. Il s'agit d'une forme de *validité spontanée* des règles de droit reposant entièrement sur les comportements individuels et sociaux, sur le *taux d'utilisation* des règles. La force juridique se réduit, dès lors, à des régularités comportementales extérieures. Elle dépend de l'usage fait des normes par leurs destinataires. Pour pouvoir conclure à la juridicité, il faut donc observer une *habitude générale d'obéissance*[2].

L'étude de l'effectivité matérielle suppose d'adopter une conception sociologique du droit selon laquelle la seule donnée importante serait de savoir ce qu'il advient des normes en faits. Il faut distinguer cette effectivité matérielle ou comportementale de l'effectivité symbolique ou psychologique, laquelle constitue l'autre dimension de l'effectivité des normes — une dimension plus délicate à examiner[3].

---

[1] Si tous les individus ou organes destinataires de la norme ajustent leurs comportements afin de ne pas la transgresser, le sous-critère est rempli ; il ne l'est qu'à moitié si environ un sur deux le fait etc.

[2] Si les normes parfaitement effectives, entièrement respectées par tous leurs destinataires, sont rares, cela signifie, sous l'angle du critère de l'effectivité, que les normes absolument juridiques sont rares. Il n'appartient pas à la vocation du droit d'être partiellement dépourvu d'effectivité, bien qu'un minimum d'ineffectivité puisse sembler tout à fait banal.

[3] En conséquence, une norme respectée comportementalement en raison de la crainte de subir une sanction mais, par ailleurs, jugée illégitime remplit à moitié le critère de l'effectivité (elle est effective matériellement mais non effective symboliquement).

b) L'effectivité symbolique

20. Une norme est juridique si elle est psychologiquement respectée par ses destinataires

Puisque le droit est un phénomène psychologique, reposant sur les consciences juridiques, sur les sentiments juridiques, sur les croyances juridiques et sur les idéologies juridiques — en un mot : sur les subjectivités juridiques —, la notion d'effectivité ne saurait se limiter à une acception instrumentale, se manifestant seulement extérieurement et comportementalement dans les conduites individuelles et sociales. Dans son pan symbolique, l'effectivité se rapporte à l'acceptation morale de la norme, à la sensation de légitimité éprouvée à son égard, à son aptitude à marquer les sentiments de ses destinataires, à fournir un modèle de conduite convaincant et, donc, à être accueillie positivement.

L'effectivité matérielle est nécessairement dépendante, dans une plus ou moins grande mesure, de l'effectivité symbolique — car, pour agir sur le réel, encore faut-il déjà agir sur les représentations du réel. La régulation juridique est autant une *régulation des représentations* qu'une régulation des comportements. Pour devenir positivement juridique, une norme doit entrer dans les mœurs et évoluer, en quelque sorte, en coutume, donc être collectivement consacrée. Avec l'effectivité symbolique, la source du droit est à rechercher dans *l'acceptation, le consentement, l'assentiment ou, plus fortement, l'adhésion* des destinataires des normes. D'ailleurs, les jurislateurs ne s'y trompent pas : ils envisagent régulièrement leur pouvoir tel un pouvoir de persuasion et ils cherchent à produire des règles efficaces symboliquement, contraignantes et obligatoires psychologiquement.

L'effectivité symbolique se mesure à l'échelle du groupe social. Elle dépend de la psyché collective et il est indifférent qu'un individu isolé possède une opinion défavorable de la norme[1]. Toujours est-il que l'appréhension scientifique des effets symboliques des normes est délicate : il est plus difficile de construire une grille de lecture précise concernant l'effectivité psychologique que concernant l'effectivité comportementale. Néanmoins, puisque ce sont des dispositions de l'esprit empiriquement observables qui sont en cause, il est possible de s'attacher à certains signes tangibles — notamment des écrits et des paroles. Ensuite, ce n'est qu'une enquête de terrain, menée auprès d'un échantillon représentatif de

---

[1] Si quelqu'un adopte un comportement qu'il sait contraire au droit, il a alors conscience de commettre une faute ; mais, si un nombre élevé des membres du corps social optent pour la même conduite, cette culpabilité s'efface au profit d'une impression de régularité juridique du comportement en cause. L'erreur commune fait le droit (« *error communis facit jus* ») ; la généralisation de l'infraction la transforme en non-infraction et, plus encore, en règle de droit en lieu et place de la règle « officielle ».

destinataires de la norme, qui peut permettre de savoir quel accueil lui est psychologiquement réservé, au-delà de son respect ou de sa transgression matériel(le)[1].

Les six critères de juridicité désormais décrits, reste à présenter ce qui s'apparente à un critère transversal, à un méta-critère : le développement juridique de l'ordre normatif auquel la norme étudiée appartient. Ce développement juridique de l'ordre normatif joue un rôle important à l'égard de trois critères : la validité juridique, la sanction juridique et l'application juridique[2].

Section 7. *Le développement juridique de l'ordre normatif (critère transversal)*

21. Pour pouvoir être valide, sanctionnée et appliquée juridiquement, une norme doit appartenir à un ordre juridique

Beaucoup de théoriciens du droit s'intéressent à la notion d'ordre juridique plus qu'à celle de norme juridique. Seule l'appartenance à un ordre juridique permettrait de distinguer les règles de droit des autres modes de régulation sociale. Le droit ne s'expliquerait pas par l'existence de normes juridiques distinctes des normes non juridiques ; il s'expliquerait par l'existence d'ordres juridiques distincts des ordres non juridiques. L'ordre juridique ne se caractériserait pas par les éléments qu'il contient ; c'est lui qui, au contraire, caractériserait ces éléments. Le contenant ne se définirait pas par le contenu ; c'est le contenu qui se définirait par le contenant. La juridicité de la norme lui serait donc octroyée par son intégration normative, par sa situation normative, par son environnement normatif.

Les auteurs consacrant les critères de la validité juridique, de la sanction juridique et de l'application juridique ne considèrent pas que toute validité, toute sanction et toute application seraient signes de droit. Ce sont seulement les validité, sanction et application *dans le cadre d'un ordre juridique* qui témoignent de la présence de phénomènes juridiques. Le niveau de satisfaction à ces trois critères dépend donc, outre les sous-critères et autres

[1] Il faut séparer les cas dans lesquels toute légitimité de la norme est rejetée (sous-critère non rempli), ceux dans lesquels la norme est jugée légitime (sous-critère rempli) et ceux dans lesquels les avis quant à la légitimité de la norme sont partagés ou dans lesquels la question de cette légitimité n'est guère posée — par exemple parce qu'il est habituel, par conformisme social, de suivre certaines prescriptions sans interroger leur bien-fondé — (sous-critère à moitié rempli).

[2] Pour ne prendre qu'un exemple, une norme parfaitement valide dans un ordre normatif non juridique ne répond pas au critère de la validité juridique, car encore faut-il que son ordre normatif soit juridique pour pouvoir être valide juridiquement.

conditions propres à chacun d'entre eux, du caractère juridique de l'ordre normatif auquel la norme étudiée appartient. Il est proportionnel au niveau de développement juridique de cet ordre normatif. C'est pourquoi il importe de relever, en dernier lieu au sein de cette recherche des propriétés du droit, les *critères de juridicité des ordres normatifs*.

Auparavant, la notion d'ordre normatif doit être précisée, l'ordre juridique en étant une espèce particulière. Phénomène socio-historique, un ordre normatif est un ensemble minimalement autonome, unitaire, homogène, cohérent, complet et permanent de *normes interdépendantes et en interrelation*. Minimalement organisé et structuré sous forme verticale (par opposition aux espaces normatifs qui sont horizontaux), il régit l'existence et le fonctionnement d'un groupe ou d'une communauté social(e)[1]. L'ordre est le principe logique d'unité et d'articulation qui commande les relations entre les divers éléments constitutifs de l'ensemble, mais il désigne surtout cet ensemble en tant que tel. Il y a formation ordonnée de normes sociales dès qu'un groupe atteint un niveau de cohésion permettant l'existence d'une vie collective effective. Une tribu, une entreprise, un ordre professionnel, une association ou même une copropriété correspondent à autant d'ordres normatifs, souvent inclus dans des méta-ordres normatifs plus globaux. Tout l'enjeu est de parvenir à mesurer le niveau de développement juridique de ces ordres normatifs, la force juridique des normes les composant en découlant en partie.

Les indices du développement juridique des ordres normatifs correspondent tous, sans exception, à des indices de *développement étatique*, si bien que « développement juridique » et « développement étatique » sont synonymes dans la pensée juridique contemporaine. Mesurer la juridicité d'un ordre normatif reviendrait ainsi à mesurer son étaticité. Mais cela n'a pas pour effet de circonscrire le champ des normes juridiques à l'aire des normes étatiques. D'une part, la moitié des critères de juridicité ne sont pas dépendants du niveau de développement juridique des ordres normatifs. D'autre part, la juridicité des ensembles normatifs ne doit pas être comprise de façon manichéenne, mais plutôt de manière graduelle. Si seuls les ordres normatifs étatiques sont des ordres juridiques complets — tout ordre normatif parfaitement juridique est un État —, il existerait des ordres normatifs partiellement juridiques en marge des États[2]. Par conséquent, si le

[1] Le recours à l'adverbe « minimalement » dans la définition de l'ordre normatif est important, car un ordre juridique, en première analyse, se comprend en tant qu'ensemble *fortement* autonome, unitaire, homogène, cohérent, complet et permanent de normes interdépendantes et en interrelation ; en tant qu'ensemble de normes *fortement* organisé et structuré sous forme verticale.

[2] L'idée qu'il y aurait des différences de degré plus que de nature entre les ordres normatifs est soutenue par le fait que la plupart de ces ordres normatifs se composent des mêmes attributs et s'appuient sur les mêmes rouages, ce qui les différencie étant le niveau de perfectionnement de ces attributs et rouages. En outre, dès lors que la reconnaissance de la juridicité d'un ordre normatif s'appuie sur plusieurs critères qui eux-mêmes peuvent être totalement, nullement, mais aussi

droit ne se confond pas avec l'État ni avec les normes étatiques, l'appartenance à une structure étatique est une donnée cardinale pour l'acquisition de la juridicité. L'État serait donc fort utile aux règles de droit sans être toutefois ni décisif ni suffisant[1].

Les éléments qui permettent à un ordre normatif d'être un ordre juridique sont ainsi des éléments de définition, indirects et partiels, mais néanmoins importants, de la règle de droit. En ces pages, suivant les prémisses prescrites par la méta-théorie scientifique, seuls les critères de juridicité des ordres normatifs bénéficiant actuellement d'une force doctrinale significative doivent être recherchés et retranscrits. Ces critères de juridicité se rapportent à deux pôles bien distincts : l'organisation (*a*) et la puissance (*b*) de l'ordre normatif. Organisé et puissant, l'ordre normatif est un ordre juridique. Il répond alors aux exigences d'unité, d'autonomie, d'indépendance, de suffisance, de complétude, de cohérence et de rigueur souvent posées en tant que signes distinctifs des États — donc des ordres normatifs très fortement juridiques.

a) L'organisation de l'ordre normatif (normes procédurales et fonctions)

22. Un ordre normatif est juridique s'il comporte une proportion élevée de normes procédurales et s'il remplit à travers elles les fonctions de création, d'application et de juridiction

Un ordre normatif est avant tout un ensemble de normes de conduite destiné à régir les activités des membres d'un groupe social. Mais, pour atteindre un niveau élevé d'organisation et ainsi constituer un ordre juridique, l'ordre normatif doit également comprendre une somme conséquente de normes procédurales (ou secondaires) destinées à instituer, perfectionner et encadrer les *organes* permettant à cet ordre normatif de fonctionner. Ce qui distingue le droit en tant qu'ordre normatif, c'est son caractère *dynamique et proactif*, c'est-à-dire le fait que la création et l'évolution des normes juridiques soient réglées par des normes supérieures

---

partiellement remplis, il ne semble que possible d'envisager une juridicité graduelle des ordres normatifs, allant de l'absence de juridicité à la juridicité absolue en passant par la juridicité faible, la juridicité moyenne et la juridicité forte.

[1] En effet, si les auteurs prêts à soutenir qu'un groupement spontané, inorganisé et non structuré pourrait être un ordre juridique sont rares, la théorie en vertu de laquelle l'État serait le seul ordre juridique possible est aujourd'hui de plus en plus concurrencée par celle qui postule que l'État serait un ordre juridique parmi d'autres. Tel est le cas, par exemple, parmi les tenants du droit « global », parmi les tenants d'une approche sociologique ou anthropologique du droit, parmi les tenants des différentes formes de pluralisme juridique ou encore parmi les tenants du juspragmatisme.

et antérieures qui prévoient notamment quelles sont les personnes habilitées à créer, modifier ou abroger les règles de droit et quelles sont les procédures à respecter afin de réaliser de telles opérations.

Un haut niveau d'organisation, de structuration et de centralisation est donc un trait caractéristique des ordres juridiques. La juridicité de l'ordre normatif dépend de son *institutionnalisation*, de la quantité et de la qualité des normes de procédure qui le composent. De plus, ces normes doivent être précises et former un attirail complet, permettant de donner autant de rouages que nécessaire à l'ordre normatif. L'ordre juridique est ainsi *originaire et auto-suffisant*, ne s'appuyant pas sur quelque autre ordre juridique par un rapport de coordination, de présupposition ou de subordination.

Les normes procédurales sont des « normes sur les normes », des voies de droit régissant les activités des organes jurislatifs, administratifs et juridictionnels de l'ordre normatif, donc les modalités de production et d'application des normes. Elles déterminent la façon dont les normes comportementales peuvent être, de manière purement déductive, identifiées, édictées, abrogées ou modifiées, mais aussi mises en œuvre et leur violation sanctionnée. En outre, un ordre juridique comprend nécessairement, parmi ses normes procédurales, des *règles de reconnaissance*, soit des dispositions qui déterminent les exigences à la lumière desquelles s'apprécie la validité juridique des normes et qui, à ce titre, constituent les fondements du système juridique. Grâce à ces normes spécifiques, ce système peut être quasi-clos, s'auto-organiser et s'auto-structurer, se maintenir dans une situation d'équilibre dynamique, utilisant ses normes procédurales afin de se conserver ou se transformer[1].

L'ajout de normes de procédure aux normes de conduite est ce qui assure le passage d'un état préjuridique à un état juridique. Ces normes de procédure définissent les *pouvoirs juridiques* publics et privés. Elles sont la traduction du fait que, dans le corps social, l'autorité de la fonction de gouvernant a remplacé l'autorité personnelle et contingente du chef ; du fait que le pouvoir, dépersonnalisé, institutionnalisé et abstrait, s'est stabilisé et est devenu permanent et pérenne ; du fait qu'une conscience politique s'est affirmée et a débouché sur une conscience juridique ; du fait que la volonté collective a supplanté la volonté individuelle ; du fait que l'objectivité normative a pris la place de la subjectivité normative. En somme, l'existence et l'exercice du pouvoir se rationalisent à travers des *compétences formalisées* et la légitimité politique remplace la force brute, si bien que des règles de droit peuvent désormais apparaître.

---

[1] Par suite, tout ordre juridique doit impérativement comporter un *règlement fondamental* ou une *charte organisatrice*, c'est-à-dire une *Constitution* — au sens substantiel plus qu'au sens formel. Celle-ci comprend les normes procédurales les plus importantes pour l'ordre normatif et desquelles dérivent diverses normes procédurales plus précises.

Ensuite, alors que l'ordre normatif le plus primitif est celui dans lequel les créateurs de normes en sont en même temps les destinataires, un ordonnancement normatif est juridique lorsqu'il est très fortement structuré autour d'organes *centralisés et spécialisés*. Ses normes de procédure doivent lui permettre de remplir trois fonctions essentielles : la création des règles de droit, leur application et la sanction de leur non-respect. Si l'une d'elles n'est pas prise en charge au moyen d'un arsenal relativement complet de normes de procédure, l'ordre normatif ne saurait être considéré comme juridique. Il n'est pas d'ordre juridique sans division du travail — *i.e.* sans séparation des autorités et des compétences — et donc sans organes *ad hoc*, sans un législateur, une administration et des tribunaux autonomes.

En premier lieu, les ordres juridiques doivent disposer de structures de production de nouvelles règles de droit afin de pouvoir répondre à l'évolution des besoins normatifs du groupe social. Il faut que des normes de procédure habilitent expressément certains organes à édicter des normes de conduite ou de procédure. L'ordre juridique identifie et reconnaît ainsi officiellement ses sources.

En deuxième lieu, il faut que des normes de procédure confient à des organes spécialement institués à ces fins le soin d'appliquer les règles de droit, c'est-à-dire le soin de les affiner, les préciser, les interpréter et, surtout, les mettre en œuvre dans les situations concrètes. Il s'agit de l'administration, qui rapproche le droit de ses destinataires.

En troisième et dernier lieu, des normes de procédure doivent établir et régir des juridictions, c'est-à-dire des institutions chargées de trancher les litiges pouvant naître entre les destinataires des normes ou entre ceux-ci et l'administration. Ces organes juridictionnels ont également vocation à prononcer des sanctions à l'encontre de quiconque enfreindrait le droit[1].

Puisque le droit est ce qui règle soi-même sa création et son application, un ordre normatif, dès lors qu'il prend en charge les trois fonctions juridiques, profite d'une autonomie organisationnelle ou constitutionnelle suffisante — il apporte toutes les réponses aux questions de la reconnaissance des normes, de leur évolution, de la résolution des conflits dans leur application etc. Il constitue donc un appareil structuré et complet de régulation normative. Mais, pour s'analyser tel un ordre juridique, encore faut-il qu'il fasse preuve de puissance, c'est-à-dire de souveraineté et d'efficacité.

---

[1] L'ordre juridique se présente alors tel un véritable *ordre de contrainte*. Cela signifie que les normes juridiques sont des normes dont l'inobservation est l'objet de sanctions instituées par l'ordre normatif et mises en œuvre par ses organes, des sanctions socialement organisées, donc des sanctions juridiques. Ainsi les normes de procédure doivent-elles comprendre tout un pan de droit disciplinaire dont la fonction est de faire respecter les normes de comportement et les autres normes de procédure, ainsi que de sanctionner qui se livrerait à un écart de conduite.

b) La puissance de l'ordre normatif (souveraineté et efficacité)

23. Un ordre normatif est juridique si son contenu ne dépend d'aucun autre ordre normatif et produit les effets de régulation attendus

Un ordre juridique se singularise par sa *force* matérielle et symbolique, intérieure et extérieure. Le droit organise l'usage de la force ; il repose donc à la fois sur une organisation et sur une force, aussi appelée « puissance ». Depuis longtemps, on lie le caractère juridique des normes à la puissance de leur auteur, puissance devant être suprême, ne connaissant nulle supérieure à elle. Le droit est le produit de la volonté d'une puissance suprême de créer un cadre normatif afin de régler les conduites de ses sujets. *In fine*, le niveau de force juridique d'une norme dépend du niveau de puissance de l'ordre normatif auquel elle appartient. Or cette puissance repose sur deux piliers : la souveraineté et l'efficacité[1].

La souveraineté est classiquement considérée en tant que source fondamentale de la juridicité : appartient au droit ce que le souverain qualifie comme juridique. Elle cristallise la spécificité de l'ordre juridique par rapport aux autres systèmes normatifs qui sont sous la coupe d'organisations sociales plus puissantes qui les dominent et les modèlent. Un ordre normatif est souverain dès lors qu'il profite de véritables autonomie et indépendance organiques, organisationnelles et structurelles, donc constitutionnelles, dès lors qu'il s'auto-organise librement, sans subir de contrainte aucune, avec des organes propres dotés de prérogatives propres — ni issues d'autorités extérieures ni voulues par des autorités extérieures. Il y a ordre juridique à condition que l'autorité la plus supérieure de cet ordre ne soit pas une autorité déléguée provenant d'un autre ordre normatif, à condition que les sources formelles à l'origine des normes ne dérivent d'aucun ordre normatif extérieur et supérieur. La souveraineté suppose donc l'autorégulation de l'ordre juridique. En somme, tout ordre juridique possède sa Constitution (au sens matériel), laquelle reconnaît sa souveraineté. Et tout ordre juridique coïncide avec une volonté souveraine, soit une pleine faculté de prendre toute décision, d'opérer les choix ultimes et d'émettre les commandements les plus supérieurs.

La souveraineté avalise la totale capacité de l'ordre normatif de s'auto-organiser, donc de décider pour lui-même. À l'inverse, l'efficacité témoigne de la puissance et de la positivité de l'ordre normatif à l'égard de ses destinataires. Si la souveraineté permet de jouir du monopole de la contrainte physique et psychologique légitime, encore faut-il que cette contrainte s'exerce réellement. Le droit se définit donc tel un ordonnancement efficace de normes. Nulle

[1] Il ne peut pas y avoir de puissance sans souveraineté, mais il peut y avoir souveraineté sans puissance. C'est pourquoi la souveraineté n'est pas suffisante et pourquoi l'efficacité doit se joindre à elle pour que l'ordre normatif puisse être un ordre juridique.

puissance n'est envisageable si les normes en cause ne sont pas globalement et généralement appliquées et suivies, c'est-à-dire effectives. *In fine*, l'efficacité de l'ordre juridique en vient à se confondre avec son existence ; un ordre juridique est efficace ou il n'est pas[1].

Avec les critères de juridicité des ordres normatifs, tous les éléments permettant la reconnaissance des règles de droit et bénéficiant actuellement d'une force doctrinale significative ont été décrits. Il convient désormais de préciser la manière d'exploiter ces éléments, c'est-à-dire la méthode permettant de *mesurer le niveau de force juridique d'une norme au moyen de l'échelle de juridicité* — outil annexe à la théorie syncrétique et reposant sur la définition lexicographique du droit. L'enjeu est de montrer que la théorie syncrétique ne diluerait pas le concept de droit, mais, au contraire, le préciserait et l'objectiverait. Toutes les doctrines, dès lors qu'elles aspirent à l'hégémonie et donc à éliminer leurs concurrentes plutôt qu'à s'associer à elles, ne sauraient porter qu'une part de la vérité à l'égard de ce qu'est le droit. C'est pourquoi elles pourraient s'évanouir en un élan commun afin de rendre compte, d'une seule voix, de la réalité du droit dans la pensée juridique collective.

L'objectif, après avoir recherché les *propriétés* du droit, est à présent de rechercher ses *dimensions*, donc ses frontières, la ligne de démarcation par rapport au non-droit. C'est à cela que sert l'échelle de juridicité. Elle permet d'évaluer la force juridique des normes et, par suite, de dresser la liste de celles qui intègrent le monde juridique et la liste de celles qui en sont exclues — mais aussi la liste des normes pleinement juridiques, la liste des normes moyennement juridiques, la liste des normes situées à la lisière du droit etc.

Puisque cet instrument s'appuie sur la définition lexicographique du droit, il convient, en guise de conclusion, de proposer une synthèse de cette définition, donc une synthèse des critères de juridicité. C'est en effet en appliquant ces critères à une norme donnée que son niveau de juridicité peut être obtenu : plus le nombre de critères remplis par la norme analysée est élevé, plus sa juridicité est forte. Ainsi cette synthèse constitue-t-elle la *grille de lecture de la force juridique d'une norme*.

---

[1] Tout ordre normatif est attaché à une communauté ou à un groupement social précisément défini, relativement stable et dont les individus sont unis par quelques liens de solidarité ou quelques intérêts en commun. C'est en son sein que se trouvent les sujets du souverain et, par suite, que se mesure l'efficacité de l'ordre normatif. Cette efficacité correspond à la faculté de diriger véritablement les activités et les décisions des personnes physiques et morales à qui les normes de conduite ou de procédure s'adressent.

Synthèse et grille de lecture de la force juridique d'une norme

Légende : ➔ *critère* ; → *sous-critère* ; ▫ *explication*

Les six conditions de la juridicité des normes sont :

➔ **LA VALEUR JURIDIQUE (*la norme est légitime axiologiquement du point de vue subjectif de l'observateur*)**

→ Le contenu normatif et les finalités qu'il poursuit sont conformes aux principes éthiques et moraux défendus par l'observateur, spécialement à ses idéaux de justice et d'équité.

▫ Les principes matériels consacrés dans l'ordre normatif auquel la norme appartient sont indifférents.

▫ Si la norme est jugée neutre axiologiquement (ni « bonne » ni « mauvaise »), le critère est moyennement rempli (2/4).

➔ **LA VALIDITÉ JURIDIQUE (*la norme est valide formellement et matériellement à l'intérieur d'un ordre juridique*)**

▫ Le critère de la validité juridique de la norme est rempli à mesure du niveau de développement juridique de son ordre normatif (critère transversal).

→ La norme a été édictée conformément aux normes de procédure en vigueur dans son ordre normatif.

→ La norme est compatible avec les principes, valeurs et autres modèles de conduite déjà contenus dans l'ordre normatif et qui lui sont supérieurs.

▫ Une norme non valide formellement dans un ordre normatif est nécessairement non valide matériellement dans cet ordre.

➔ LES QUALITÉS NOMO-JURIDIQUES (*la norme présente les quatre qualités propres à la normativité juridique*)

▫ Chaque sous-critère compte à hauteur d'un quart dans le critère.

→ La norme est soit une norme de conduite, soit une norme de procédure, soit une norme attributive.

▫ Une norme de conduite définit un comportement que ses destinataires doivent, peuvent ou ne peuvent pas adopter.

▫ Une norme de procédure organise le fonctionnement des institutions et des organes de l'ordre normatif.

▫ Une norme attributive crée un droit ou un pouvoir au profit de son ou ses destinataire(s).

→ La norme est obligatoire, donc impérative, prescriptive.

▫ Les normes déclaratives, incitatives et recommandatoires sont exclues.

→ La norme est générale, abstraite, impersonnelle et permanente.

→ La norme satisfait à l'exigence de sécurité juridique.

▫ La norme est claire et précise, son sens est indiscutable ; elle est accessible et intelligible par ses destinataires.

➔ LA SANCTION JURIDIQUE (*le non-respect de la norme est l'objet d'une sanction organisée dans l'ordre juridique et effective*)

→ L'ordre normatif de la norme comporte une règle de procédure prévoyant que toute personne y contrevenant sera sanctionnée par une autorité juridictionnelle.

▫ Le sous-critère est rempli à mesure du niveau de développement juridique de l'ordre normatif (critère transversal).

▫ La sanction doit pouvoir consister y compris en une contrainte physique légitime.

→ La sanction est effective, donc systématiquement prononcée et exécutée à chaque fois que la norme est violée.

➔ L'APPLICATION JURIDIQUE (*les organes exécutifs d'un ordre juridique appliquent effectivement la norme*)

→ Les organes juridictionnels et/ou administratifs d'un ordre juridique appliquent la norme, sans la transformer, à chaque fois que les conditions sont réunies pour qu'elle le soit.

▫ Seul importe le caractère effectif de la mise en œuvre de la norme.

▫ L'origine formelle et la validité de la norme sont indifférentes.

▫ La norme est juridique uniquement si son application n'est pas créatrice (car, le cas échéant, c'est une nouvelle norme qui est juridique parce qu'appliquée, non la norme étudiée).

▫ Le critère est rempli à mesure du niveau de développement juridique de l'ordre normatif.

▫ Lorsque des organes exécutifs de plusieurs ordres normatifs appliquent la norme, doivent être pris en compte ceux qui relèvent de l'ordre normatif le plus juridique.

➔ L'EFFECTIVITÉ (*la norme est respectée par ses destinataires*)

→ La norme est effective matériellement, comportementalement : ses destinataires s'y conforment dans les faits.

→ La règle est effective symboliquement, psychologiquement : ses destinataires la jugent légitime.

➔ CRITÈRE TRANSVERSAL : LA JURIDICITÉ DE L'ORDRE NORMATIF (*l'ordre normatif auquel la norme appartient est un ordre juridique*)

→ Un ordre normatif est juridique s'il comporte une proportion élevée de normes procédurales et s'il remplit, grâce à elles, les fonctions de création, d'application et de juridiction.

▫ Un ordre juridique est un ensemble structuré, dynamique, autonome et suffisant de normes et donc, en premier lieu, de normes procédurales (ou secondaires).

→ Un ordre normatif est juridique s'il est souverain (s'il est libre d'élaborer, modifier et abroger les normes qui le constituent) et s'il est efficace (si ses normes, globalement, sont effectives et atteignent leurs objectifs).

Seconde partie

L'échelle de juridicité
(une recherche des dimensions du droit)

Parmi les différentes définitions du droit qui imprègnent actuellement la pensée juridique collective, certaines semblent inconciliables. La première conséquence de l'échelle de juridicité, parce qu'elle prend appui sur la définition lexicographique du droit et oppose à l'approche manichéenne droit/non-droit des degrés de force juridique, est de permettre de réunir, d'associer les positions les plus antagonistes de la théorie juridique contemporaine. Jean Carbonnier, par exemple, exprimait son embarras devant une norme d'origine législative en vigueur, mais ineffective : elle existe du point de vue de la « dogmatique », mais non aux yeux du sociologue du droit[1]. La théorie syncrétique et l'échelle de juridicité, donnant raison tant au critère « dogmatique » qu'au critère sociologique dès lors que tous deux possèdent une force doctrinale significative dans la pensée juridique collective, amènent à qualifier cette norme de « *semi-juridique* ».

Surtout, l'échelle de juridicité, proposition et réalisation annexes à la théorie syncrétique du droit, a pour objectif de répondre à la *problématique de la place, de l'importance et de l'autonomie des normes juridiques parmi l'ensemble des normes sociales*. Cette échelle et la force juridique graduelle des normes qui l'accompagne procèdent d'une double insatisfaction : devant les théories du droit modernes les plus savamment élaborées, qui en consacrant des critères de juridicité précis et rigoureux en viennent à *réduire excessivement le territoire du droit et donc l'objet d'étude des juristes* ; devant les conceptions du droit panjuridiques et juspragmatistes de plus en plus en vogue, lesquelles tendent à *abandonner toute spécificité du juridique dans le social*, à diluer la juridicité (fait d'être une norme de droit) dans la normativité (fait d'être une norme), donc à oublier l'autonomie du droit que des générations de théoriciens du droit se sont évertuées à forger[2].

En équilibre entre ces deux positions opposées, une troisième voie serait possible. Elle permettrait de *conserver les spécificités du domaine des normes juridiques dans le domaine des normes sociales* tout en n'interdisant pas aux juristes d'*examiner les nouvelles formes normatives ou semi-normatives* que sont les codes privés, les chartes, les usages, les conditions générales d'utilisation, les contrats-types, les normes comptables, les normes managériales, les normes techniques, les labels, les standards, les protocoles, les meilleures pratiques, les statistiques, les sondages, les indicateurs de performance, les classements, les algorithmes, les *nudges* etc.

Le pari de la théorie syncrétique et de l'échelle de juridicité est qu'elles pourraient peut-être concilier ouverture du point de vue des juristes et

---

[1] J. CARBONNIER, *Théorie sociologique des sources du droit*, Association corporative des étudiants en droit de l'Université Panthéon-Sorbonne, 1961, p. 131.

[2] Par exemple, G. GURVITCH, *Éléments de sociologie juridique*, Aubier, 1940, p. 31 (« Les critères de la spécificité du juridique menacent de réduire les vastes perspectives de la sociologie juridique à un horizon très étroit et de la rendre incapable de poursuivre toutes les variations infinies de la réalité sociale du droit »).

conservation du particularisme ontologique du droit, concilier désenclavement des sciences juridiques et protection du patrimoine *jus*-théorique. Les incertitudes quant à la frontière entre normes juridiques et autres normes sociales sont depuis toujours — quoique de moins en moins en raison du développement du panjuridisme — au cœur des préoccupations de la théorie du droit. Or, avec la définition lexicographique du droit et avec l'échelle de juridicité qui en prolonge les conséquences, ces incertitudes disparaîtraient puisqu'une telle frontière n'aurait plus à être discutée : il existerait, entre les différents modes de régulation sociale, non des différences de nature, mais *seulement des différences de degré*, si bien que tous pourraient être qualifiés de « juridiques ». Tous appartiendraient, *dans une certaine mesure*, au monde du droit. Toute norme sociale comporterait une part (*variable*) de juridicité. Et toute source de normes sociales serait, *plus ou moins évidemment*, une source de normes juridiques.

Par conséquent, si le chercheur en droit doit inévitablement poser la question de la définition du droit et donc celle du périmètre de son champ d'investigation — puisqu'un juriste, normalement, a vocation à étudier le droit et à ignorer le non-droit, à moins de s'engager dans des travaux pluridisciplinaires —, l'échelle de juridicité lui permet de se plonger directement dans le magma normatif sans devoir y fixer au préalable quelques bornes du droit. Tel est le principal effet de l'échelle de juridicité : les différences de degré remplaçant les différences de nature, le juriste peut s'intéresser à tous les objets normatifs et institutionnels. Or beaucoup d'objets normatifs et institutionnels originaux émergent à l'ère contemporaine, des objets que les juristes, d'une part, ne sauraient ignorer pour cause de non-juridicité — à moins de se couper par trop du réel — et, d'autre part, ne sauraient considérer comme les égaux des lois et des jurisprudences étatiques.

Le droit ne saurait être simplement, ainsi qu'Émile Littré l'écrivit dans son premier dictionnaire, l' « ensemble des règles qui régissent la conduite de l'homme en société »[1]. Aussi faut-il gager que distinguer des normes à la juridicité forte, des normes à la juridicité moyenne et des normes à la juridicité faible ou très faible est une approche incomparable à celle qui confère à toutes les normes la même force juridique. La vocation de l'échelle de juridicité et de la force juridique graduelle n'est pas d'abandonner toute définition du droit, mais, au contraire, de tirer les conséquences d'une définition du droit supposément rigoureuse : la définition lexicographique du droit précédemment exposée.

En n'étant pas autre chose que la traduction de cette définition, l'échelle de juridicité parviendrait à *préserver l'autonomie du droit*. Or l'autonomie de l'objet est indispensable à son existence ; l'autonomie du droit est

---

[1] V° « Droit », in É. LITTRÉ, *Dictionnaire de la langue française*, 1863.

indispensable à l'existence du droit. On soutient parfois, notamment parmi les sociologues et anthropologues du droit ainsi que parmi les tenants de théories pragmatiques du droit ou de théories du pluralisme juridique, que les *jus*-scientifiques devraient reconnaître spontanément le droit, sans s'appuyer sur aucun critère de caractérisation. Peut-être ne peut-il exister de droit — donc de chercheurs en droit, d'enseignants en droit et de facultés de droit — qu'à condition que soient identifié(s) un ou des critère(s) de juridicité. Sans spécification du domaine du droit, la science, la technique et la pensée juridiques ne se retrouveraient-elles pas dénuées d'objet ?

Avec la définition lexicographique du droit, six critères permettent d'identifier les normes juridiques. Par suite, ces critères ne sont cumulatifs qu'afin d'atteindre un niveau de force juridique absolu. Pour bénéficier d'une juridicité simple, les critères ne sont qu'alternatifs. Et l'expérimentation de l'échelle de juridicité[1] enseigne qu'aucune norme sociale nullement juridique ne pourrait être trouvée. Les normes sociales les moins juridiques seraient des normes très faiblement juridiques. Ainsi l'échelle de juridicité permettrait-elle de se fondre dans le cadre d'un « *panjuridisme modéré* » se distinguant fortement par ses tenants (la définition du droit), mais non par ses aboutissants (toute norme sociale intéresse les juristes) du « panjuridisme brut » de plus en plus prégnant dans les recherches juridiques contemporaines.

Alors que le panjuridisme brut tend à assimiler la juridicité (qualité de ce qui appartient au droit) à la normativité (qualité de ce qui joue concrètement un rôle de norme), le panjuridisme modéré distingue précisément la juridicité et la normativité. C'est pourquoi, au moment d'expérimenter l'échelle de mesure de la force juridique, *le niveau de juridicité d'une règle sociale peut être comparé à son niveau de normativité* : il apparaît alors qu'une règle donnée revêt rarement le même niveau de force juridique et de force normative. D'un côté, donc, la juridicité, force juridique ou qualité juridique ; de l'autre, la normativité, force normative ou qualité normative[2].

En cette seconde partie, l'échelle de juridicité sera présentée en insistant sur son mode d'utilisation et les résultats qu'elle permet d'obtenir (*chapitre 1*). Ensuite, ses conséquences — essentiellement la conception

---

[1] Les résultats de cette expérimentation figureront au sein de la troisième section du premier chapitre.

[2] La normativité ou force normative est ici comprise en tant que capacité à s'imposer en tant que norme : plus les destinataires de la norme y voient un modèle de comportement auquel ils doivent se conformer et, par suite, auquel ils se conforment, plus la normativité est élevée. Aussi la normativité ou force normative ainsi conçue se réduit-elle à l'*effectivité matérielle de la norme* : il s'agit de sa *capacité à modeler dans les faits les comportements de ses destinataires*.

graduelle du droit et le panjuridisme modéré — seront développées plus substantiellement (*chapitre 2*)[1].

[1] *Cf.* également l'exposé consacré à l'échelle de juridicité par R. SÈVE, *Philosophie et théorie du droit*, 2e éd., Dalloz, coll. Cours, 2016, p. 184 s. Selon René Sève, cet instrument de mesure de la force juridique permettrait de « dédramatiser la définition de la règle de droit grâce à la quantification » (p. 184). Et de retenir que « la notation [de la juridicité] des règles, sous une forme simple et intuitive, ne résout pas tous les problèmes de la philosophie du droit mais les raffine utilement » (p. 188) ; et que « cette dimension "boursière" n'est pas dépourvue d'intérêt dans un monde de réseaux, polycentré, post-moderne, où l'État ne peut plus se prétendre producteur en dernier ressort des normes juridiques » (p. 190). Le professeur conclut sa présentation et sa discussion de l'échelle de juridicité en soulignant que « la notation [de la juridicité des normes] permet de synthétiser dans un espace homogène toutes les analyses théoriques et doctrinales de la règle juridique et de ses évolutions contemporaines. […] On peut même se demander si cette notation ne permettrait pas de régler des questions plus politiques et même proprement philosophiques, en matière de personnalité ou de responsabilité et de liberté » (p. 191).

Chapitre 1. Les applications de l'échelle de juridicité : la mesure de la force juridique des normes

Puisque l'échelle de juridicité dépend intimement de la définition lexicographique du droit précédemment déterminée, mesurer la force juridique d'une norme revient à observer si cette norme répond aux six conditions de la juridicité constitutives de cette définition (*section 1*). Subséquemment, en opérant un simple calcul, il est possible d'obtenir le niveau de force juridique de la norme sur une échelle allant de ⓪ (force juridique nulle) à ❿ (force juridique absolue) (*section 2*).

En tant qu'instrument de mesure « scientifique », l'échelle de juridicité n'a de sens que si elle est expérimentée, appliquée à des cas concrets permettant d'éprouver son éventuelle utilité, son éventuelle portée épistémique et épistémologique. Aussi, dans la dernière section de ce chapitre, divers exemples de mesure de la force juridique seront-ils proposés — les normes étudiées allant des plus ordinaires, portées par la Constitution, la loi ou le traité international, aux plus originales telles que des règles de grammaire, des « *rankings* » ou encore des « *best practices* » (*section 3*).

Peut-être la théorie syncrétique, par excès de « scientifisme » et de « logicisme », n'est-elle pas apte à exprimer pertinemment une réalité du droit (et du concept de droit) qui serait autrement sinueuse, évanescente et incertaine. Peut-être n'est-elle guère praticable et ne permet-elle pas de mieux répondre à la problématique du particularisme juridique de certaines normes. Pour le savoir, il semble nécessaire de la mettre en pratique, donc d'utiliser concrètement cette échelle de juridicité qui en est l'émanation directe. « *Fabricando fit faber* »[1] : le cadre, les moyens et le contenu de l'échelle de juridicité et de la définition lexicographique du droit dont elle procède seraient peu de chose sans leur mise à l'épreuve de formes de normativité positives.

---

[1] « La pratique fait l'ouvrier » ou « c'est en forgeant qu'on devient forgeron ».

Section 1. *Comment utiliser les critères de juridicité des normes*

Au moment d'évaluer le degré de juridicité d'une norme donnée à l'aune des six critères de juridicité, une certaine méthode peut être suivie afin d'aboutir à des résultats homogènes et concordants. Si les échelles sont des instruments de mesure communément employés par les scientifiques de tous ordres, elles s'appuient nécessairement sur des procédés fixés précisément et à l'avance. Aucune n'est abandonnée à la subjectivité de l'observateur. La fiabilité scientifique des résultats en dépend. L'échelle de juridicité, pour sa part, implique avant tout une absence d'arbitraire autre que celui relevant du critère de la valeur juridique. Avec cette échelle, l'enjeu est de parvenir à mesurer objectivement cette donnée spécifique qu'est la force juridique d'une norme. Quelques difficultés et incertitudes méthodologiques ne sauraient cependant être évitées. Il faut essayer de s'en prémunir au maximum en détaillant la manière d'exploiter les critères et sous-critères de juridicité.

Tout d'abord, l'échelle de juridicité permet d'estimer le niveau de force juridique d'une norme, non celui d'un acte normatif, donc non celui du support formel de la norme (une loi, un règlement etc.) ni de quelque autre élément relevant du droit au sens le plus large. Par suite, la juridicité de toute norme sociale peut être mesurée[1].

En outre, il importe que le chercheur étudiant la juridicité d'une norme précise à chaque fois *le lieu et le moment dans le cadre desquels il procède à l'observation.* En ces pages, sauf contre-indication expresse, ce sera toujours la qualité juridique de la norme du point de vue d'un *observateur français et contemporain* qui sera recherchée. Il est néanmoins tout à fait envisageable de procéder à des approches historiques et/ou comparées de la force juridique et d'analyser une norme aujourd'hui obsolète ou une norme étrangère dans son environnement spatio-temporel le plus pertinent, c'est-à-dire dans le passé et/ou ailleurs dans le monde[2].

Par ailleurs, aucun coefficient n'est affecté à la valeur juridique, à la validité juridique, aux qualités nomo-juridiques, à la sanction juridique, à

---

[1] Ont déjà été calculés, par exemple, les niveaux de juridicité de la règle du jeu « tout joueur qui tombe sur la case prison passe un tour », de la règle de bienséance « lorsqu'on croise un aîné sur un trottoir étroit, on lui laisse le passage », de la règle morale « il faut être tolérant », de la norme technique « la longueur entre A et B doit être de 146 mm » ou encore de la règle de l'art « les points de distance des lignes de fuite principales doivent être situés de part et d'autre du point de fuite principal, à une distance égale à celle du peintre au tableau » (voir les exemples proposés dans la troisième section ci-après).

[2] Peut être évaluée la force juridique d'une norme en un lieu, à une époque et/ou à l'égard d'une population spécifique(s), à condition que cela soit mentionné par le scientifique. Par exemple, la juridicité d'une norme de « droit nazi » durant les années 1930 et sur le territoire allemand peut être mesurée.

l'application juridique et à l'effectivité. Chacun de ces critères confère un sixième de sa qualité juridique à la règle de droit. Cette absence de pondération doit faciliter la mesure de la force juridique. Mais elle signifie aussi qu'un biais affectant la mesure de la juridicité des normes est que chaque critère n'y pèse pas le même poids que dans la réalité de la pensée juridique actuelle[1]. Dès lors, les résultats obtenus grâce à l'échelle de juridicité peuvent refléter approximativement mais non fidèlement la réalité la plus fine des opinions relatives au concept de droit[2].

Toutefois, si le normativiste vénèrera la validité juridique quand le réaliste jettera son dévolu sur l'application juridique, le jusnaturaliste sur la valeur juridique, le profane sur la sanction juridique et le sociologue, l'anthropologue ou le pragmatiste sur l'effectivité, le syncrétiste, lui, doit demeurer dans une position de neutralité théorique, accueillant toutes les conceptions du droit sans les discriminer ni les opposer d'aucune manière. C'est pourquoi il serait défendu à ce syncrétiste de se concentrer sur un critère de juridicité plus que sur un autre, quand bien même cela serait au départ de considérations objectives. En conférant, qui plus est maladroitement, la primauté à un ou deux critère(s), les autres risqueraient de se retrouver bientôt satellisés, marginalisés, si bien que la théorie syncrétique s'écroulerait sur ses propres fondements, faisant de quelques éléments des conditions presque auto-suffisantes de la force juridique. Cela justifierait donc de ne pas affecter de coefficients aux critères de juridicité[3].

---

[1] Le choix d'éventuels coefficients ne saurait être effectué avec suffisamment de précision pour correspondre rigoureusement aux rapports de force à l'œuvre dans la pensée juridique collective. Il n'en demeure pas moins que, pour être plus exacte, l'échelle de juridicité devrait reposer sur des critères (et des sous-critères) pondérés en fonction de leurs niveaux réels de force doctrinale. Si le nombre d'auteurs qui soutiennent la validité juridique est deux fois plus élevé que le nombre d'auteurs attachés à la valeur juridique, il faudrait que le critère de la validité juridique revête une importance double par rapport au critère de la valeur juridique. Ce n'est que la méconnaissance des niveaux précis de force doctrinale de chaque critère de juridicité, induite par un manque de moyens matériels afin de mener une enquête plus exhaustive dans la littérature juridique contemporaine, qui empêche de donner plus ou moins d'importance à l'un ou l'autre critère sans faire œuvre artificielle. Mettre en avant certains critères et en retrait d'autres critères risquerait d'aboutir à concéder arbitrairement la primauté à l'un ou l'autre courant théorique.

[2] Aussi une prochaine évolution de l'échelle de juridicité pourrait-elle consister à pondérer chaque critère de juridicité à l'aune de son influence plus ou moins forte dans la psyché juridique générale.

[3] Toute controverse n'est légitime qu'à condition de ne pas placer tous les discours sur le même plan, ce qui ne pourrait conduire qu'à la cacophonie et à des destructions plus qu'à des constructions intellectuelles. En recourant à l'outil de la force doctrinale significative, permettant de ne pas accepter toute opinion quant au sens de la notion de droit quelle qu'elle soit, mais sans opérer de tri entre les différentes approches de la qualité juridique jouissant d'une telle force doctrinale, l'échelle de juridicité espère parvenir à un équilibre entre objectivité-neutralité théorique et non-relativisme théorique.

Par conséquent, les critères (et sous-critères) de juridicité identifiés présentent des importances égales et une règle de droit peut être représentée sous cette forme :

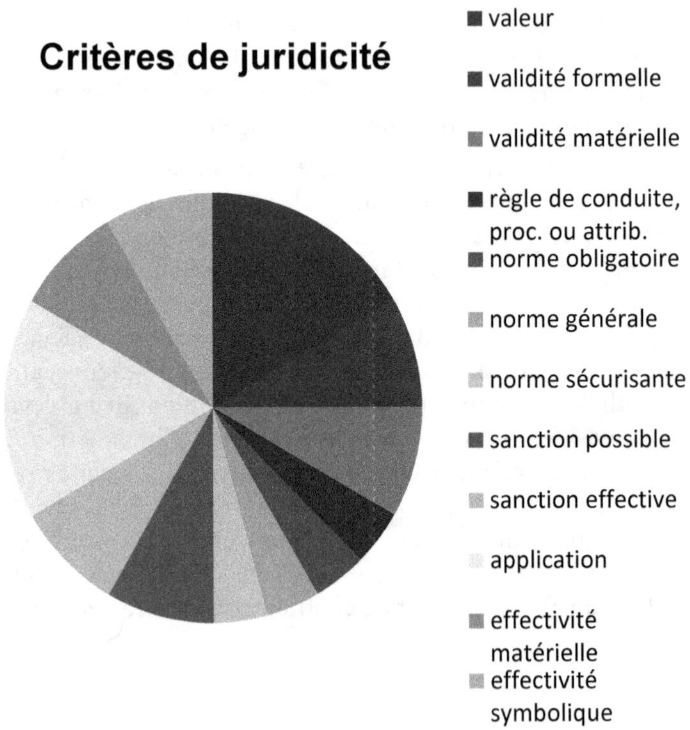

À l'instar de la juridicité qui serait une qualité connaissant différents niveaux d'intensité, la valeur juridique, la validité juridique, les qualités nomo-juridiques, la sanction juridique, l'application juridique et l'effectivité seraient des propriétés susceptibles d'être entièrement, nullement mais aussi partiellement acquises par les normes. Aussi, au moment de mesurer la force juridique d'une norme donnée, convient-il d'observer objectivement — ou de juger subjectivement pour ce qui est de la valeur — si chaque critère est :

- ⇨ nullement rempli (0/4)
- ⇨ faiblement rempli (1/4)
- ⇨ moyennement rempli (2/4)
- ⇨ fortement rempli (3/4)
- ⇨ pleinement rempli (4/4)

Il s'agit donc de noter le niveau de satisfaction à un critère sur une sous-échelle allant de 0 à 4. Lorsque des sous-critères de juridicité existent (par exemple effectivité matérielle et effectivité symbolique ou existence de la sanction et effectivité de la sanction), les critères sont remplis à mesure du niveau de satisfaction à chacun de ces sous-critères. L'application de chaque critère de juridicité à une norme suppose ainsi une évaluation particulière basée sur les différents indices et éventuels sous-critères décrits dans la définition lexicographique du droit.

Bien sûr, la juridicité est avant tout une réalité de l'esprit, soit une réalité souple, aux contours incertains et sujette à de multiples interprétations, si ce n'est déformations, d'autant plus que le langage du droit n'atteindra jamais le degré de formalisation du langage mathématique. Toujours est-il qu'en exploitant de la sorte chacun des six critères de juridicité, l'objectif est de parvenir à établir le niveau de force juridique d'une norme de la manière la moins arbitraire possible. Une fois la norme étudiée passée au crible de tous les critères et sous-critères de juridicité, il reste à en déduire sa position sur l'échelle de juridicité. Or cette dernière est une échelle particulière car ses différents échelons ne correspondent pas à des indicateurs précis directement accessibles aux sens tels que certaines sciences naturelles en connaissent[1]. Ils coïncident simplement avec le niveau moyen de réponse aux six critères de juridicité.

Section 2. *Comment calculer le niveau de juridicité d'une norme*

Pour mesurer la force juridique d'une norme, il convient tout d'abord d'observer si elle remplit chacun des six critères de juridicité. Une fois cette opération effectuée, il suffit d'additionner les six « scores » obtenus par la norme. Le niveau de satisfaction à chacun des critères étant noté sur 4, la force juridique pourrait être exprimée sur une échelle allant de 0 à 24 (6 x 4).

---

[1] Par exemple, l'échelle de Beaufort, qui permet de mesurer la force du vent, s'appuie sur l'aspect visuel de la mer : force 1 : quelques rides ressemblant à des écailles de poisson, aucune écume ; force 5 : vagues modérées, moutons, éventuellement embruns ; force 8 : tourbillons d'écumes à la crête des lames, trainées d'écume ; force 12 (maximale) : air plein d'écume et d'embruns, mer entièrement blanche du fait des bancs d'écume dérivants etc.

Toutefois, afin de conférer aux résultats de plus grandes clarté et capacité évocatrice, peut-être mieux vaut-il retenir une échelle ne comportant qu'onze échelons, allant de 0 à 10. Aussi la somme obtenue sur 24 après application des six critères de juridicité doit-elle encore être divisée par 2,4. Le résultat de ce rapide calcul est la *force juridique de la norme étudiée sur l'échelle de juridicité*[1].

Se pose ensuite la question des qualificatifs à accoler aux échelons de l'échelle de juridicité. Considérer que l'échelon 5/10 correspondrait à une juridicité moyenne, exactement entre la juridicité nulle et la juridicité absolue, permettrait de faire entrer un trop grand nombre de normes généralement considérées comme non juridiques dans le cercle des normes au moins moyennement juridiques, si bien que les résultats ne seraient guère cohérents avec la réalité de la pensée juridique. De plus, les auteurs qui retiennent plusieurs critères de juridicité y voient généralement des critères cumulatifs ; il suffirait donc que l'une des conditions ne soit pas remplie pour devoir exclure la norme en cause du domaine juridique, si bien qu'une norme notée 7/10 ou 8/10 sur l'échelle de juridicité ne serait pas juridique aux yeux de ces auteurs. C'est pourquoi une approche pyramidale de la force juridique est ici retenue : les niveaux 1/10 et 2/10 ainsi que les niveaux 3/10 et 4/10 sont confondus.

---

[1] Puisque ce résultat n'est que la déclinaison d'une succession d'estimations plus ou moins approximatives de la réalité juridique, il semble préférable de toujours l'arrondir à l'unité la plus proche. Paradoxalement, chercher à calculer la juridicité au dixième ou au centième de point près serait davantage source d'à-peu-près scientifique.

L'échelle de juridicité comporte ainsi onze échelons traduits en huit niveaux d'intensité juridique différents :

⇨ ⓪ : juridicité nulle

⇨ ① : juridicité très faible

⇨ ② : juridicité très faible

⇨ ③ : juridicité faible

⇨ ④ : juridicité faible

⇨ ⑤ : juridicité moyenne-faible

⇨ ⑥ : juridicité moyenne

⇨ ⑦ : juridicité moyenne-forte

⇨ ❽ : **juridicité forte**

⇨ ❾ : **juridicité très forte**

⇨ ❿ : **juridicité absolue**

Par exemple, si une norme *x* répond aux six critères de juridicité de la façon suivante :

- valeur juridique : 4/4
- validité juridique : 1/4
- qualités nomo-juridiques : 1/4
- sanction juridique : 4/4
- application juridique : 0/4
- effectivité : 4/4

Le calcul de son niveau de juridicité est : $(4 + 1 + 1 + 4 + 0 + 4) \div 2,4 = 5,8$.

La force juridique de cette norme *x* est de niveau ⑥, c'est-à-dire *moyenne*.

Et il est possible de la représenter graphiquement de la manière suivante :

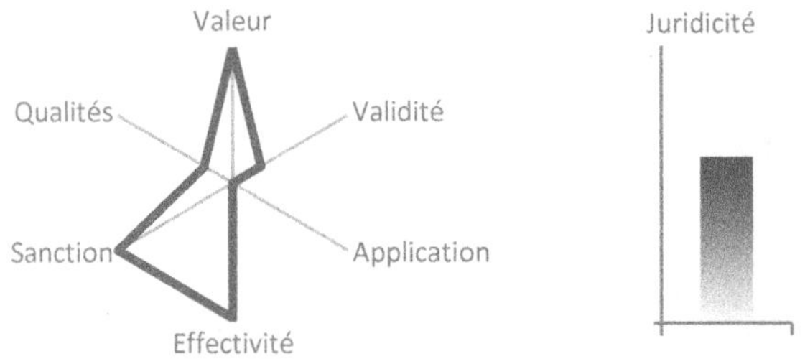

Les résultats peuvent être exprimés au moyen de ce graphique-type afin de conférer à la force juridique des normes une représentation visuelle, intuitive et ludique. Les trois critères les plus abstraits en occupent la partie haute (valeur juridique, validité juridique et, dans une moindre mesure, qualités nomo-juridiques) ; les trois critères les plus concrets en occupent la partie basse (effectivité, application juridique et, dans une moindre mesure, sanction juridique). Le lecteur peut ainsi percevoir si la force juridique d'une norme penche du côté de son pôle abstrait et dogmatique, si elle dépend de son côté concret et pragmatique ou si elle est équilibrée.

Par ailleurs, l'échelle de juridicité proposant une voie alternative aux approches binaires et manichéennes selon lesquelles il ne saurait exister de quelconque espace entre le droit et le non-droit, il ne paraît guère souhaitable de faire de l'un des échelons de cette échelle le niveau au-dessus duquel les normes concernées devraient être dites « juridiques » et en-dessous duquel elles devraient être dites « non juridiques ». La théorie syncrétique obligerait en effet à *faire le deuil de l'idée d'un seuil de juridicité, d'une frontière nette entre domaine du droit et domaine du non-droit*. L'échelle de juridicité ne saurait aller sans conception graduelle du droit ; et cette conception graduelle du droit semble interdire de tracer une quelconque ligne de démarcation entre le droit et les autres systèmes normatifs des sociétés. Seules les normes dont la force juridique est de niveau ⓪ sur l'échelle de juridicité peuvent être qualifiées, sans hésitation, de « non juridiques ». Toutes les autres normes, qu'elles soient absolument ou très faiblement juridiques, possèderaient *au moins une dimension juridique* et, à ce titre, seraient susceptibles de compter au nombre des objets d'étude des juristes.

Par suite, en procédant ainsi, l'échelle de juridicité évite peut-être de « s'empêtrer dans l'écueil du relativisme total où tout voire n'importe quoi mérite d'être dit juridique »[1]. En effet, voir en toute norme une règle de droit sans autre forme de procès — ce qui est le point de vue du panjuridisme brut — et distinguer différents paliers de juridicité, donc procéder à une

[1] D. DE BÉCHILLON, *Qu'est-ce qu'une règle de droit ?*, Odile Jacob, 1997, p. 108.

hiérarchisation des normes au départ de leurs forces juridiques respectives, constitueraient deux approches fort différentes quoiqu'aboutissant toutes deux à permettre au scientifique du droit de ne se refuser aucun objet d'étude pour cause de non-juridicité. Quand beaucoup de théories du droit procèdent de conceptions essentialistes, séparant radicalement la normativité juridique des autres formes de normativité, l'échelle de juridicité incite à accepter la réalité d'*entrecroisements entres le monde du droit et les autres mondes normatifs* — de celui de la morale à celui de la religion en passant par celui de la courtoisie[1].

Bien sûr, toutes ces considérations ne mériteraient aucune attention dès lors que l'échelle de juridicité ne produirait que des résultats aléatoires, peu pertinents et/ou inexploitables. Aussi convient-il, avant de songer plus avant aux implications de la juridicité graduelle attachée à cette échelle, de procéder à son expérimentation, à sa mise à l'épreuve, c'est-à-dire de *mesurer concrètement la force juridique de quelques « normes-cobayes »*.

Section 3. *L'expérimentation de l'échelle de juridicité*

L'instrument de mesure est l'outil le plus essentiel en même temps que le mieux reconnaissable de tout scientifique. Or la vocation de tout instrument de mesure et, plus généralement, de tout accessoire scientifique est d'être mis en pratique afin d'obtenir des résultats concrets et d'en tirer toutes les conséquences. L'échelle de juridicité doit donc être utilisée immédiatement afin de mesurer la force juridique de normes positives, loin des cas d'école et des conjectures. La théorie syncrétique du droit, grâce à cette échelle, répondrait à la définition de la science en tant que domaine de connaissances qui découlent de mises à l'épreuve, de tests et d'expériences. Karl Popper, qui évoquait la « scientificité des théories », liait cette scientificité à la « possibilité d'être testé »[2]. C'est pourquoi il convient à présent de tester la théorie syncrétique en testant l'échelle de juridicité.

Au terme de l'expérimentation de l'échelle de juridicité, il devrait être possible de répondre à diverses questions dont, par exemple, celle de la *possibilité du pluralisme juridique* — c'est-à-dire celle de la possibilité que

---

[1] Par exemple, une norme donnée pourrait très bien revêtir un haut niveau de force morale et un faible niveau de force juridique, ou inversement, loin de devoir nécessairement appartenir soit au monde du droit, soit au monde de la morale. Ensuite, rien n'interdirait aux juristes de privilégier l'étude des normes fortement ou absolument juridiques, délaissant les normes à la juridicité moins bien assurée. Au contraire du panjuridisme brut, l'échelle de juridicité permettrait ainsi d'affiner le tri entre les phénomènes normatifs et de perfectionner la capacité à motiver le choix de certains objets d'étude au détriment d'autres.

[2] K. POPPER, *Conjectures et réfutations – La croissance du savoir scientifique*, trad. M.-I. et M. B. de Launay, Payot (Lausanne), 1985, p. 65.

des organisations privées indépendantes des États, indépendantes des « pyramides » publiques, produisent des règles de droit. Ce n'est qu'après avoir obtenu une réponse positive à cette question qu'il deviendrait loisible au chercheur d'entreprendre une étude relative à la *réalité du pluralisme juridique*, donc relative à la concurrence effective entre puissances publiques et puissances privées dans la production des règles de droit. La théorie syncrétique se présenterait ainsi tel un soubassement conceptuel décisif pour l'étude concrète du pluralisme juridique parce qu'elle permettrait au chercheur *en droit* d'examiner toutes les normes et toutes les sources de normes, quelles qu'elles soient et sans devoir systématiquement, en présence d'une nouvelle norme, se demander « est-ce du droit ? »[1].

Les travaux touchant à la réalité empirique du pluralisme juridique peuvent prendre des tournures radicalement différentes en fonction des conclusions retenues à l'issue des recherches relatives à la possibilité théorique du pluralisme juridique. Par exemple, si l'hypothèse de départ était que seules les normes produites ou, du moins, validées par l'État intègrent le monde du droit, il ne serait guère utile de mener quelque enquête de terrain afin de rechercher si le pluralisme des sources du droit existe concrètement puisque, par hypothèse, cette existence serait impossible. Il faut que les manifestations observées soient d'identique nature pour composer un pluralisme. Par conséquent, l'échelle de juridicité pourrait servir de fondement à diverses recherches sur le pluralisme juridique tant, souvent, ces recherches ne s'intéressent qu'à la réalité du pluralisme juridique, ignorant la problématique de sa possibilité bien que celle-ci semble constituer une prémisse décisive.

Mais encore faut-il procéder concrètement à l'expérimentation de l'échelle de juridicité afin d'obtenir quelques enseignements relatifs au périmètre du droit et aux rapports de force juridiques au sein des systèmes de régulation sociale. Cet instrument de mesure se voulant explicite et ludique, les résultats seront présentés de manière systématique en s'appuyant sur le graphique-type précédemment esquissé — qui comporte dans sa partie haute les trois critères de juridicité les plus dogmatiques et dans sa partie basse les

[1] Pour s'intéresser à la réalité empirique du pluralisme juridique, il faudrait déjà avoir admis — et plutôt consciemment et explicitement qu'inconsciemment ou implicitement — sa possibilité théorique. Du côté de la possibilité du pluralisme juridique, il s'agit d'interroger une qualité : la qualité juridique des normes produites par les puissances privées. Du côté de la réalité du pluralisme juridique, il s'agit d'interroger une quantité : la quantité de normes juridiques produites par les puissances privées. Or il semble difficile au juriste de juger de la réalité du pluralisme juridique sans s'être au préalable posé les questions « quelles sont les limites de l'objet d'étude ? » et, par suite, « qu'est-ce qu'une règle de droit ? ». Si, à l'aune de l'échelle de juridicité, il s'avérait que toute source de normes sociales serait nécessairement une source de normes juridiques — même si, peut-être, les normes d'origine privée seraient en général nettement moins juridiques que les normes d'origine étatique —, alors le juriste pourrait engager une étude empirique de ces normes d'origine privée.

trois critères de juridicité les plus pragmatiques. Et la force juridique des normes sera à chaque fois comparée à leur force normative — *i.e.* à leur effectivité matérielle, à leur capacité à modeler *de facto* les conduites humaines et sociales, ce qui renvoie au point de vue de leurs destinataires.

La *famille des normes* comporterait trois genres principaux : celui des normes naturelles, celui des normes personnelles et celui des normes sociales. En ces pages, seront examinées diverses *espèces normatives* apparentées au *genre des normes sociales*, chacune à travers un ou plusieurs spécimen(s) normatif(s) particulier(s). Ainsi les différentes normes retenues en tant qu'exemples — en tant que « normes-cobayes » — proviendront-elles des cinquante-huit formes de normativité ou textures normatives suivantes :

- la Constitution (n° 1) ;
- la loi (n° 2) ;
- la jurisprudence (n° 3) ;
- le principe fondamental reconnu par les lois de la République (n° 4) ;
- le droit de la collectivité territoriale (n° 5) ;
- le droit de l'État fédéré (n° 6) ;
- le *common law* (n° 7) ;
- le droit de l'Union européenne (n° 8) ;
- le droit du Conseil de l'Europe (n° 9) ;
- le droit international (n° 10) ;
- le règlement (n° 11) ;
- la circulaire et la directive (n° 12) ;
- la Déclaration des droits de l'homme et du citoyen (n° 13) ;
- le droit de l'autorité administrative indépendante (n° 14) ;
- l'accord collectif (n° 15) ;
- le règlement intérieur (n° 16) ;
- le contrat (n° 17) ;
- le contrat-type (n° 18) ;
- la coutume (n° 19) ;
- l'usage (n° 20) ;
- la doctrine (n° 21) ;
- l'adage (n° 22) ;
- le droit transnational (n° 23) ;
- la charte et le code de bonne conduite privés (n° 24) ;
- le droit local (n° 25) ;

- la morale (n° 26) ;
- la bienséance (n° 27) ;
- la religion (n° 28) ;
- la loi mafieuse (n° 29) ;
- la règle familliale (n° 30) ;
- la règle de groupe (n° 31) ;
- la règle de la tribu (n° 32) ;
- le droit antique (n° 33) ;
- le droit romain (n° 34) ;
- le droit médiéval (n° 35) ;
- le droit nazi (n° 36) ;
- la loi du talion (n° 37) ;
- la spécification technique (n° 38) ;
- la norme comptable (n° 39) ;
- la norme managériale (n° 40) ;
- le mode alternatif de résolution des conflits (n° 41) ;
- le label (n° 42) ;
- le standard (n° 43) ;
- le protocole (n° 44) ;
- l'algorithme (n° 45) ;
- la meilleure pratique (n° 46) ;
- la statistique (n° 47) ;
- le sondage (n° 48) ;
- l'indicateur de performance (n° 49) ;
- le classement (n° 50) ;
- la règle de grammaire (n° 51) ;
- la règle du jeu (n° 52) ;
- la règle de l'art (n° 53) ;
- le suivisme (n° 54) ;
- le *nudge* (n° 55) ;
- la loi économique (n° 56) ;
- la loi physique (n° 57) ;
- la norme personnelle (n° 58).

Nota bene : Les prochaines pages consisteront en une expérimentation de l'échelle de juridicité, donc en une application systématique (par nature répétitive) des critères de juridicité relevés et de la méthode de mesure de la force juridique préconisée. Aussi ces pages n'ont-elles pas vocation à être lues *in extenso* mais davantage à être librement consultées, librement parcourues. Le lecteur pourra, à sa convenance, se concentrer sur quelques-uns des cas normatifs étudiés ou bien s'enquérir uniquement des résultats (le niveau de juridicité obtenu pour chaque norme) sans s'attarder sur les explications fournies.

Espèce normative n° 1. — La Constitution

➢ *Premier exemple : l'article 6 de la Constitution française*

• *Norme étudiée* : « La loi fixe les règles concernant les droits civiques et les garanties fondamentales accordées aux citoyens pour l'exercice des libertés publiques ».

• *Niveau de juridicité* : ❾ (très forte)

• *Détail* : valeur : 4/4 ; validité : 4/4 ; qualités : 3/4 ; sanction : 4/4 ; application : 4/4 ; effectivité : 4/4

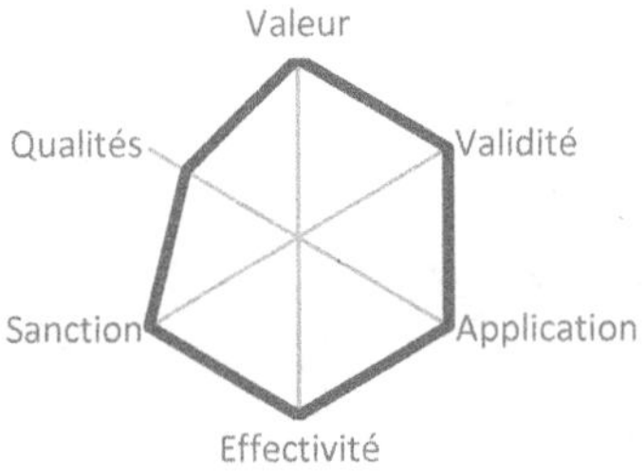

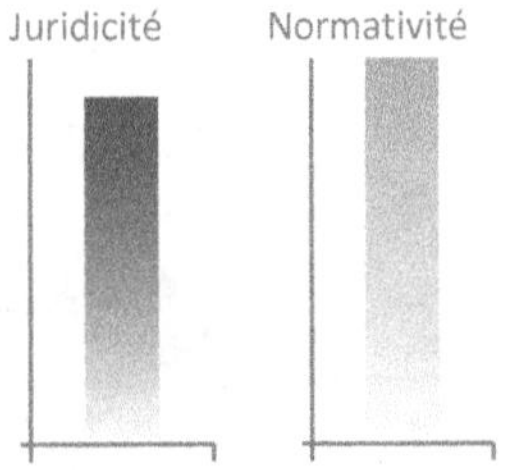

• *Explication* : Cette norme semble très légitime puisqu'elle permet de concrétiser des idéaux républicains et démocratiques en confiant au législateur la compétence de créer les règles applicables aux libertés publiques ; en même temps, elle limite les prérogatives des députés et sénateurs, ce qui s'avère bienvenu au regard des précédents historiques (IVe République) et du besoin de rationalisation du parlementarisme en France. — Cette norme de niveau constitutionnel est entièrement valide tant formellement que matériellement dans l'ordre normatif étatique, un ordre normatif très développé juridiquement. — Il s'agit d'une norme de procédure, dont l'objet est d'organiser le fonctionnement des institutions et des organes de l'ordre normatif ; elle est obligatoire, donc impérative, prescriptive ; elle est aussi générale, soit abstraite, impersonnelle et permanente ; en revanche, l'expression « garanties fondamentales pour l'exercice des libertés publiques » paraît trop vague pour qu'elle puisse être appliquée sans subir de fortes orientations interprétatives, si bien qu'elle ne remplit pas la condition de sécurité juridique. — L'ordre normatif comporte des normes de sanction applicables en cas de non-respect de cette norme (censure par le Conseil d'État des actes règlementaires intervenant dans le domaine des droits civiques et des garanties fondamentales accordées aux citoyens pour l'exercice des libertés publiques) ; cette sanction est, aujourd'hui, largement effective. — Les organes exécutifs appliquent cette norme lorsque les conditions sont réunies pour qu'elle le soit ; dans les faits, cette interprétation n'est que rarement créatrice. — Cette norme procédurale est par conséquent pleinement effective tant matériellement que symboliquement.

➢ *Deuxième exemple : le préambule de la Constitution*

• *Norme étudiée* : « Le peuple français proclame solennellement son attachement aux Droits de l'homme et aux principes de la souveraineté nationale tels qu'ils ont été définis par la Déclaration de 1789, confirmée et complétée par le préambule de la Constitution de 1946, ainsi qu'aux droits et devoirs définis dans la Charte de l'environnement de 2004 » (al. 1er).

• *Niveau de juridicité* : ❽ (forte)

• *Détail* : valeur : 4/4 ; validité : 4/4 ; qualités : 0/4 ; sanction : 4/4 ; application : 4/4 ; effectivité : 4/4

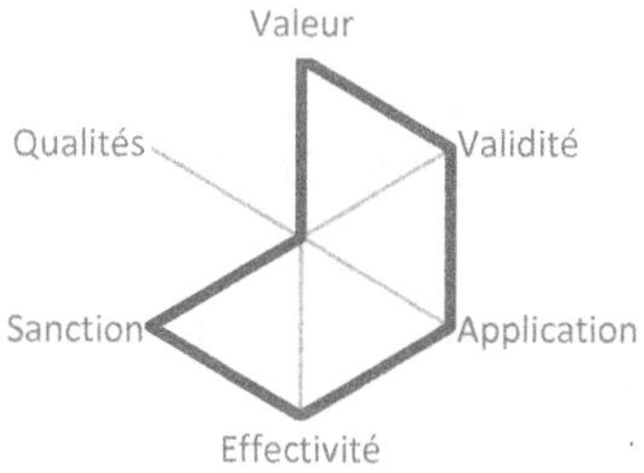

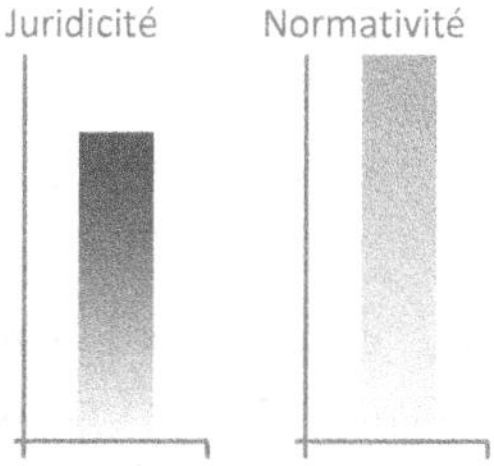

• *Explication* : Cette disposition peut être jugée très légitime dès lors qu'elle vise à protéger les droits de l'homme ou encore l'environnement. — Elle est valide tant formellement que matériellement dans l'ordre normatif étatique, donc dans un ordre normatif très développé juridiquement. — S'il s'agit d'une norme de procédure et si elle est obligatoire, ce n'est qu'à cause d'interventions subséquentes des organes exécutifs, mais elle ne revêt pas ces qualités en soi (en tant que contenu normatif porté par un contenant normatif) ; en soi, il s'agit d'une proclamation, déclamation ou déclaration ; l'usage de l'expression « proclame son attachement » introduit un manque de transparence quant à l'effet réellement recherché qui porte atteinte à la sécurité juridique ; dans tous les cas, ne s'agissant pas d'une norme en bonne et due forme, aucun sous-critère à l'intérieur du critère des qualités *nomo*-juridiques ne saurait être rempli (par définition, l'obligatoriété, la généralité et la sécurité ne se rapportent qu'à des normes). — Le non-respect de cette disposition est, aujourd'hui, visé par des normes de sanction qui sont effectivement appliquées, notamment par le Conseil constitutionnel. — Les organes exécutifs mettent en œuvre cette disposition lorsque les conditions sont réunies pour qu'elle le soit ; ils en font même une application très extensive. — En conséquence, cette déclaration à la grande portée normative est, désormais, largement effective matériellement et pleinement effective symboliquement.

• *Note* : L'extrait du préambule étudié revêt une force juridique très élevée. Il peut sembler normal que ce préambule de la Constitution, texte suprême de l'ordre juridique étatique, supporte une telle disposition. Cependant, antérieurement à la décision de Conseil constitutionnel du 16 juillet 1971 (« Liberté d'association »), la juridicité de celle-ci était nettement plus faible. En particulier, son application, son effectivité et l'effectivité de sa sanction n'étaient que partiellement assurées. Aujourd'hui, les textes de loi pouvant interroger les droits de l'homme, la souveraineté nationale ou la défense de l'environnement sont quasi-systématiquement déférés au Conseil constitutionnel afin qu'il contrôle leur conformité à la Constitution mais aussi à son préambule et, par suite, à l'ensemble du « bloc de constitutionnalité ».

➢ *Troisième exemple : l'article 11 de la Constitution (une disposition non applicable : le référendum d'initiative partagée (point de vue retenu : avant le 1er janvier 2015, date de l'entrée en vigueur de la loi organique n° 2013-1114 du 6 décembre 2013 portant application de l'article 11 de la Constitution))*

• *Norme étudiée* : « Un référendum portant sur un objet mentionné au premier alinéa peut être organisé à l'initiative d'un cinquième des membres du Parlement, soutenu par un dixième des électeurs inscrits sur les listes électorales » (al. 3, entrée en vigueur dans les conditions fixées par les lois et lois organiques nécessaires à son application).

• *Niveau de juridicité* : ⑤ (moyenne-faible)

• *Détail* : valeur : 3/4 ; validité : 4/4 ; qualités : 4/4 ; sanction : 0/4 ; application : 0/4 ; effectivité : 1/4

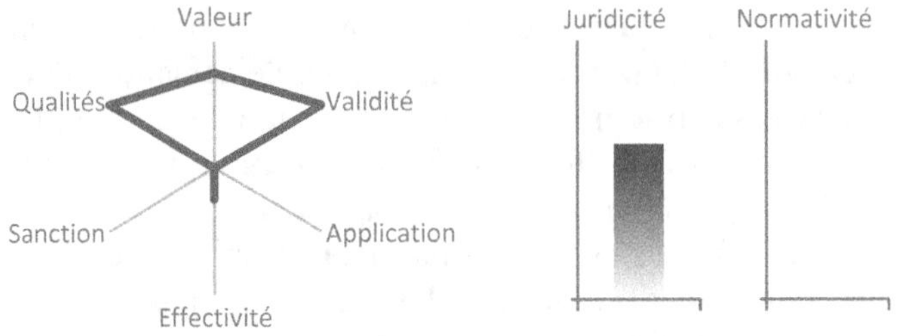

• *Explication* : La valeur de cette norme peut être jugée relativement importante dès lors qu'elle a pour objet de permettre à la population de se saisir du pouvoir législatif ; toutefois, cela se trouve relativisé par le besoin que l'initiative première provienne d'un cinquième des membres de l'Assemblée nationale et du Sénat. — Cette disposition d'ordre constitutionnel est valide tant formellement que matériellement dans l'ordre normatif étatique, soit un ordre normatif très développé juridiquement. — Elle s'analyse à la fois telle une règle procédurale, organisant le fonctionnement des institutions et des organes de l'ordre normatif, et telle une règle attributive, créant un droit ou un pouvoir au profit de ses destinataires ; elle est générale et obligatoire (en ce qu'elle interdit d'entraver l'exercice du droit ou pouvoir octroyé) ; elle est précise et satisfait donc l'exigence de sécurité juridique. — Au moment retenu pour l'étude (avant sa mise en application par la loi organique n° 2013-1114 du 6 décembre 2013), cette norme n'était associée à aucune sanction. — De même, à cet instant, aucune autorité exécutive ne l'appliquait. — Elle était donc totalement ineffective matériellement ; symboliquement, elle était l'objet de fortes critiques de la part de ses destinataires qui attestaient du fait qu'elle était loin d'être bien reçue de tous.

• *Note* : Une norme non applicable et donc non appliquée ne saurait profiter d'un degré élevé de force juridique. Le graphique montre que, si elle tend à satisfaire le pan abstrait des exigences de la juridicité, il en va très différemment de leur pan concret. La fin du droit est son application. La règle qui a une existence abstraite mais non une existence concrète ne pourrait être une règle juridique en bonne et due forme, même lorsqu'elle est parfaitement valide dans un ordre étatique et qu'elle est de niveau constitutionnel. Aujourd'hui, après être entrée en vigueur grâce à la loi organique du 6 décembre 2013, son niveau de juridicité a progressé sensiblement. Toutefois, sa force juridique n'est sans doute pas devenue de plus haut niveau tant cette règle n'est que très rarement mobilisée par ses destinataires — qui sont aussi, s'agissant d'une norme attributive, ses bénéficiaires.

➢ *Quatrième exemple : l'article 87 de la Constitution (une disposition proclamatoire)*

• *Norme étudiée* : « La République participe au développement de la solidarité et de la coopération entre les États et les peuples ayant le français en partage ».

• *Niveau de juridicité* : ④ (faible)

• *Détail* : valeur : 2/4 ; validité : 4/4 ; qualités : 0/4 ; sanction : 1/4 ; application : 1/4 ; effectivité : 1/4

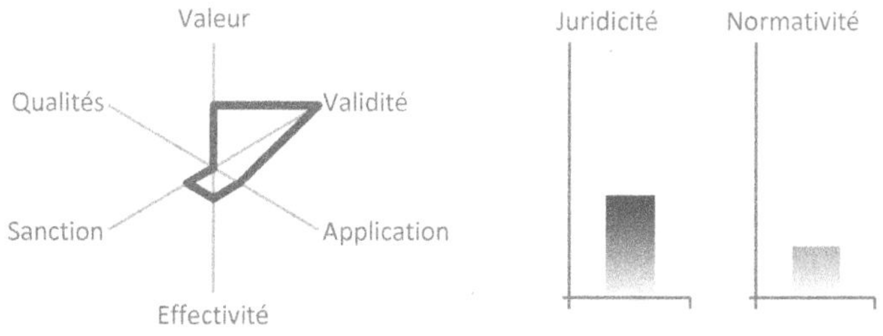

• *Explication* : La valeur de cette disposition peut être jugée moyenne : d'une part, il est légitime de promouvoir la solidarité et la coopération entre États et entre peuples ; d'autre part, il ne semble guère bienvenu (cela pourrait même être dangereux), au XXIe s., de n'avoir d'égards que pour les populations partageant la même culture (en l'occurrence la même langue) au détriment des autres populations. — Cette disposition est à la fois valide formellement et valide matériellement au sein de l'ordre normatif étatique, donc au sein d'un ordre normatif très développé juridiquement. — Il ne s'agit ni d'une norme comportementale, ni d'une norme procédurale, ni d'une norme attributive, mais seulement d'un texte proclamatoire ; par conséquent, aucun sous-critère à l'intérieur du critère des qualités *nomo*-juridiques ne saurait être rempli (par définition, l'obligatoriété, la généralité et la sécurité ne portent que sur ce qui constitue une norme). — Son excessive généralité fait que ce texte n'est guère sanctionnable et encore moins sanctionné. — *De facto*, il n'est mobilisé que rarement par les autorités exécutives. — Son effectivité, plus forte symboliquement que matériellement bien que nombre de gouvernants puissent ne pas y adhérer, n'en demeure pas moins faible (d'ailleurs, lorsque la République s'enquiert de la situation des États et des peuples ayant le français en partage, ce n'est pas nécessairement sur la base de l'article 87 de la Constitution).

• *Note* : La représentation graphique de cette disposition proclamatoire indique combien elle est naturellement portée à remplir les critères abstraits de juridicité bien mieux que ses critères concrets. Telle serait la vocation des normes à portée symbolique plus que pratique. La conséquence est une force juridique faible. Le droit au sens fort ne saurait se passer de sanction, d'application et d'effectivité. Il semble que, dès lors que la normativité d'une norme est faible, celle-ci ne puisse guère espérer atteindre un haut niveau de juridicité.

➢ *Cinquième exemple : l'article 16 de la Constitution (les pleins pouvoirs du Président de la République)*

• *Norme étudiée* : « Lorsque les institutions de la République, l'indépendance de la nation, l'intégrité de son territoire ou l'exécution de ses engagements internationaux sont menacées d'une manière grave et immédiate et que le fonctionnement régulier des pouvoirs publics constitutionnels est interrompu, le Président de la République prend les mesures exigées par ces circonstances » (al. 1er).

• *Niveau de juridicité* : ⑤ (moyenne-faible)

• *Détail* : valeur : 1/4 ; validité : 3/4 ; qualités : 2/4 ; sanction : 0/4 ; application : 3/4 ; effectivité : 2/4

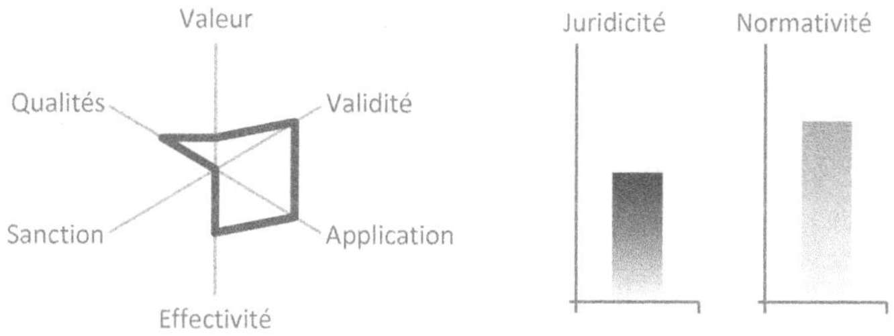

• *Explication* : Cette disposition apparaît peu légitime dans un État Républicain (on ne retrouve d'ailleurs guère d'équivalent dans les autres régimes démocratiques) ; la compatibilité des pleins pouvoirs avec l'État de droit est douteuse et ils semblent contraires aux principes politiques supérieurs de séparation des pouvoirs et de démocratie ; néanmoins, leur éventuelle utilité en cas de crise grave mérite d'être soulignée. — Cette norme est valide formellement dans l'ordre juridique étatique ; elle l'est également matériellement puisque, en tant que norme de niveau constitutionnelle, elle se trouve au sommet de la « pyramide » des normes et n'a besoin d'être conforme à aucune règle supérieure ; cela doit néanmoins être relativisé par sa délicate cohabitation avec le reste du « bloc de constitutionnalité », par sa difficile intégration dans l'environnement constitutionnel. — Cette norme peut s'analyser telle une norme de procédure et telle une norme attributive ; elle est générale puisque son destinataire est tout individu occupant la fonction de « Président de la République » ; les conditions de la possibilité de recourir à cette disposition ainsi que les « mesures exigées par les circonstances » susceptibles d'être prises en conséquence sont trop imprécises, ouvrant la voie à un arbitraire contraire à la sécurité juridique ; cela amène à considérer que cette disposition n'est pas obligatoire mais facultative pour son destinataire. — En effet, aucune norme de l'ordre juridique ne prévoit la sanction du non-respect de cette norme, non-respect qui serait difficile à évaluer en raison du manque de précision précédemment évoqué, à moins que cet article 16 soit mobilisé en des circonstances manifestement non exceptionnelles. — Cette règle n'a été appliquée qu'à une seule reprise jusqu'à présent ; mais rien n'indique qu'elle aurait dû l'être plus souvent. — Elle est ainsi plutôt effective matériellement et plutôt ineffective symboliquement.

Espèce normative n° 2. — La loi

➢ *Premier exemple : l'article 221-3 du Code pénal (relatif à l'assassinat)*

• *Norme étudiée* : « Le meurtre commis avec préméditation constitue un assassinat. Il est puni de la réclusion criminelle à perpétuité ».

• *Niveau de juridicité* : ❾ (très forte)

• *Détail* : valeur : 4/4 ; validité : 4/4 ; qualités : 4/4 ; sanction : 3/4 ; application : 4/4 ; effectivité : 3/4

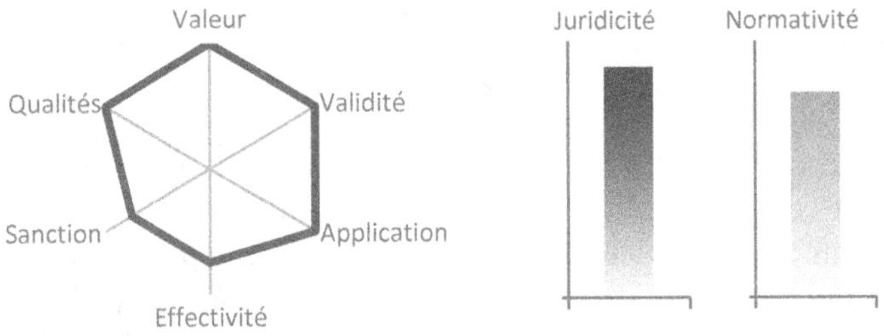

• *Explication* : Cette norme ne semble pouvoir qu'être soutenue d'un point de vue axiologique puisqu'elle vise à assurer la paix sociale en prohibant l'assassinat. — Elle est valide formellement et matériellement dans un ordre normatif très juridique : l'ordre étatique. — Il s'agit d'une norme de conduite obligatoire et générale clairement compréhensible ; si elle se borne à définir l'assassinat sans disposer expressément que celui-ci est interdit, tel est bien son objet et c'est bien ainsi que ses destinataires la comprennent univoquement dès lors qu'elle est directement associée à une sanction. — Cette disposition prévoit donc la sanction de quiconque ne la respecterait pas : la « réclusion criminelle à perpétuité », une sanction de nature pénale ; l'effectivité de cette sanction est forte sans être parfaite : si, régulièrement, des assassins ne sont pas sanctionnés, cela s'explique par leur faculté à camoufler leurs gestes ou à se cacher et non par un refus des organes juridictionnels de prononcer la sanction, mais cette sanction n'en demeure pas moins pour une part ineffective. — Les juges appliquent systématiquement cette norme lorsqu'ils sont en mesure de le faire. — L'effectivité symbolique ou psychologique de cette norme est très forte tant ceux qui l'enfreignent n'en jugent pas moins souvent qu'ils commettent des actes regrettables ; matériellement ou comportementalement, l'effectivité est forte sans être pleine puisqu'il arrive régulièrement que des assassinats soient commis.

➢ *Deuxième exemple : l'article 1240 du Code civil (relatif à la responsabilité délictuelle du fait personnel)*

• *Norme étudiée* : « Tout fait quelconque de l'homme, qui cause à autrui un dommage, oblige celui par la faute duquel il est arrivé à le réparer ».

• *Niveau de juridicité* : ❾ (très forte)

• *Détail* : valeur : 4/4 ; validité : 4/4 ; qualités : 4/4 ; sanction : 3/4 ; application : 4/4 ; effectivité : 3/4

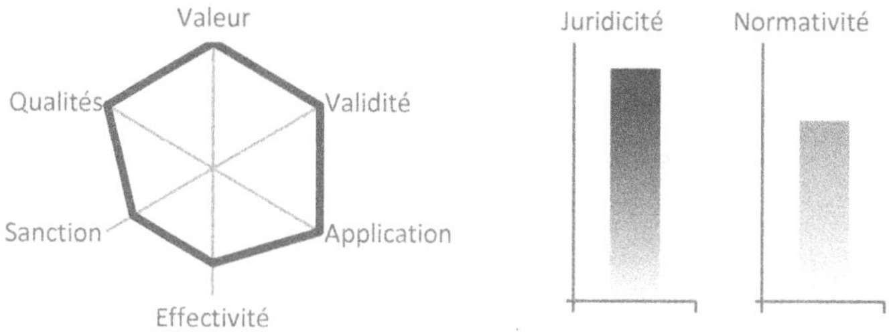

• *Explication* : Cette disposition, obligeant chacun à réparer les éventuels dommages qu'il causerait à autrui à travers ses agissements, est largement légitime puisqu'elle tend à concrétiser les idéaux de justice sociale et de paix sociale. — Elle est valide formellement et matériellement dans l'ordre étatique, un ordre normatif très développé juridiquement. — Il s'agit d'une norme de comportement générale et obligatoire ; elle est intelligible et largement connue de ses destinataires qui sont tous les citoyens, donc conforme au besoin de sécurité juridique. — Une sanction accompagne cette norme, c'est-à-dire que son ordre normatif comporte une règle de procédure prévoyant que toute personne y contrevenant sera sanctionnée par une autorité juridictionnelle ; mais cette sanction n'est pas parfaitement effective, pas systématiquement prononcée et exécutée à chaque fois que la norme est violée ; de nombreux individus, lorsqu'ils causent un dommage à autrui, ne sont pas amenés à le réparer, notamment dès lors qu'aucune action en justice n'est engagée par la victime. — Reste que les juges appliquent systématiquement cet article du Code civil lorsque les cas qui leur sont soumis s'y prêtent. — Partant, l'effectivité symbolique de cette norme est très élevée tandis que son effectivité matérielle s'avère plus limitée tant il se trouve beaucoup de situations entrant normalement dans son champ d'application qui néanmoins y échappent.

• *Note* : Une telle norme ne possède pas une juridicité absolue car il lui manque la forte normativité sans laquelle une règle perd une part de sa raison d'être. En revanche, du point de vue des critères abstraits, la représentation graphique montre combien il s'agit de l'archétype de la règle de droit.

➢ *Troisième exemple : le principe de précaution dans le Code de l'environnement*

• *Norme étudiée* : « L'absence de certitudes, compte tenu des connaissances scientifiques et techniques du moment, ne doit pas retarder l'adoption de mesures effectives et proportionnées visant à prévenir un risque de dommages graves et irréversibles à l'environnement à un coût économiquement acceptable » (art. L. 110-1-II-1° du Code de l'environnement).

• *Niveau de juridicité* : ⑥ (moyenne)

• *Détail* : valeur : 4/4 ; validité : 4/4 ; qualités : 2/4 ; sanction : 0/4 ; application : 2/4 ; effectivité : 2/4

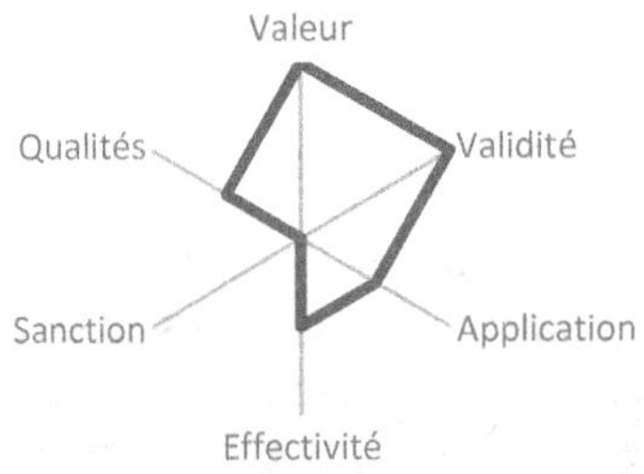

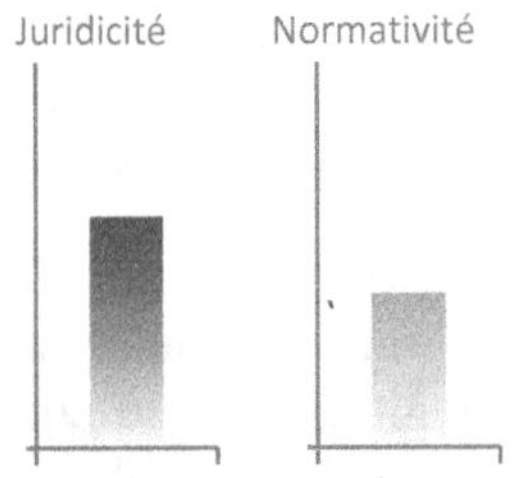

• *Explication* : Cette norme poursuit l'objectif de protection de l'environnement, lequel ne semble pouvoir être jugé que très légitime. — Elle est valide tant formellement que matériellement dans l'ordre juridique étatique. — Il s'agit d'une norme de procédure puisque ses destinataires sont les gouvernants et les administrateurs ; si elle est générale, elle n'est en revanche guère obligatoire mais plutôt déclarative et incitative ; cette absence d'obligatoriété n'est d'ailleurs pas sans lien avec son caractère flou puisqu'il est difficile de saisir la portée exacte des concepts de « coût économiquement acceptable » et de « mesures proportionnées ». — La violation du principe de précaution ainsi conçu n'est donc guère l'objet d'une sanction expresse. — Les organes exécutifs appliquent de façon mitigée cette norme ; d'ailleurs, celle-ci donne lieu à des décisions de justice contradictoires, plus ou moins favorables à la défense de l'environnement.

— Son effectivité est moyenne ; elle est ô combien effective symboliquement mais beaucoup moins dans les faits où les gouvernants peuvent privilégier d'autres intérêts que l'intérêt environnemental.

• *Note* : La force juridique du principe de précaution est une question qui, depuis une quinzaine d'années, agite la doctrine. Bien que consacré par la loi, sa juridicité n'est que moyenne. La représentation graphique montre que ce principe rencontre des résistances diverses au moment de sa mise en œuvre, en premier lieu parce qu'il s'avère trop imprécis. Les tergiversations dans les applications juridictionnelles, notamment, l'empêchent d'atteindre un plus haut degré de force juridique.

➢ *Quatrième exemple : l'article 1587 du Code civil (une disposition supplétive de volonté et désuète)*

• *Norme étudiée* : « À l'égard du vin, de l'huile, et des autres choses que l'on est dans l'usage de goûter avant d'en faire l'achat, il n'y a point de vente tant que l'acheteur ne les a pas goûtées et agréées ».

• *Niveau de juridicité* : ③ (faible)

• *Détail* : valeur : 1/4 ; validité : 2/4 ; qualités : 3/4 ; sanction : 2/4 ; application : 0/4 ; effectivité : 0/4

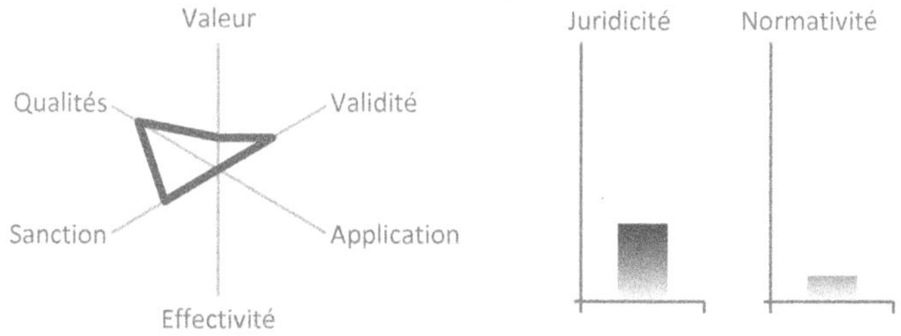

• *Explication* : Cette norme peut être jugée peu légitime aujourd'hui, provenant d'un autre temps et n'ayant guère vocation à régir les ventes de vin et d'huile au XXIe s. eu égard aux changements dans les habitudes de consommation par rapport à ce qu'elles étaient au moment de son entrée en vigueur, soit en 1804. — Elle est valide formellement dans l'ordre juridique étatique ; matériellement, outre qu'elle est susceptible de contrevenir à d'autres dispositions régissant les contrats de vente, elle s'appuie sur un usage qui n'en est plus un, ce qui lui interdit toute validité matérielle. — Il s'agit d'une norme de conduite générale ; elle est claire et intelligible ; en revanche, elle n'est pas obligatoire puisque seulement supplétive de volonté. — L'ordre juridique prévoit la sanction de son non-respect, mais cette sanction est ineffective. — Les organes exécutifs n'appliquent guère cette norme désormais désuète. — Son effectivité est excessivement faible sans être nulle, tant matériellement que symboliquement ; les ventes de vin, d'huile ou d'autres produits (dans la très grande majorité des cas dans des supermarchés) n'impliquent que très rarement la possibilité d'y goûter et les destinataires de cette norme, qu'ils soient vendeurs ou acheteurs, ne conçoivent généralement pas qu'ils devraient procéder à une quelconque dégustation avant la vente ; ainsi l'absence de « droit de goûter » n'est-elle pas le fruit de volontés contraires à la norme mais celui d'une ignorance de la norme ; il n'y a plus guère qu'en cas d'achat de vin directement au domaine qu'une dégustation est organisée, mais vendeurs et acheteurs, même dans cette situation, ne considèrent que rarement qu'ils se conforment de la sorte à une prescription du Code civil.

• *Note* : Malgré son caractère supplétif de volonté et surtout sa désuétude, cette disposition parvient tout de même à revêtir une faible force juridique. Pour cela, elle profite de quelques critères d'ordre abstrait : qualités nomo-juridiques, validité formelle et existence de la sanction dans l'ordre normatif. La représentation graphique montre qu'elle n'a, en revanche, quasiment aucune existence dans le pan concret de la juridicité. La question d'une éventuelle disparition de la loi du fait de son inapplication n'est, selon la « dogmatique juridique », qu'une problématique factuelle sans rapport avec son existence en droit « positif », cela aussi longtemps qu'aucune norme de l'ordre juridique ne prévoit la disparition juridique de la loi en raison de sa disparition factuelle. Cela n'empêche guère une baisse du niveau de juridicité pour cause de désuétude. Tant qu'elle n'est pas abrogée, la loi demeure « en vigueur », mais une vigueur de plus en plus fébrile.

➢ *Cinquième exemple : une règle de « droit mou »*

• *Norme étudiée* : « La famille est une des valeurs essentielles sur lesquelles se fonde la société. C'est sur elle que repose l'avenir de la nation » (loi du 25 juill. 1994 relative à la famille, art. 1er).

• *Niveau de juridicité* : ③ (faible)

• *Détail* : valeur : 2/4 ; validité : 4/4 ; qualités : 0/4 ; sanction : 0/4 ; application : 0/4 ; effectivité : 1/4

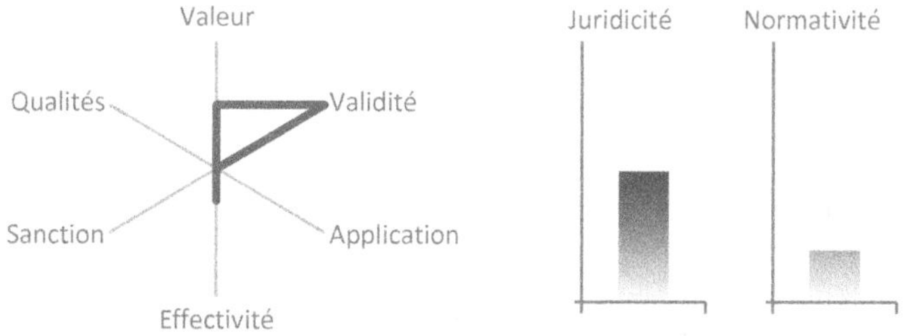

• *Explication* : Cette disposition visant à consacrer la « valeur famille » au niveau législatif peut être jugée relativement légitime ; néanmoins, il est possible de retenir, subjectivement, que cette valeur, certes importante, ne justifie pas d'aller jusqu'à l'ériger en « fondement de la société » ni en « fondement de l'avenir de la nation ». — Il s'agit d'une disposition valide tant formellement que matériellement dans l'ordre normatif étatique, donc dans un ordre juridique très fortement développé juridiquement. — Elle n'est ni une règle de conduite, ni une règle de procédure, ni une règle attributive ; elle n'est pas obligatoire puisqu'il s'agit d'une disposition proclamatoire, seulement déclarative ; elle ne saurait satisfaire l'exigence de sécurité juridique dès lors qu'il est difficile de saisir les fins et les moyens qui s'y attachent ; elle pèche donc par excès d'imprécision et manque de portée normative ; aucun sous-critère à l'intérieur du critère des qualités *nomo*-juridiques ne saurait être rempli puisque, par définition, l'obligatoriété, la généralité et la sécurité ne portent que sur ce qui constitue une norme. — L'ordre normatif n'attache pas de sanction à cette disposition qui peut difficilement être violée. — Les organes exécutifs de l'ordre juridique ne la mobilisent que rarement ; ils l'ignorent très régulièrement. — Elle présente une effectivité symbolique moyenne, tant la famille est érigée au panthéon des valeurs par une partie de la population et est délaissée par une autre partie de cette population ; son effectivité matérielle est plutôt faible ; en effet, le sort réservé à la « valeur-famille » au sein de la population est bien davantage la conséquence d'autres formes de normativité que celle d'une mise en adéquation des comportements avec cette proclamation d'ordre législatif.

➢ *Sixième exemple : l'interdiction du port du pantalon (une loi caduque)*

• *Norme étudiée* : « Toute femme désirant s'habiller en homme doit se présenter à la Préfecture de police pour en obtenir l'autorisation. [...] Cette autorisation ne peut être donnée qu'au vu d'un certificat d'un officier de santé » (« loi » du 26 brumaire an IX de la République).

• *Niveau de juridicité* : ② (très faible)

• *Détail* : valeur : 0/4 ; validité : 1/4 ; qualités : 4/4 ; sanction : 0/4 ; application : 0/4 ; effectivité : 0/4

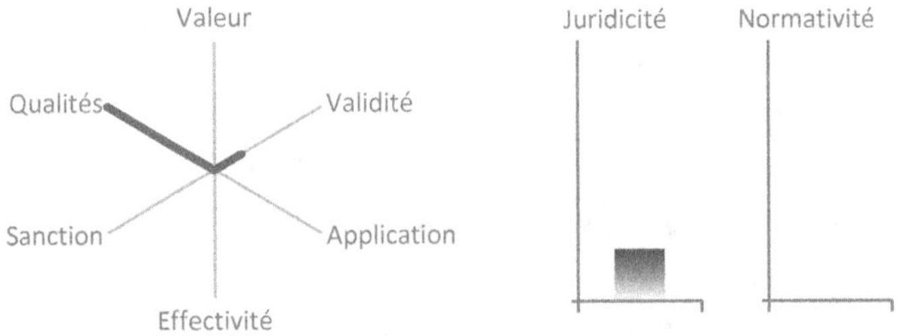

• *Explication* : Cette norme apparaît illégitime car contraire au principe d'égalité, car elle opère une discrimination négative entre hommes et femmes. — Elle n'est pas valide matériellement dans son ordre normatif de référence puisque la Constitution y consacre l'égalité en droit des femmes et des hommes ; elle semble à moitié valide formellement dès lors que, le 31 janvier 2013, le ministère des droits des femmes a publié un communiqué afin d'indiquer que ce texte était « implicitement abrogé » ; or l'abrogation implicite est difficile à retenir sous l'angle de la validité formelle. — Cette norme est une norme de conduite obligatoire et générale ; elle est également claire et intelligible, satisfaisant le besoin de sécurité juridique. — Aucune sanction n'est prévue dans l'ordre normatif en cas d'infraction à cette disposition ; infraction qui est d'ailleurs devenue la « norme ». — Les organes exécutifs n'appliquent aujourd'hui en aucun cas cette norme. — Actuellement, son effectivité est nulle autant symboliquement que matériellement.

• *Note* : Il s'agit ici d'un cas d'école. Le terme « loi » doit être compris au sens large puisque le texte en cause est, en réalité, une ordonnance du préfet de police de Paris. Il n'a été appliqué que dans 81 communes du département de la Seine. Par ailleurs, peut être noté, en guise d'anecdote, que deux circulaires de 1892 et 1909 ont assoupli cette règle en autorisant le port du pantalon « si la femme tient par la main un guidon de bicyclette ou les rênes d'un cheval ».

Espèce normative n° 3. — La jurisprudence

➢ *Premier exemple : un principe général du droit*

• *Norme étudiée* : « Le commerce et l'industrie sont libres » (Conseil d'État, ass., 22 juin 1951, *Daudignac*).

• *Niveau de juridicité* : ❽ (forte)

• *Détail* : valeur : 4/4 ; validité : 1/4 ; qualités : 4/4 ; sanction : 1/4 ; application : 4/4 ; effectivité : 4/4

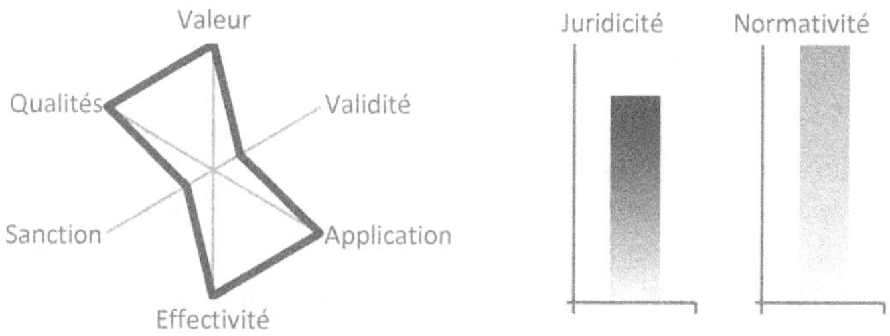

• *Explication* : Cette norme peut être jugée légitime en ce qu'elle concrétise l'idéal de liberté. — Elle n'est pas valide formellement dans l'ordre étatique officiel puisque celui-ci défend aux magistrats de produire des règles de droit à portée générale ; la décision d'un juge ne saurait donc régler une question de droit pour l'avenir et ne s'applique en principe qu'au cas jugé ; or une norme non valide formellement dans un ordre normatif est nécessairement non valide matériellement dans cet ordre ; en revanche, cette norme pourrait s'analyser comme valide tant formellement que matériellement dans une forme d'ordre normatif étatique implicite ou parallèle : l'ordre jurisprudentiel, un ordre normatif nettement moins développé juridiquement que l'ordre étatique officiel ; la jurisprudence n'existe pas dans la « pyramide » des normes étatique où il ne se trouve que des décisions juridictionnelles à portée individuelle au niveau du seuil, mais la jurisprudence donne lieu à sa propre « pyramide », laquelle repose sur des fondations beaucoup moins solides. — Il s'agit d'une norme attributive générale qui est suffisamment claire et intelligible ; elle est aussi obligatoire en ce qu'elle interdit de poser des barrières à l'exercice de cette liberté, ce qui est d'autant plus important qu'elle vient à la suite d'une époque au cours de laquelle il était possible de limiter le commerce et l'industrie. — Ce n'est que l'ordre normatif jurisprudentiel, un ordre implicite et peu développé juridiquement, qui prévoit la sanction du non-respect d'une telle norme jurisprudentielle. — Le paradoxe de la jurisprudence est que les organes exécutifs étatiques appliquent les normes jurisprudentielles alors pourtant que celles-ci ne sont pas valides dans l'ordre étatique officiel ; sans cette application, d'ailleurs, la jurisprudence disparaîtrait ; ici, les organes exécutifs appliquent cette norme lorsque les conditions sont réunies pour qu'elle le soit ; il faut rappeler que, dans le critère de l'application juridique, l'origine formelle et la validité de la norme sont indifférentes. — Aujourd'hui, cette norme est parfaitement acceptée et ses destinataires la respectent tant matériellement que symboliquement.

• *Note* : Les révolutionnaires de 1789 se sont méfiés des tribunaux et leur ont refusé toute capacité de création juridique. Avec la séparation des pouvoirs, les prérogatives législatives ne devaient appartenir qu'au Parlement, lequel exprime la volonté générale. Selon la loi des 16 et 24 août 1790, « les tribunaux ne peuvent prendre, directement ou indirectement, aucune part à l'exercice du pouvoir législatif, ni empêcher ou suspendre l'exécution des décrets du corps législatif à peine de forfaiture ». Aujourd'hui, le Code civil français interdit, par son article 5, les arrêts de règlement : « Il est défendu aux juges de prononcer par voie de disposition générale et réglementaire sur les causes qui leur sont soumises ». Pourtant, malgré cette prohibition expresse de la jurisprudence (comprise comme production juridictionnelle de normes à portée générale et impersonnelle), il est indéniable qu'elle constitue une source du droit — et non la moindre. Par conséquent, il semble que la jurisprudence forme un ordre normatif particulier distinct de l'ordre étatique officiel dans lequel aucun statut ne lui est accordé. Cela n'empêche guère le principe général du droit étudié de posséder une juridicité forte.

➢ *Deuxième exemple : un objectif à valeur constitutionnelle*

• *Norme étudiée* : « L'objectif de valeur constitutionnelle d'intelligibilité et d'accessibilité de la loi [...] impose au législateur d'adopter des dispositions suffisamment précises et des formules non équivoques » (Conseil constitutionnel, décision n° 2006-540 DC du 27 juill. 2006, *Loi relative au droit d'auteur et aux droits voisins dans la société de l'information*).

• *Niveau de juridicité* : ⑥ (moyenne)

• *Détail* : valeur : 4/4 ; validité : 1/4 ; qualités : 3/4 ; sanction : 1/4 ; application : 2/4 ; effectivité : 3/4

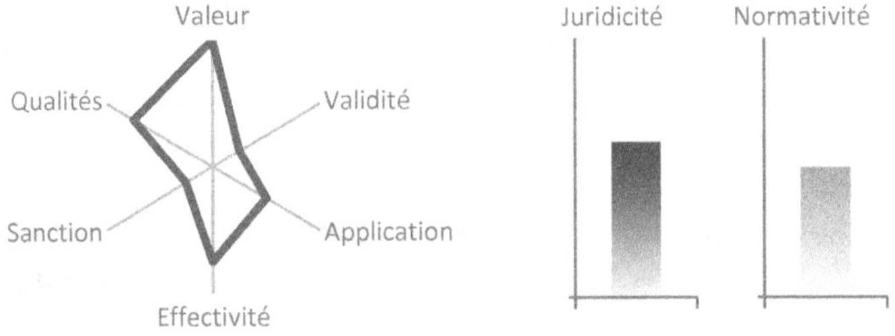

• *Explication* : Cet objectif à valeur constitutionnelle semble fort légitime d'un point de vue axiologique puisqu'il a vocation à favoriser la sécurité juridique et à diminuer l'arbitraire dans l'application des normes. — À nouveau, s'agissant d'une jurisprudence, cette règle n'est pas valide dans l'ordre étatique officiel, où la Constitution n'attribue pas au Conseil constitutionnel la compétence de créer du droit, mais seulement dans l'ordre normatif jurisprudentiel, un ordre bien moins développé que l'ordre étatique officiel ; si le Conseil attache cet objectif à valeur constitutionnelle aux articles 4, 5, 6 et 26 de la Déclaration des droits de l'homme et du citoyen, il n'en fait pas moins œuvre créatrice ; « le Conseil constitutionnel a une gomme mais il n'a pas de crayon », explique son ancien président Jean-Louis Debré. — Est en cause une norme de procédure, organisant le fonctionnement des institutions et des organes de l'ordre normatif ; celle-ci est générale et obligatoire ; paradoxalement, le caractère par trop général de sa formulation la rend imprécise car il est difficile d'en mesurer les implications, notamment de séparer ce qui est univoque et ce qui est équivoque ; en cela, il s'agit bien d'un objectif plus que d'une norme claire et précise. — Seul l'ordre normatif jurisprudentiel prévoit la sanction du non-respect de cet objectif à valeur constitutionnelle, une sanction qui n'est que moyennement effective. — Le Conseil constitutionnel applique ce principe en opportunité, au cas par cas, donc sans que cela soit systématique. — Pareille norme est entièrement effective symboliquement ; elle l'est moins matériellement puisque des textes de loi abscons sont régulièrement adoptés.

➢ *Troisième exemple : une jurisprudence du Conseil constitutionnel*

• *Norme étudiée* : « Le Conseil constitutionnel est incompétent pour contrôler la conformité d'une loi par rapport à un traité » (décision n° 75-54 DC du 15 janv. 1975, *Loi relative à l'interruption volontaire de grossesse*).

• *Niveau de juridicité* : ⑥ (moyenne)

• *Détail* : valeur : 2/4 ; validité : 0/4 ; qualités : 4/4 ; sanction : 0/4 ; application : 4/4 ; effectivité : 4/4

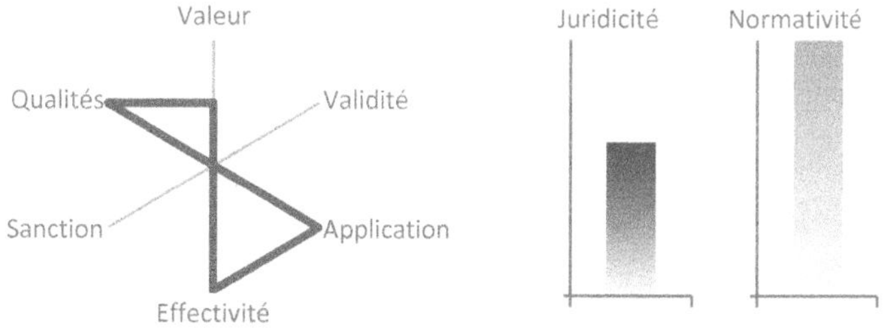

• *Explication* : Cette disposition ne paraît ni louable ni détestable en termes axiologiques. — Elle n'est valide ni formellement ni matériellement dans l'ordre étatique officiel puisque c'est normalement à la Constitution d'attribuer au Conseil constitutionnel ses compétences et d'arrêter leurs limites ; si la Constitution confie au Conseil constitutionnel la mission de veiller à son respect et si le Conseil déduit la présente règle de l'article 61 de ce texte, il n'en fait pas moins œuvre créatrice ; la validité de la norme étudiée ne saurait donc exister qu'au sein d'un ordre normatif implicite : l'ordre jurisprudentiel ; cet ordre normatif se révèle excessivement peu développé puisque le même organe est à la fois source et destinataire de la norme, une norme qu'il doit par ailleurs appliquer. — Il s'agit d'une norme de procédure ; elle est générale puisqu'elle vise l'institution qu'est le Conseil constitutionnel, quelles que soient les personnes y occupant des fonctions ; elle est obligatoire et suffisamment claire, précise et accessible à ses destinataires qui sont normalement des spécialistes du droit constitutionnel. — Il revient au Conseil constitutionnel de sanctionner le non-respect de cette norme dont il est le destinataire et la source ; ce conflit d'intérêts porte atteinte au critère de la sanction et il ne paraît pas possible de retenir l'existence d'une sanction. — Le Conseil constitutionnel, issu d'un ordre normatif très développé juridiquement, applique indéfectiblement cette règle (il faut rappeler le paradoxe de la jurisprudence qui est valide dans un ordre normatif peu ou nullement développé mais néanmoins mise en œuvre par des organes exécutifs attachés à des ordres normatifs très développés). — Cette norme est très bien acceptée, très effective tant matériellement que symboliquement.

➢ *Quatrième exemple : une jurisprudence du Conseil d'État*

• *Norme étudiée* : « Les annulations prononcées par le juge de l'excès de pouvoir n'ont pas, automatiquement, un effet rétroactif » (Conseil d'État, ass., 11 mai 2004, *Association AC ! et autres*).

• *Niveau de juridicité* : ❽ (forte)

• *Détail* : valeur : 3/4 ; validité : 3/4 ; qualités : 3/4 ; sanction : 3/4 ; application : 3/4 ; effectivité : 3/4

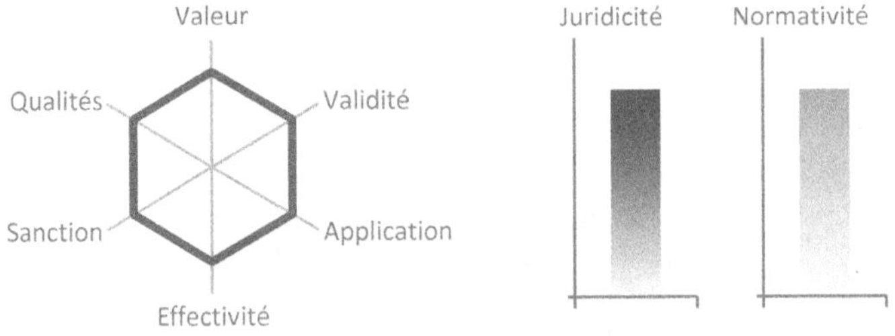

• *Explication* : Cette norme semble légitime puisqu'elle poursuit un objectif de sécurité juridique ; néanmoins, en retenant que les annulations n'ont pas « automatiquement » un effet rétroactif, elle ouvre la voie à des interprétations diverses et incertaines. — Elle est valide formellement et matériellement dans un ordre jurisprudentiel particulier : celui du droit administratif, lequel est plus développé, plus complet et cohérent, que dans beaucoup de branches du droit. — Il s'agit d'une règle de procédure qui est générale ; la nuance qu'introduit le recours à l'adverbe « non automatiquement » fait douter de son obligatoriété ainsi que de sa capacité à satisfaire le besoin de sécurité juridique puisque, au terme de cette jurisprudence, la non-rétroactivité des annulations d'actes pour excès de pouvoir est incertaine ; il est délicat de savoir quels sont les cas dans lesquels la rétroactivité ne doit pas jouer et sur quels critères le juge doit se baser pour statuer. — L'ordre normatif jurisprudentiel propre au droit administratif prévoit la sanction du non-respect de cette norme, une sanction qui est effective. — Les autorités exécutives étatiques l'appliquent, mais avec quelques hésitations et tergiversations. — Il en résulte, puisque ce sont ces organes exécutifs qui sont les destinataires de cette norme de procédure, que son effectivité tant matérielle que symbolique est élevée sans être totale.

➢ *Cinquième exemple : une jurisprudence de la Cour de justice de l'Union européenne*

• *Norme étudiée* : « Le droit du traité ne pourrait, en raison de sa nature spécifique originale, se voir judiciairement opposer un texte interne quel qu'il soit sans perdre son caractère communautaire et sans que soit mise en cause la base juridique de la Communauté elle-même » (Cour de justice des communautés européennes, arrêt du 15 juill. 1964, *Costa c/ ENEL*).

• *Niveau de juridicité* : ⑥ (moyenne)

• *Détail* : valeur : 2/4 ; validité : 1/4 ; qualités : 4/4 ; sanction : 0/4 ; application : 3/4 ; effectivité : 3/4

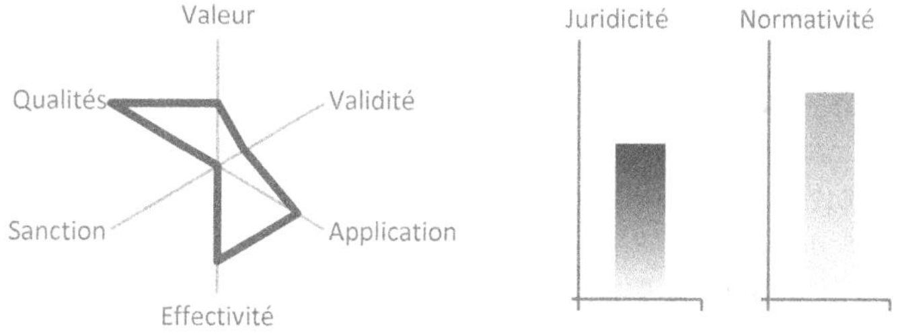

• *Explication* : Cette norme ne paraît devoir être jugée ni « bonne » ni « mauvaise » d'un point de vue axiologique. — Elle n'est pas valide formellement dans l'ordre de l'Union européenne ni dans l'ordre étatique car ces systèmes normatifs défendent aux organes juridictionnels de produire des règles à portée générale ; elle ne saurait donc être valide que dans un ordre jurisprudentiel peu développé. — Il s'agit d'une norme de procédure générale, obligatoire, claire et précise. — En cas de non-respect de cette norme par ses destinataires (les États), la CJUE peut les sanctionner, mais seulement en vertu d'un ordre normatif jurisprudentiel qui est fort peu développé ; par ailleurs, cette sanction est largement ineffective. — Les organes exécutifs étatiques n'appliquent pas tous cette norme, laquelle est plus systématiquement appliquée dans l'ordre normatif de l'Union européenne, un ordre aussi développé juridiquement que celui d'un État. — Cette norme procédurale est donc, puisque lesdits organes exécutifs sont ses destinataires, plutôt effective tant matériellement que symboliquement.

➢ *Sixième exemple : un arrêt de la Cour de cassation (une interprétation non créatrice de la loi)*

• *Norme étudiée* : « Le respect de la vie privée s'impose à l'auteur d'une œuvre de fiction » (civ. 1ère, 9 juill. 2003).

• *Niveau de juridicité* : ❾ (très forte)

• *Détail* : valeur : 4/4 ; validité : 4/4 ; qualités : 4/4 ; sanction : 3/4 ; application : 3/4 ; effectivité : 3/4

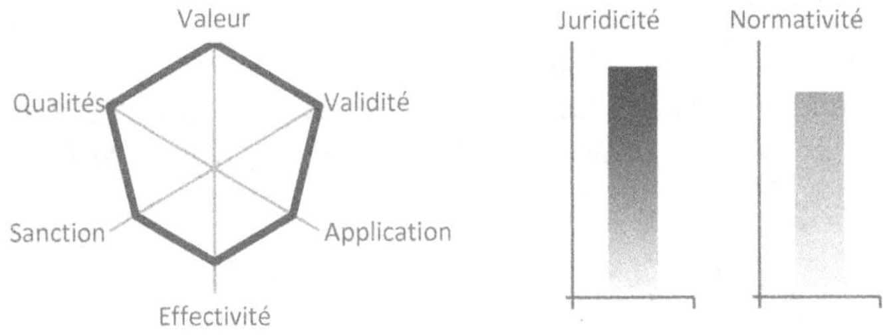

• *Explication* : Cette norme poursuit un objectif ô combien légitime : la protection de la vie privée des personnes. — Il ne s'agit pas exactement d'une jurisprudence comprise comme création juridictionnelle d'une nouvelle règle de droit mais d'une simple application non créatrice d'une norme préexistante à un contexte précis ; dès lors, la norme étudiée est bien celle portée par l'article 9 du Code civil et non une nouvelle norme produite par la Cour de cassation ; cette norme est valide tant formellement que matériellement dans l'ordre étatique officiel, peu important en l'occurrence que celui-ci attribue à la Cour de cassation une compétence de juge de la légalité mais non la compétence de créer des règles de droit originales. — Est en cause une norme de conduite, donc une norme qui définit un comportement que ses destinataires doivent, peuvent ou ne peuvent pas adopter ; cette norme est générale et obligatoire ; elle est claire et précise, accessible à ses destinataires. — S'agissant d'une simple application circonstanciée de l'article 9 du Code civil, elle s'associe automatiquement à la norme de sanction accompagnant cet article 9 ; cette sanction est toutefois imparfaitement effective car diverses atteintes à la vie privée dans des œuvres de fiction ne sont pas sanctionnées. — Les tribunaux suivent le plus souvent cette interprétation, sans que cela soit néanmoins systématique. — Cette interprétation normative est, de temps à autre, violée par des auteurs d'œuvres de fiction, plus ou moins directement puisqu'ils changent habituellement les identités des protagonistes sans que cela n'empêche d'y reconnaître des faits réels ; l'effectivité symbolique est donc forte quand l'effectivité matérielle est plus mitigée.

➢ *Septième exemple : une condamnation par un tribunal*

• *Norme étudiée* : « M. X est condamné à x euros de dommages et intérêts ainsi qu'aux dépens ».

• *Niveau de juridicité* : ❾ (très forte)

• *Détail* : valeur : 2/4 ; validité : 4/4 ; qualités : 3/4 ; sanction : 4/4 ; application : 4/4 ; effectivité : 4/4

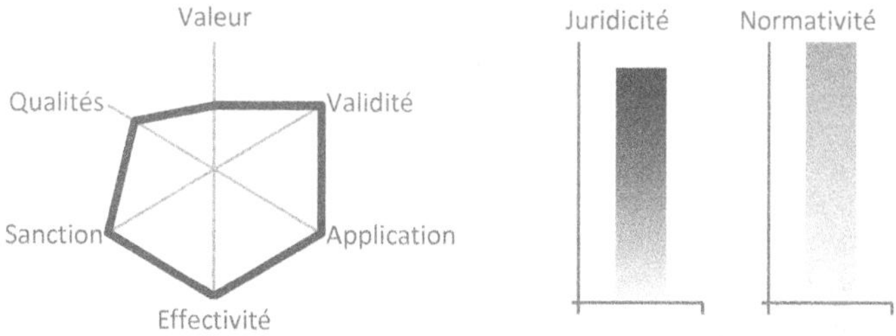

• *Explication* : Cette condamnation par un tribunal, norme à portée personnelle, ne saurait être jugée « bonne » ou « mauvaise » en l'absence d'autres précisions quant aux faits en cause. — Elle est entièrement valide formellement et matériellement dans l'ordre juridique étatique ; elle se situe au « seuil » de la « pyramide » des normes. — Il s'agit d'une norme de comportement pour certains de ses destinataires et d'une norme attributive pour d'autres ; elle est tout à fait claire et précise, ainsi qu'obligatoire ; en revanche, elle n'est pas générale ni impersonnelle mais individuelle : son destinataire est M. X. — Le non-respect de cette norme est passible d'une sanction organisée dans l'ordre juridique ; cette sanction peut être considérée comme « supposément effective » dès lors que, dans les cas similaires, les sanctions sont généralement prononcées en cas de non paiement des dommages et intérêts. — Les autorités exécutives appliquent cette norme individuelle, même si elle ne doit l'être qu'une seule fois. — En supposant que M. X accepte sa condamnation et paie les dommages et intérêts, la norme est effective symboliquement et matériellement ; elle ne le serait que matériellement s'il n'acceptait pas sa condamnation, la jugeant injuste ; elle ne le serait pas du tout si, en outre, il refusait de payer les dommages et intérêts autrement que sous la contrainte.

➢ *Huitième exemple : une condamnation par la Cour européenne des droits de l'homme*

• *Norme étudiée* : « La Cour condamne la France [car] l'accusé n'a pas disposé de garanties suffisantes lui permettant de comprendre le verdict prononcé à son encontre » (arrêt du 10 janv. 2013, *Agnelet c/ France*).

• *Niveau de juridicité* : ⑦ (moyenne-forte)

• *Détail* : valeur : 4/4 ; validité : 3/4 ; qualités : 3/4 ; sanction : 1/4 ; application : 2/4 ; effectivité : 3/4

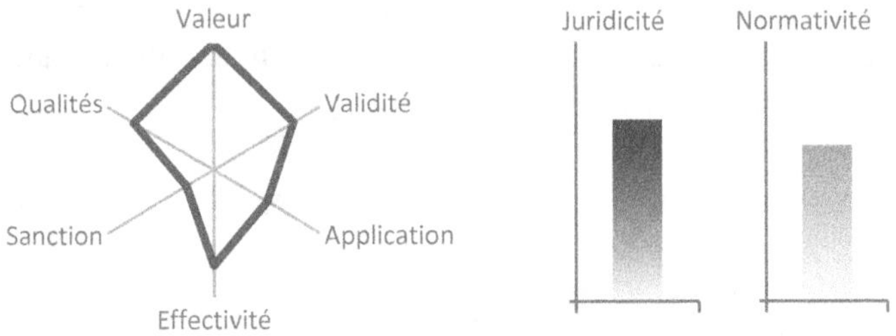

• *Explication* : Cette condamnation peut être jugée très légitime dès lors qu'elle est motivée par le droit à un procès équitable, par la norme selon laquelle toute décision de justice en matière criminelle doit être précisément motivée, par le fait que l'institution du jury populaire n'est pas conforme à l'article 6 de la Convention européenne de sauvegarde des droits de l'homme et des libertés fondamentales dès lors que ce jury est généralement dans l'incapacité de motiver en droit sa décision. — Cette norme individuelle est valide formellement et matériellement dans l'ordre normatif conventionnel du Conseil de l'Europe, lequel atteint un haut niveau de développement qui est cependant inférieur à celui d'un ordre étatique. — Il s'agit d'une norme de conduite dont le destinataire est l'État condamné ; elle est obligatoire mais non générale puisqu'elle vise individuellement un État donné ; elle satisfait l'exigence de sécurité juridique : elle est claire, précise et compréhensible. — Le système de sanction en cas de non-respect de cette condamnation (c'est-à-dire si l'État venait à l'ignorer) est très insuffisant. — De même, son application par les autorités exécutives, conventionnelles mais aussi étatiques, est aléatoire. — Son effectivité symbolique est forte ; son effectivité matérielle l'est moins.

Espèce normative n° 4. — Le principe fondamental reconnu par les lois de la République

➢ *Exemple : la liberté d'association*

• *Norme étudiée* : « Chacun est libre de créer, d'adhérer ou de refuser d'adhérer à une association ».

• *Niveau de juridicité* : ⑩ (absolue)

• *Détail* : valeur : 4/4 ; validité : 4/4 ; qualités : 4/4 ; sanction : 4/4 ; application : 4/4 ; effectivité : 4/4

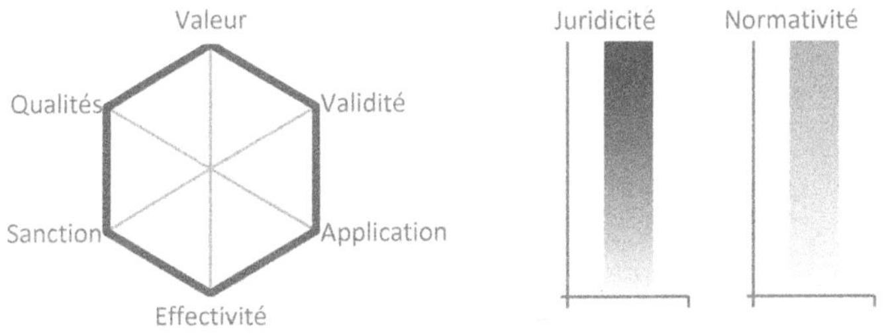

• *Explication* : Cette norme permet de concrétiser différents idéaux républicains et en premier lieu l'idéal de liberté. — Elle est parfaitement valide tant formellement que matériellement dans l'ordre juridique étatique grâce à un double renvoi ; en effet, elle a été consacrée par la loi du 1er juillet 1901 à laquelle le préambule de la Constitution de 1946 offre une continuité grâce à l'expression « principes fondamentaux reconnus par les lois de la République » ; or ce préambule de 1946 fait actuellement partie du droit positif puisque le préambule de la Constitution de 1958 y fait référence ; le Conseil constitutionnel a confirmé (sans faire œuvre créatrice à cet instant) que le préambule de la Constitution appartient à l'ordre juridique et, plus précisément, au « bloc de constitutionnalité » (décision du 16 juill. 1971, « Liberté d'association »). — Offrant la faculté de créer, d'adhérer ou de refuser d'adhérer à une association, il s'agit d'une règle de conduite obligatoire en ce qu'elle défend de porter atteinte à cette faculté ; de plus, cette règle est générale, claire et aisément intelligible. — L'ordre juridique comporte des normes de sanction en cas d'entrave à cette liberté ; cette sanction est effectivement appliquée et, notamment, les lois contraires à la liberté d'association sont censurées par le Conseil constitutionnel. — L'ensemble des organes exécutifs appliquent cette norme sans guère d'hésitation. — Elle est aujourd'hui pleinement effective tant matériellement que symboliquement.

Espèce normative n° 5. — Le droit de la collectivité territoriale

➢ *Exemple : une allocation de solidarité*

• *Norme étudiée* : « Le département des Bouches-du-Rhône accorde aux familles résidant dans le département, sous conditions de ressources, une allocation forfaitaire et unique en vue de réduire les frais d'inscription de leurs enfants à un séjour en colonie de vacances » (Direction enfance-famille du Conseil général des Bouches-du-Rhône, mai 2012).

• *Niveau de juridicité* : ❾ (très forte)

• *Détail* : valeur : 4/4 ; validité : 4/4 ; qualités : 4/4 ; sanction : 4/4 ; application : 4/4 ; effectivité : 3/4

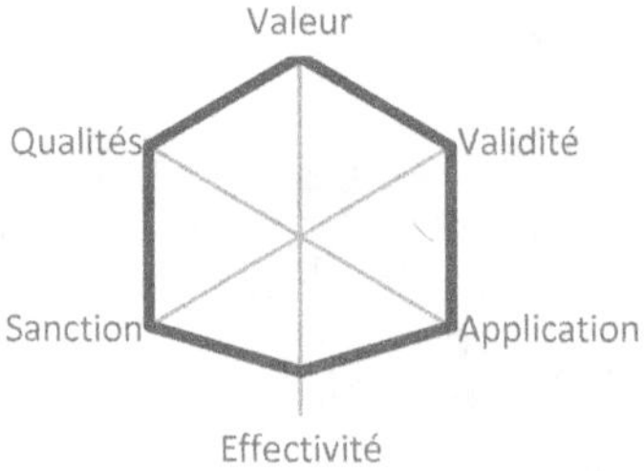

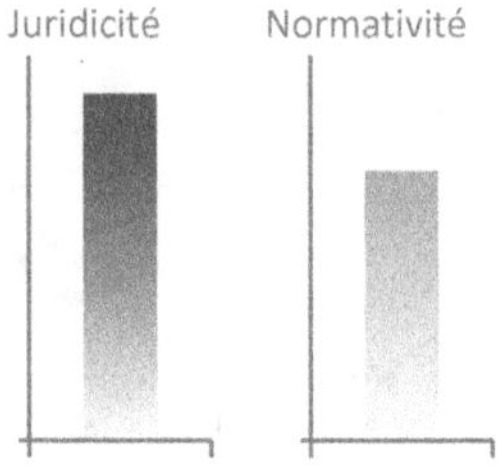

• *Explication* : Cette décision mobilise les valeurs supérieures de solidarité et d'égalité et peut donc être jugée légitime. — Elle est entièrement valide aussi bien formellement que matériellement dans l'ordre normatif de la collectivité territoriale, lequel intègre l'ordre normatif étatique et est par conséquent très développé juridiquement. — Il s'agit d'une norme attributive, soit une norme créant un droit au profit de ses destinataires qui sont les habitants du département des Bouches-du-Rhône ; elle est générale puisque bénéficiant à l'ensemble des familles, sous condition de ressources ; elle est obligatoire ; elle est claire et intelligible. — Une sanction est prévue dans l'ordre normatif en cas de non-respect de cette norme, c'est-à-dire en cas de non-versement de l'allocation aux familles y ayant droit et ayant effectué la demande ; cette sanction semble effective, intervenant dans tous les cas où un recours est effectué. — L'administration de la collectivité applique sans restriction cette norme. — Son effectivité est forte symboliquement mais incomplète matériellement car de nombreuses familles ne profitent pas de cette allocation de solidarité alors pourtant qu'elles y ont droit, cela parce qu'elles ignorent son existence.

Espèce normative n° 6. — Le droit de l'État fédéré

➢ *Exemple : une loi de l'État de Californie*

• *Norme étudiée* : « La production et la vente de tout produit résultant du gavage forcé d'un animal est interdite » (loi de 2004 du Parlement de Californie).

• *Niveau de juridicité* : ❽ (forte)

• *Détail* : valeur : 4/4 ; validité : 4/4 ; qualités : 4/4 ; sanction : 3/4 ; application : 3/4 ; effectivité : 2/4

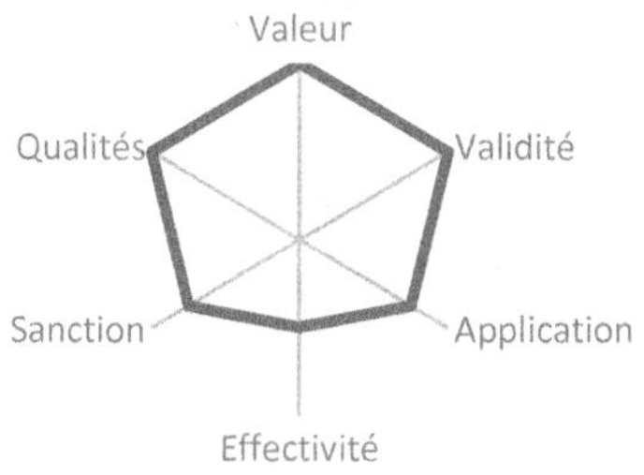

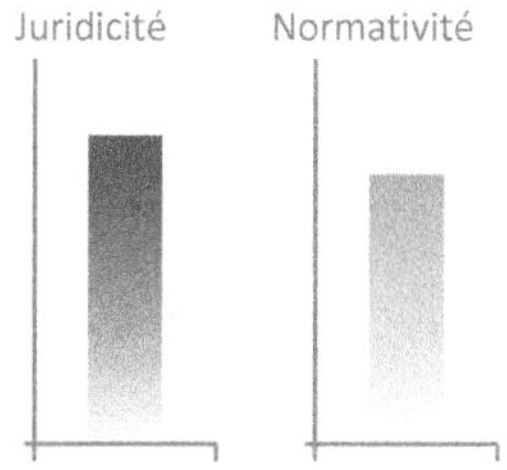

• *Explication* : Cette norme peut être jugée, subjectivement, légitime en ce qu'elle poursuit l'objectif supérieur de protection des animaux contre toutes les formes de souffrance et de maltraitance. — Elle est pleinement valide, matériellement et formellement, dans l'ordre normatif de l'État de Californie, un ordre normatif très fortement développé. — Il s'agit d'une norme de conduite obligatoire, générale, claire, précise et intelligible. — Des sanctions sont organisées dans l'ordre juridique en cas de non-respect de cette norme ; néanmoins, quelques contrevenants ne sont pas sanctionnés et parviennent à la contourner. — Les organes exécutifs appliquent généralement cette législation ; néanmoins, certains, quoique rares, s'y opposent et tentent de limiter sa mise en œuvre. — Une large majorité des producteurs et vendeurs se conforment à cette interdiction, bien que quelques infractions puissent être observées ; en revanche, symboliquement, toute une frange de ces producteurs et vendeurs s'y opposent.

Espèce normative n° 7. — Le *common law*

➢ *Premier exemple : la Constitution coutumière du Royaume-Uni*

• *Norme étudiée* : « Le Premier ministre peut dissoudre la Chambre des communes » (règle coutumière non codifiée).

• *Niveau de juridicité* : ❽ (forte)

• *Détail* : valeur : 1/4 ; validité : 4/4 ; qualités : 4/4 ; sanction : 4/4 ; application : 3/4 ; effectivité : 3/4

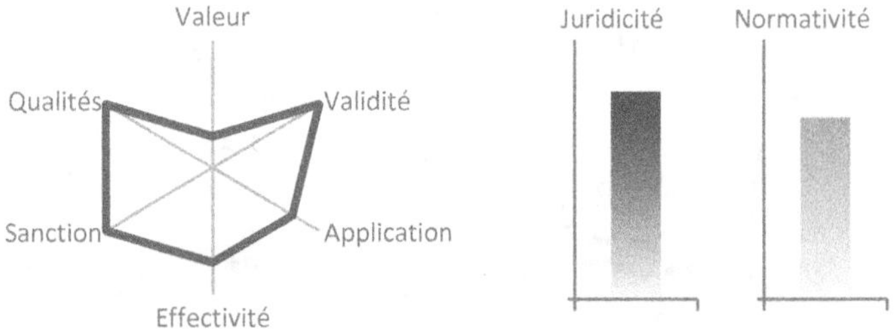

• *Explication* : Cette norme n'est pas compatible avec l'idéal républicain et démocratique de séparation stricte des pouvoirs ; sa valeur, jugée subjectivement, n'est néanmoins pas nulle puisqu'y recourir ou même simplement son existence dans le droit constitutionnel britannique peut permettre de prévenir certains blocages des institutions ainsi que certaines dérives du régime parlementaire. — Cette norme coutumière est entièrement valide formellement et matériellement dans l'ordre juridique du Royaume-Uni, lequel est un système de *common law* au sein duquel la coutume est une source reconnue et « officielle » de droit. — Il s'agit d'une norme procédurale et attributive qui est à la fois obligatoire (il est défendu d'entraver la prérogative octroyée au Premier ministre), générale (elle concerne tout Premier ministre quelle que soit son identité), claire, précise et accessible. — L'ordre juridique associe une sanction à cette règle coutumière qui, néanmoins, peut difficilement être violée ; dès lors, en l'absence de cas de non-respect de la norme non sanctionnés, la sanction peut être jugée effective. — Cette norme est rarement mise en œuvre par le Premier ministre britannique, ce qui empêche que le critère de l'application soit totalement rempli bien qu'il s'agisse d'une possibilité, d'un pouvoir discrétionnaire ; il semble que la norme ne soit pas appliquée dans certains cas où elle mériterait de l'être. — L'effectivité de cette norme procédurale et attributive est matériellement ou comportementalement forte puisque ses destinataires sont libres de la mettre en œuvre ou non et que nul, par ailleurs, n'y porte atteinte ; il faut toutefois prendre en compte le fait qu'elle soit rarement utilisée ; symboliquement ou psychologiquement, l'effectivité est également forte tant cette règle est largement acceptée dans la culture juridique britannique et, en premier lieu, parmi les gouvernants.

➢ *Second exemple : une règle de* common law *ordinaire*

• *Norme étudiée* : « Le meurtre est illégal » (ancienne et constante jurisprudence de la *Court of Appeal of England and Wales*).

• *Niveau de juridicité* : ❾ (très forte)

• *Détail* : valeur : 4/4 ; validité : 4/4 ; qualités : 4/4 ; sanction : 3/4 ; application : 4/4 ; effectivité : 3/4

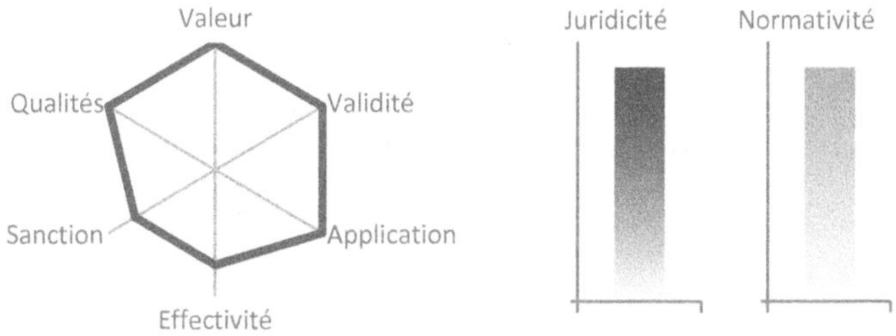

• *Explication* : Condamnant le meurtre, cette norme ne semble pouvoir qu'être jugée légitime car poursuivant les idéaux de justice et de paix sociale. — Elle est pleinement valide dans l'ordre normatif du Royaume-Uni, lequel consacre la qualité de sources du droit de la coutume et de la jurisprudence et lequel est tout autant développé juridiquement que l'ordre normatif d'un pays de droit d'inspiration romano-germanique. — Est en cause une règle de conduite obligatoire, générale, claire et compréhensible sans effort par ses destinataires. — L'ordre juridique organise la sanction du non-respect de cette norme ; toutefois, cette sanction n'est pas pleinement effective puisqu'une part des auteurs de meurtres ne sont pas sanctionnés (ils parviennent à échapper à la justice). — Les tribunaux appliquent systématiquement cette norme dès lors qu'ils se trouvent confrontés à des meurtres dont les coupables sont identifiés. — Cette disposition est très effective symboliquement, la population reconnaissant quasi-unanimement sa légitimité ; matériellement, des meurtres sont néanmoins parfois commis, empêchant l'effectivité d'être parfaite.

Espèce normative n° 8. — Le droit de l'Union européenne

➢ *Premier exemple : le Traité sur l'Union européenne*

• *Norme étudiée* : « L'Union respecte l'égalité des États membres devant les traités ainsi que leur identité nationale, inhérente à leurs structures fondamentales politiques et constitutionnelles, y compris en ce qui concerne l'autonomie locale et régionale » (art. 4).

• *Niveau de juridicité* : ❾ (très forte)

• *Détail* : valeur : 2/4 ; validité : 4/4 ; qualités : 3/4 ; sanction : 4/4 ; application : 4/4 ; effectivité : 4/4

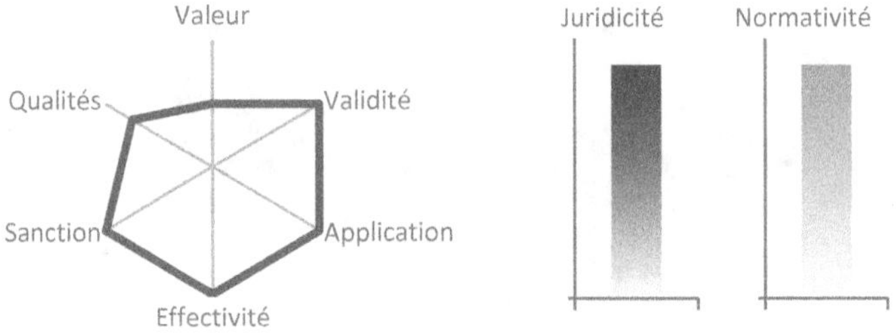

• *Explication* : Cette disposition peut être jugée relativement neutre axiologiquement dès lors qu'on considère, subjectivement, que l'identité nationale et la structure constitutionnelle de chaque État membre pourraient très bien s'effacer au profit d'autres intérêts à l'échelle de l'Union européenne. — Elle est valide à la fois matériellement et formellement dans l'ordre normatif de l'Union ; cet ordre normatif présente un degré de développement juridique très élevé : d'une part, il comporte une proportion élevée de normes de procédure et il remplit, à travers elles, les fonctions de création, d'application et de juridiction ; d'autre part, il est efficace (ses normes, globalement, sont effectives et atteignent leurs objectifs) ; la seule limite de l'ordre normatif de l'Union européenne est sa souveraineté : si l'Union produit un droit substantiel à travers ses institutions dérivées, elle n'est pas totalement libre d'élaborer, modifier et abroger les normes européennes ; les États membres gardent une certaine maîtrise sur l'Union ; cet ordre normatif n'en paraît pas moins devoir être jugé très développé juridiquement. — Est en cause une norme de procédure à la fois générale et obligatoire ; si elle est compréhensible, son caractère flou et l'imprécision de sa portée risquent de susciter un certain arbitraire dans son application, ce qui empêche de remplir l'exigence de sécurité juridique. — L'ordre normatif de l'Union européenne organise la sanction du non-respect de cette norme, une sanction qui est effective. — Les organes exécutifs de l'Union européenne appliquent dans l'ensemble cette norme. — Elle est effective aussi bien symboliquement que matériellement au sein des institutions de l'Union européenne, lesquelles sont ses destinataires.

➢ *Deuxième exemple : une directive européenne*

• *Norme étudiée* : « la teneur limite de phénol pour les utilisations en tant qu'agent conservateur est de 10 mg/kg » (Commission européenne, directive n° 2017/774, 3 mai 2017, *Modifiant, aux fins de l'adoption de valeurs limites spécifiques pour les substances chimiques utilisées dans les jouets, l'annexe II, appendice C, de la directive 2009/48/CE du Parlement européen et du Conseil relative à la sécurité des jouets en ce qui concerne le phénol*, art. 1er).

• *Niveau de juridicité* : ❽ (forte)

• *Détail* : valeur : 4/4 ; validité : 4/4 ; qualités : 3/4 ; sanction : 2/4 ; application : 4/4 ; effectivité : 3/4

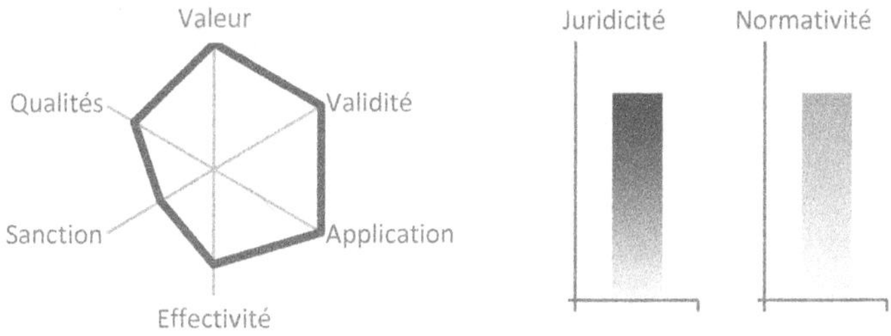

• *Explication* : Visant à protéger la santé humaine et notamment la santé des enfants, cette norme peut être jugée « bonne ». — Elle est parfaitement valide dans un ordre normatif interétatique qui atteint un niveau de développement très élevé, presque équivalent à celui d'un État. — Il s'agit d'une norme de conduite générale que ses destinataires (les fabricants de jouets mais aussi et plus encore les États membres supposés transposer la directive) peuvent comprendre sans peine ; elle est obligatoire à l'égard des États mais non à l'égard des industriels ; et, une fois transposée, ce n'est pas la directive qui devient obligatoire à l'égard des fabricants de jouets mais bien l'acte de transposition national. — Le non-respect de cette norme est l'objet d'une sanction organisée dans son ordre normatif mais qui concerne uniquement les cas de non-transposition de la directive par les États membres ; et l'effectivité de cette sanction est limitée : les États membres tardant à transposer la directive ne sont pas systématiquement ni uniformément sanctionnés. — Les organes exécutifs de l'Union européenne mettent en œuvre cette disposition lorsqu'ils le doivent. — Si la plupart des États se conforment à cette disposition, ce qui signifie qu'ils transposent la directive, des exceptions existent tant sous l'angle matériel que sous l'angle symbolique ; quant aux fabricants de jouets, l'effectivité ne doit pas être mesurée à leur niveau puisque la norme étudiée ne leur est pas directement applicable.

➢ *Troisième exemple : un règlement européen*

• *Norme étudiée* : « Le champ d'application du présent règlement devrait s'étendre à tous les aspects de droit civil d'une succession à cause de mort, à savoir tout mode de transfert de biens, de droits et d'obligations à cause de mort, qu'il s'agisse d'un acte volontaire de transfert en vertu d'une disposition à cause de mort ou d'un transfert dans le cadre d'une succession ab intestat » (Règlement n° 50/2012 du Parlement européen et du Conseil du 4 juill. 2012, *Relatif à la compétence, la loi applicable, la reconnaissance et l'exécution des décisions, et l'acceptation et l'exécution des actes authentiques en matière de successions et à la création d'un certificat successoral européen*, art. 9).

• *Niveau de juridicité* : ❽ (forte)

• *Détail* : valeur : 2/4 ; validité : 4/4 ; qualités : 4/4 ; sanction : 3/4 ; application : 3/4 ; effectivité : 3/4

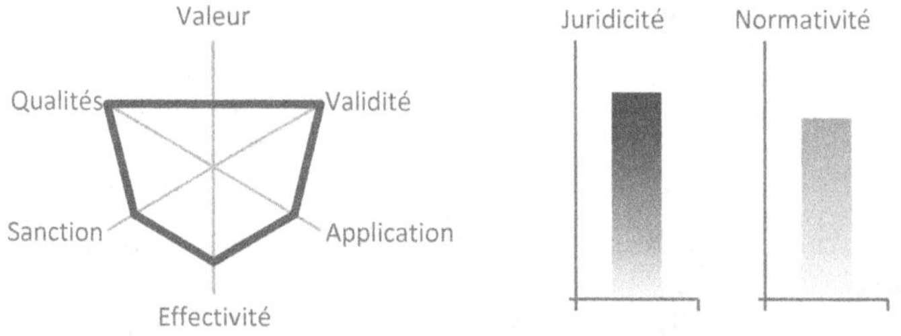

• *Explication* : D'un point de vue axiologique, cette disposition ne paraît poursuivre ni porter atteinte à aucune valeur d'essence supérieure. — Elle est valide dans l'ordre normatif de l'Union européenne ; elle l'est également, tant formellement que matériellement (mais sous réserves dépendant de l'État en cause pour l'aspect matériel), dans les ordres normatifs des États membres puisqu'un règlement européen est d'application directe, donc intègre sans modalités particulières les ordres normatifs nationaux. — Il s'agit d'une norme de conduite générale et obligatoire ; elle est claire, précise et accessible. — Le système de sanction en cas de non-respect de cette norme est imparfait : il s'appuie sur les ordres juridiques nationaux mais est moyennement effectif. — Les organes exécutifs nationaux sont parfois tentés de prendre leurs distances avec pareille règlementation ; celle-ci est néanmoins globalement appliquée. — L'effectivité de cette norme est forte sans être pleine, tant matériellement que symboliquement.

Espèce normative n° 9. — Le droit du Conseil de l'Europe

➢ *Exemple : la Convention européenne de sauvegarde des droits de l'homme et des libertés fondamentales (article 6-1 relatif au droit à un procès équitable)*

• *Norme étudiée* : « Toute personne a droit à ce que sa cause soit entendue équitablement, publiquement et dans un délai raisonnable, par un tribunal indépendant et impartial ».

• *Niveau de juridicité* : ❽ (forte)

• *Détail* : valeur : 4/4 ; validité : 3/4 ; qualités : 4/4 ; sanction : 1/4 ; application : 3/4 ; effectivité : 3/4

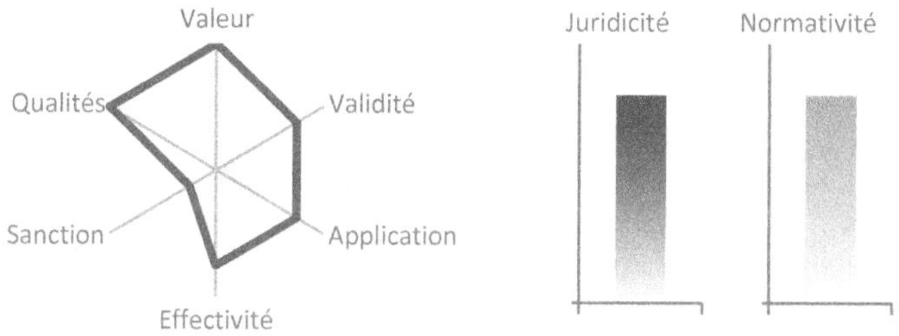

• *Explication* : Cette norme apparaît légitime tant elle poursuit un idéal de bonne justice. — Elle est valide formellement et matériellement dans un ordre normatif international relativement élaboré mais moins que peut l'être l'Union européenne ou un État. — Il s'agit, sous un angle, d'une norme attributive dont les destinataires sont les citoyens des États parties et, sous un autre angle, d'une norme de procédure dont les destinataires sont les institutions de ces États parties ; elle est générale et obligatoire ; son sens et sa portée ne laissent guère place au doute, si bien qu'elle satisfait à l'exigence de sécurité juridique. — L'ordre normatif du Conseil de l'Europe, plutôt développé, organise la sanction du non-respect de cet article 6 de la Convention de sauvegarde des droits de l'homme ; néanmoins, en raison des rouages juridictionnels de certains États parties (parfois volontairement complexes), un certain nombre d'infractions ne sont pas élevées jusqu'à elle et ne sont donc pas sanctionnées. — Dès lors qu'elle en a l'occasion, la Cour européenne des droits de l'homme, organe issu d'un ordre normatif relativement développé, applique le droit à un procès équitable. — La plupart des États respectent ce droit tant matériellement que symboliquement ; on dénombre toutefois quelques exceptions notables.

Espèce normative n° 10. — Le droit international

➢ *Premier exemple : la Charte des Nations Unies*

• *Norme étudiée* : « Le Conseil de sécurité constate l'existence d'une menace contre la paix, d'une rupture de la paix ou d'un acte d'agression et fait des recommandations ou décide quelles mesures seront prises conformément aux articles 41 et 42 pour maintenir ou rétablir la paix et la sécurité internationales » (art. 39).

• *Niveau de juridicité* : ⑥ (moyenne)

• *Détail* : valeur : 4/4 ; validité : 2/4 ; qualités : 3/4 ; sanction : 0/4 ; application : 1/4 ; effectivité : 3/4

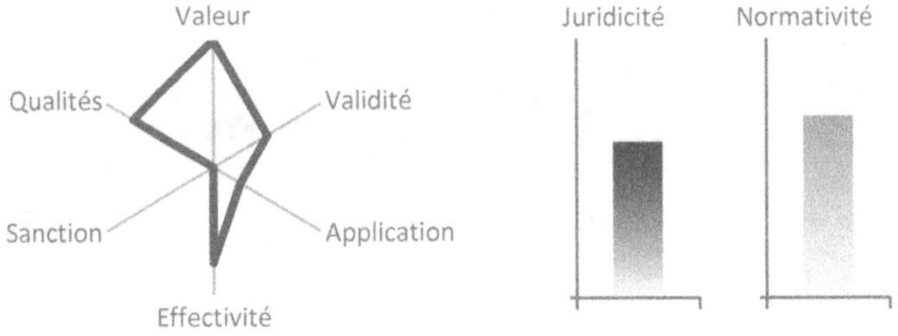

• *Explication* : Cette disposition, tirant les leçons des conflits armés mondiaux et régionaux qui ont marqué le XXe s., poursuit l'objectif ô combien impérieux de maintien de la paix entre les nations. — Elle est valide formellement et matériellement dans un ordre normatif inter-étatique dont le niveau de développement juridique est moyen : l'Organisation des Nations Unies comporte nettement moins de normes de procédure qu'un État et remplit plus difficilement qu'un État les fonctions de création, d'application et de juridiction ; de plus, l'ONU n'est pas souveraine et ses interventions normatives sont moyennement efficaces. — La norme étudiée est une norme de procédure générale (elle s'applique à la notion générique de Conseil de sécurité) et obligatoire ; elle pèche par manque de précision, laissant ouverte la possibilité de décisions arbitraires ou aléatoires de la part du Conseil de sécurité. — L'ordre normatif de cette norme ne prévoit pas de sanction pour les cas où elle ne serait pas respectée par son destinataire qui est l'une des institutions de l'ONU : le Conseil de sécurité. — Dans les faits, ce dernier applique cette norme de procédure non sans difficultés, non sans subir les conséquences de différents « blocages » ; or cet organe exécutif prend place dans un ordre normatif moyennement développé. — L'effectivité matérielle de la norme étudiée apparaît ainsi moyenne ; elle semble en revanche forte sous l'angle symbolique.

➢ *Deuxième exemple : la Déclaration universelle des droits de l'homme*

• *Norme étudiée* : « Nul ne peut être arbitrairement arrêté, détenu ou exilé » (art. 9).

• *Niveau de juridicité* : ⑥ (moyenne)

• *Détail* : valeur : 4/4 ; validité : 2/4 ; qualités : 4/4 ; sanction : 0/4 ; application : 1/4 ; effectivité : 3/4

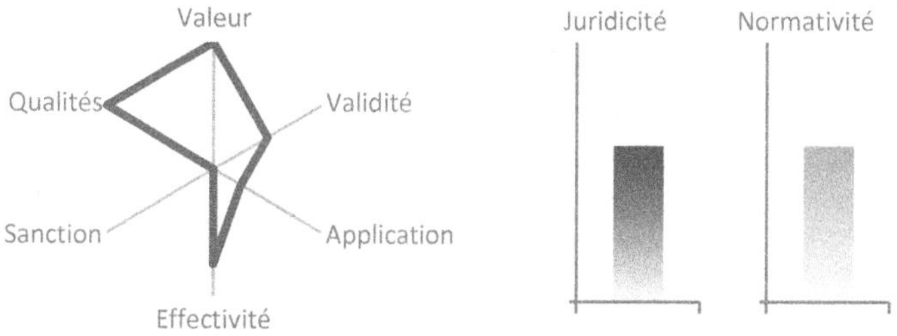

• *Explication* : Cette norme s'inscrit parmi les droits de l'homme ; elle semble à ce titre importante sous l'angle de sa valeur. — Elle est valide formellement et matériellement dans l'ordre normatif des Nations Unies, lequel est moyennement développé juridiquement. — Cette norme est à la fois une norme attributive (pour les citoyens des États) et une norme de procédure devant orienter le fonctionnement des institutions étatiques ; elle est générale ; elle apparaît aussi claire, précise et compréhensible, même si la portée de la notion d'arbitraire n'est pas la plus aisée à saisir ; elle est, enfin, obligatoire car, dans le critère des qualités nomo-juridiques, l'obligatoriété est une qualité intrinsèque à la norme, dépendant de sa formulation ou de sa traduction en termes prescriptifs, non un effet que lui attacherait un ordre normatif grâce à la validité. — Son ordre normatif n'associe pas cette norme à une sanction. — Les organes exécutifs des Nations Unies, ordre normatif moyennement développé, la mobilisent de manière aléatoire et parfois infructueuse lorsque l'occasion leur en est donnée. — L'effectivité de la norme étudiée est forte symboliquement (même dans les régimes autoritaires on affirme que nul ne saurait être arbitrairement arrêté, détenu ou exilé) ; matériellement, cette effectivité est moyenne car un certain nombre d'États ignorent cette disposition.

➢ *Troisième exemple : une résolution du Conseil de sécurité de l'ONU*

• *Norme étudiée* : « [Le Conseil] invite les groupes rebelles maliens à rompre tout lien avec les organisations terroristes, notamment AQMI et les groupes qui leur sont affiliés » (Résolution n° 2071 du 20 déc. 2012).

• *Niveau de juridicité* : ⑤ (moyenne-faible)

• *Détail* : valeur : 4/4 ; validité : 2/4 ; qualités : 2/4 ; sanction : 2/4 ; application : 2/4 ; effectivité : 0/4

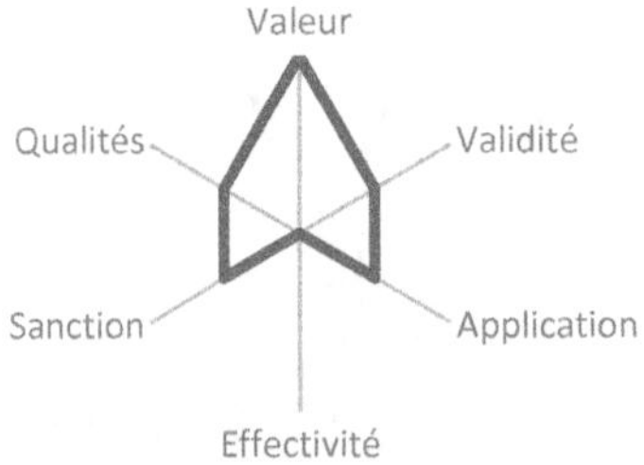

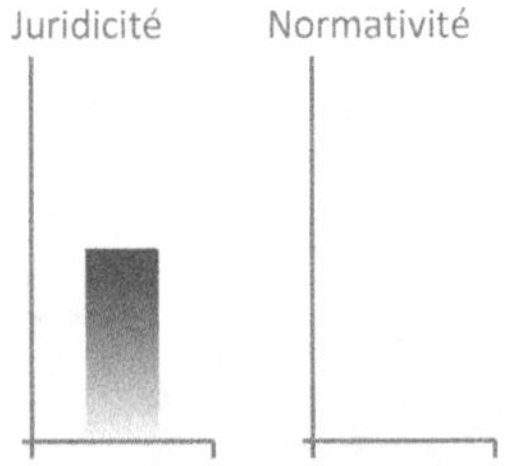

• *Explication* : Cette disposition poursuit des objectifs légitimes de paix et de sécurité. — Elle est valide dans l'ordre normatif onusien, formellement et matériellement ; cet ordre normatif est moyennement développé, loin de présenter les mêmes niveaux d'aboutissement et de complétude qu'un État. — Il s'agit d'une norme de conduite qui n'est ni générale (ses destinataires sont des groupes rebelles maliens précisément identifiés), ni obligatoire (la formulation est incitative en raison de l'emploi du verbe « inviter ») ; en revanche, elle est suffisamment claire et précise. — L'ordre normatif onusien prévoit une sanction en cas de non-respect de cette norme : l'intervention armée ; et cette sanction est effectivement appliquée. — Les organes exécutifs de l'ONU appliquent concrètement cette disposition. — Cependant, celle-ci n'est nullement respectée par ses destinataires qui la jugent illégitime.

➢ *Quatrième exemple : une décision de l'Organisation mondiale du commerce*

• *Norme étudiée* : « Tous avantages, faveurs, privilèges ou immunités accordés par une partie contractante à un produit originaire ou à destination de tout autre pays seront, immédiatement et sans condition, étendus à tout produit similaire originaire ou à destination du territoire de toutes les autres parties contractantes » (Accord général sur les tarifs douaniers et le commerce de 1994, art. 1er, al. 1).

• *Niveau de juridicité* : ⑦ (moyenne-forte)

• *Détail* : valeur : 4/4 ; validité : 2/4 ; qualités : 4/4 ; sanction : 1/4 ; application : 2/4 ; effectivité : 3/4

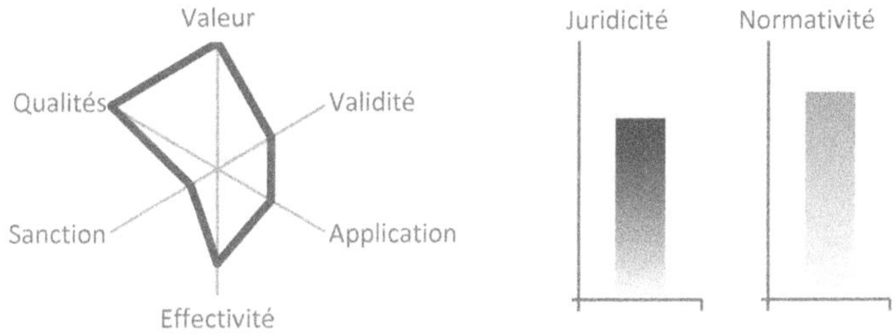

• *Explication* : Cette norme implique les principes de liberté du commerce et de libre concurrence ; elle poursuit aussi, à travers ces principes, l'objectif supérieur de paix entre les nations, ainsi qu'un objectif de développement économique mondial et collectif. — Elle est valide au sein de l'ordre normatif de l'Organisation mondiale du commerce, lequel, interétatique, est moyennement développé. — Il s'agit d'une norme de conduite dont les destinataires sont les États ; elle est générale, obligatoire et suffisamment claire, précise et compréhensible. — Des sanctions sont prévues en cas de non-respect de cette norme ; leur effectivité est toutefois mitigée. — L'OMC comporte un organe de règlement des différends qui applique effectivement cette disposition. — Cette dernière est largement effective, tant du point de vue matériel que du point de vue formel ; elle ne l'est toutefois pas parfaitement et il existe des conflits et des contestations dans différents secteurs.

➢ *Cinquième exemple : l'Accord de Paris sur le climat du 12 décembre 2015*

• *Norme étudiée* : « Les Parties cherchent à parvenir au plafonnement mondial des émissions de gaz à effet de serre dans les meilleurs délais, [...] et à opérer des réductions rapidement par la suite [...] de façon à parvenir à un équilibre entre les émissions anthropiques par les sources et les absorptions anthropiques par les puits de gaz à effet de serre » (art. 4).

• *Niveau de juridicité* : ⑤ (moyenne-faible)

• *Détail* : valeur : 4/4 ; validité : 2/4 ; qualités : 2/4 ; sanction : 0/4 ; application : 1/4 ; effectivité : 3/4

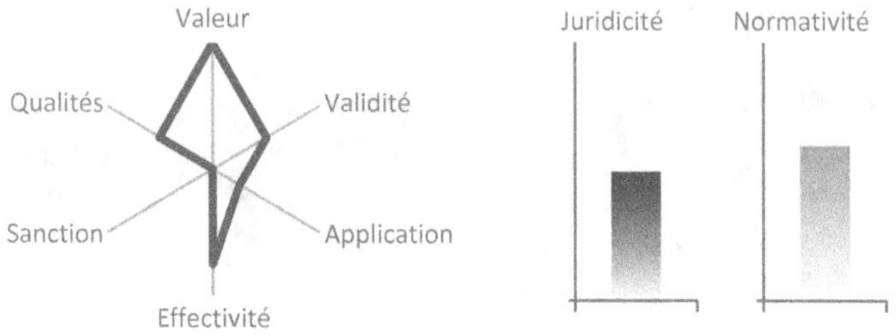

• *Explication* : Cette disposition est certainement louable sur le plan des valeurs ; elle poursuit l'objectif de développement durable, c'est-à-dire le respect des générations futures et la protection de l'environnement contre les pollutions. — Elle est valide dans un ordre normatif international et même universel qui n'est que moyennement, si ce n'est peu développé juridiquement ; il manque à la fois de souveraineté, d'efficacité et de complétude normative. — La norme étudiée est une norme de conduite obligatoire ; elle n'est pas impersonnelle puisqu'elle n'engage que les États parties à l'accord ; s'exprimant en termes trop généraux, elle ne satisfait guère à l'exigence de sécurité ; elle laisse la porte ouverte à des appréciations très arbitraires de la part des États. — L'ordre normatif relativement superficiel dans lequel cette norme prend place ne prévoit pas de sanction en cas de non-respect par un ou plusieurs État(s). — Aucun organe d'application international ne la met en œuvre ; ce pourrait être aux organes exécutifs des États de le faire, mais ce n'est le cas que de façon limitée. — Si son effectivité symbolique est très importante, son effectivité matérielle n'est que moyenne ; certains États appliquent avec plus de bonne volonté que d'autres cette disposition.

Espèce normative n° 11. — Le règlement

➢ *Premier exemple : le Code de la route*

• *Norme étudiée* : « Hors agglomération, la vitesse des véhicules est limitée à : 1° 130 km/h sur les autoroutes ; 2° 110 km/h sur les routes à deux chaussées séparées par un terre-plein central ; 3° 90 km/h sur les autres routes » (art. R. 413-2-I).

• *Niveau de juridicité* : ❽ (forte)

• *Détail* : valeur : 4/4 ; validité : 4/4 ; qualités : 4/4 ; sanction : 2/4 ; application : 4/4 ; effectivité : 2/4

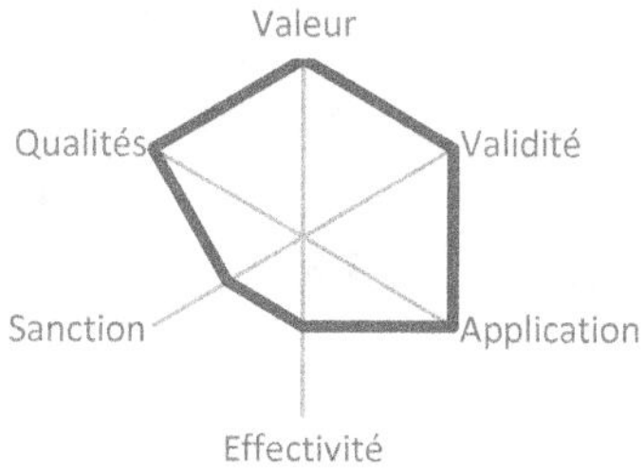

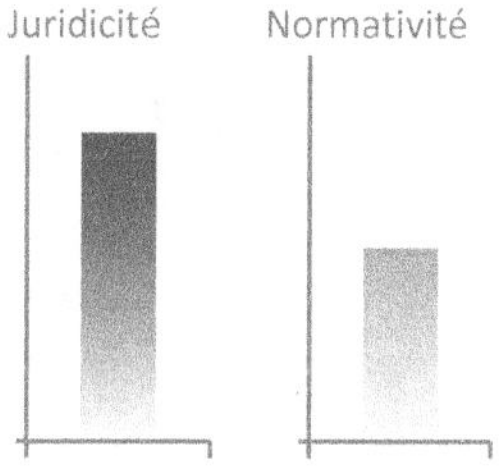

• *Explication* : Cette norme peut être jugée, subjectivement, très légitime en ce qu'elle poursuit un objectif de sécurité routière, un objectif de lutte contre les comportements dangereux et incivils sur la route. — Elle est valide tant formellement que matériellement au sein de l'ordre normatif étatique, donc au sein d'un ordre normatif très développé juridiquement. — Il s'agit d'une norme de conduite qui est obligatoire et générale, ainsi que claire, précise et intelligible. — La sanction du non-respect de cette norme est organisée dans son ordre normatif ; toutefois, elle est peu effective : seule une petite part des infractions sont sanctionnées. — Les organes exécutifs attachés à l'ordre étatique appliquent cette norme sans restriction. — Son effectivité est mitigée tant symboliquement que matériellement : symboliquement, la population se scinde en une partie jugeant cette norme légitime et une partie la jugeant illégitime ; matériellement, la population se divise entre personnes se conformant à la règle et personnes l'enfreignant, préférant ne pas respecter les limitations de vitesse.

➢ *Second exemple : un décret*

• *Norme étudiée* : « Par accord entre les chefs de l'entreprise utilisatrice et de l'entreprise extérieure et les médecins du travail intéressés, l'examen périodique prévu aux articles R. 4624-16 et R. 4624-17 et, pour les salariés agricoles, à l'article R. 717-15 du Code rural et de la pêche maritime, peut être réalisé par le médecin du travail de l'entreprise utilisatrice pour le compte de l'entreprise extérieure » (Décret n° 2012-135 du 30 janv. 2012, *Relatif à l'organisation de la médecine du travail*).

• *Niveau de juridicité* : ❾ (très forte)

• *Détail* : valeur : 2/4 ; validité : 4/4 ; qualités : 4/4 ; sanction : 4/4 ; application : 4/4 ; effectivité : 4/4

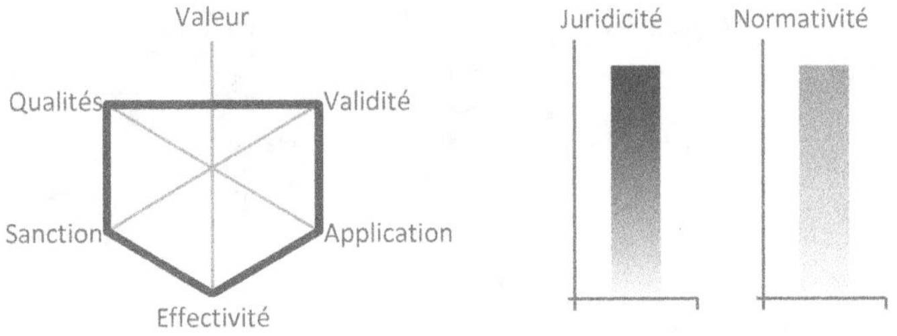

• *Explication* : Cette disposition apparaît relativement neutre du point de vue des valeurs de l'observateur. — Elle est valide tant formellement que matériellement au sein de l'ordre normatif étatique, donc au sein d'un ordre normatif très développé juridiquement. — Il s'agit d'une règle de conduite obligatoire et générale ; cette règle satisfait l'exigence de sécurité juridique : elle est claire, précise et accessible. — L'ordre juridique étatique sanctionne l'éventuel non-respect de cette norme par ses destinataires ; cette sanction doit être considérée comme effective bien qu'elle ait rarement à intervenir s'agissant d'une possibilité, d'un « pouvoir-être » offert à ses destinataires. — Les organes administratifs appliquent effectivement cette règle. — Son effectivité est entière tant matériellement que symboliquement.

Espèce normative n° 12. — La circulaire administrative

➢ *Exemple : un objectif assigné aux préfets*

• *Norme étudiée* : « L'objectif sera de sortir d'une approche reposant sur une liste fermée de nombreuses actions prédéfinies au niveau national, pour laisser plus de place aux initiatives de terrain s'inscrivant dans les thématiques prioritaires précitées » (Ministère de l'agriculture, de l'agroalimentaire et de la forêt, Orientations pour la mise en œuvre de la politique publique de l'alimentation sur la période 2013-2017, 16 janv. 2013).

• *Niveau de juridicité* : ⑥ (moyenne)

• *Détail* : valeur : 2/4 ; validité : 4/4 ; qualités : 2/4 ; sanction : 0/4 ; application : 3/4 ; effectivité : 3/4

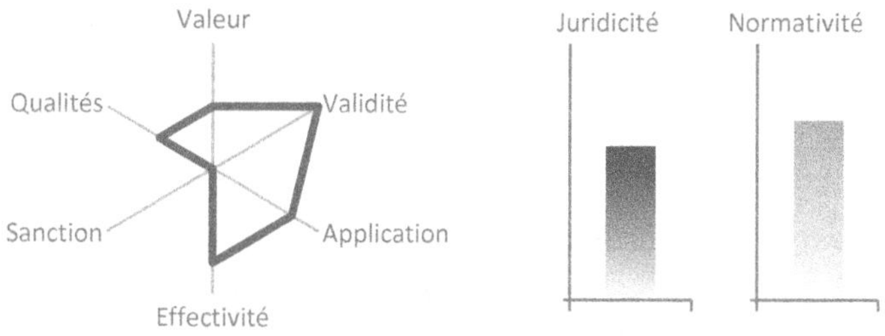

• *Explication* : Cette disposition ne présente guère de spécificité sur le plan des valeurs subjectivement portées par l'observateur. — Elle est pleinement valide dans l'ordre juridique étatique. — Elle consiste en une norme de conduite : donner plus d'importance aux initiatives de terrain et délaisser les actions prédéfinies au niveau national ; elle est générale puisque destinée à tout préfet ; elle n'est pas obligatoire mais seulement déclarative, incitative ou recommandatoire ; en outre, en tant qu'objectif assez vaguement fixé, cette disposition manque de précision et de clarté. — Aucune sanction n'est organisée dans l'ordre juridique puisqu'il s'agit d'un objectif non contraignant. — Les destinataires de cette disposition sont des organes exécutifs liés à l'ordre étatique ; ils poursuivent concrètement l'objectif en question sans en faire toutefois une priorité. — L'effectivité dépend ici de l'application ; elle est donc relativement forte, quoiqu'elle le soit plus symboliquement que matériellement puisque, dans les faits, d'autres considérations peuvent l'emporter sur cet objectif.

Espèce normative n° 13. — La Déclaration des droits de l'homme et du citoyen

➢ *Exemple : l'article premier*

• *Norme étudiée* : « Les hommes naissent et demeurent libres et égaux en droits ».

• *Niveau de juridicité* : ❿ (absolue)

• *Détail* : valeur : 4/4 ; validité : 4/4 ; qualités : 4/4 ; sanction : 4/4 ; application : 4/4 ; effectivité : 4/4

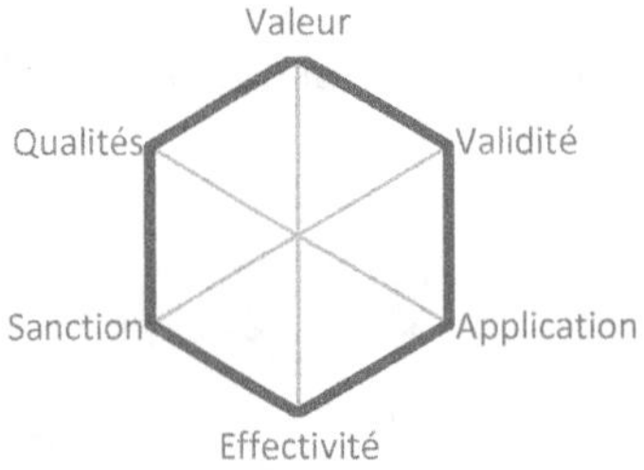

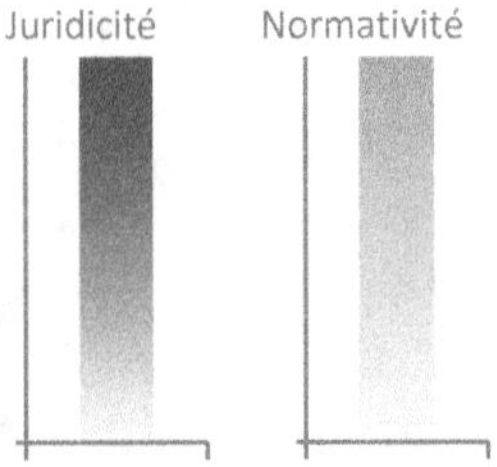

• *Explication* : Cet article de la Déclaration des droits de l'homme et du citoyen vise à réaliser les idéaux de justice sociale et d'égalité ; il semble donc éminemment légitime. — Il est entièrement valide, formellement et matériellement, dans l'ordre juridique étatique, cela grâce au Préambule de la Constitution du 4 octobre 1958 qui y renvoie (ce que le Conseil constitutionnel a d'ailleurs confirmé par sa décision du 16 juillet 1971). — Il s'agit d'une norme attributive dont les destinataires sont tous les hommes (même s'il ne peut être question que des personnes de nationalité française), ainsi que, mais plus indirectement, d'une norme de procédure régissant les procédés de création du droit ; elle est donc parfaitement générale ; elle est aussi obligatoire, ainsi que claire et suffisamment précise malgré son caractère généraliste. — L'ordre normatif étatique prévoit de différentes manières la sanction du non-respect de cette norme ; et ces sanctions sont effectivement prononcées et appliquées dans les cas où elles doivent l'être. — Les autorités exécutives appliquent sans restriction aucune cette norme lorsque les conditions sont réunies pour qu'elle le soit. — Ses destinataires (qui sont dans les faits essentiellement les pouvoirs publics) la respectent scrupuleusement, que ce soit symboliquement ou matériellement.

Espèce normative n° 14. — Le droit de l'autorité administrative indépendante

➢ *Exemple : une délibération du Conseil supérieur de l'audiovisuel*

• *Norme étudiée* : « La gêne sonore occasionnée par un message publicitaire ne doit pas être supérieure à celle constatée lors d'un changement de chaîne » (CSA, Délibération sur l'intensité sonore à la télévision, 10 oct. 2011).

• *Niveau de juridicité* : ⑦ (moyenne-forte)

• *Détail* : valeur : 3/4 ; validité : 4/4 ; qualités : 3/4 ; sanction : 2/4 ; application : 2/4 ; effectivité : 2/4

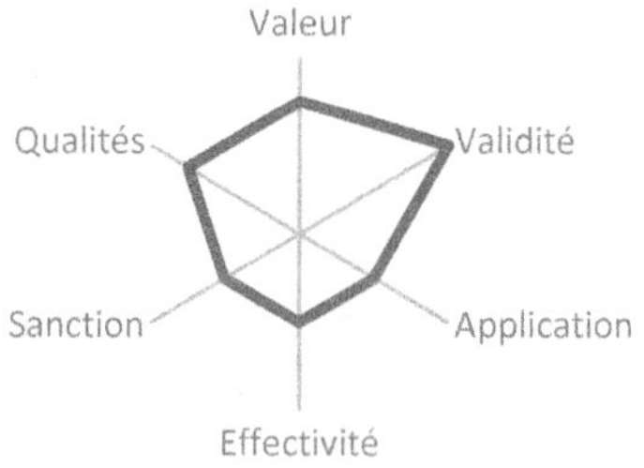

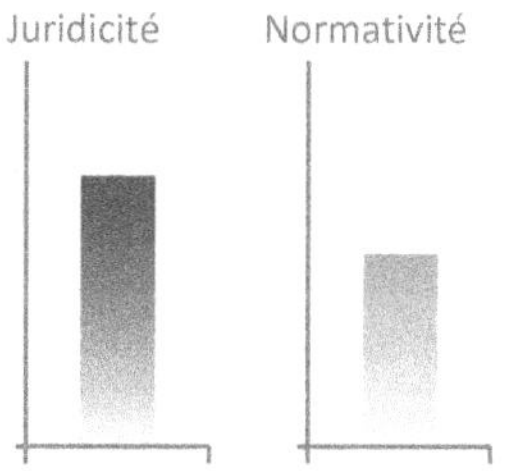

• *Explication* : Cette norme peut être qualifiée de « plutôt bonne » en ce qu'elle vise à lutter contre les pollutions sonores, lesquelles comptent parmi les plus redoutables de l'époque actuelle. — Elle est valide tant formellement que matériellement dans l'ordre normatif étatique, un ordre très développé juridiquement ; en effet, la loi du 30 septembre 1986 modifiée prévoit que le CSA régule le secteur de l'audiovisuel notamment au moyen de recommandations. — Il s'agit d'une norme de comportement obligatoire et générale ; elle ne satisfait pas l'exigence de sécurité juridique car la notion de « gêne sonore lors d'un changement de chaîne » est absconse (d'une chaîne à l'autre le niveau sonore peut être très différent, cela dépendant déjà du programme diffusé à cet instant), rendant difficile l'évaluation du niveau de gêne sonore tolérable en matière de publicité. — L'ordre juridique organise la sanction du non-respect de cette norme par le CSA lui-même puisqu'un pouvoir de sanction lui est attribué ; toutefois, cette sanction n'est guère effective, est rarement appliquée aux contrevenants. — Les autorités exécutives (essentiellement le CSA) appliquent cette norme de façon parcimonieuse. — Ses destinataires (les chaînes de télévision) la respectent en partie ; beaucoup l'ignorent ; son effectivité symbolique, en particulier, est au mieux moyenne.

Espèce normative n° 15. — L'accord collectif

➢ *Exemple : une convention collective de travail*

• *Norme étudiée* : « Tout salarié quittant son travail après 22 heures, dans la mesure où il ne dispose pas de moyen de transport en commun, se verra rembourser, sur justificatifs, ses frais réels de taxi » (Convention collective nationale de la restauration rapide du 18 mars 1988, art. 36 b, al. 1er).

• *Niveau de juridicité* : ❽ (forte)

• *Détail* : valeur : 3/4 ; validité : 4/4 ; qualités : 3/4 ; sanction : 2/4 ; application : 4/4 ; effectivité : 2/4

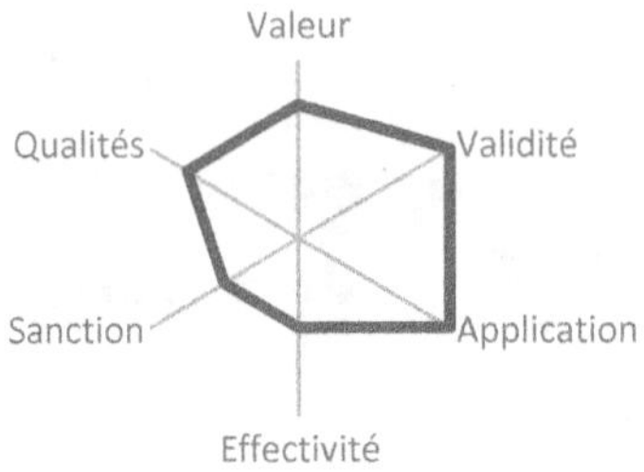

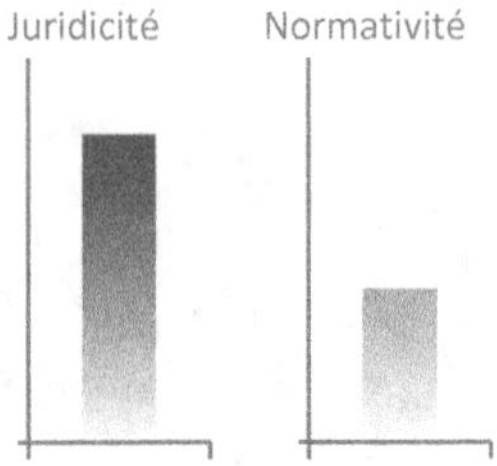

• *Explication* : Cette disposition apparaît plutôt légitime en ce qu'elle vise à assurer un meilleur traitement des travailleurs dans un secteur réputé précaire. — Elle est valide formellement dans l'ordre juridique de l'État puisque la loi prévoit la signature d'accords collectifs dans nombre de cas, dont le présent ; elle est également valide matériellement. — Il s'agit d'une norme de comportement qui est obligatoire, générale, précise et compréhensible ; cependant, elle n'est pas suffisamment portée à la connaissance des salariés, ce qui nuit à la sécurité juridique. — L'ordre juridique étatique prévoit la sanction du non-respect de cette norme ; dans les faits, cette sanction est cependant plutôt ineffective. — Lorsqu'ils sont mis en situation de le faire, les tribunaux appliquent cette norme. — Son effectivité est moyenne : symboliquement, elle est plutôt forte ; matériellement, elle est plutôt faible ; une part importante des restaurateurs ne la respecte pas et beaucoup de salariés du secteur de la restauration rapide en ignorent l'existence.

Espèce normative n° 16. — Le règlement intérieur

➢ *Exemple : le règlement intérieur d'une entreprise*

• *Norme étudiée* : « Le parking A est réservé au personnel du bâtiment B. Il est défendu à tout autre membre de l'entreprise d'y stationner ».

• *Niveau de juridicité* : ④ (faible)

• *Détail* : valeur : 2/4 ; validité : 1/4 ; qualités : 4/4 ; sanction : 1/4 ; application : 0/4 ; effectivité : 2/4

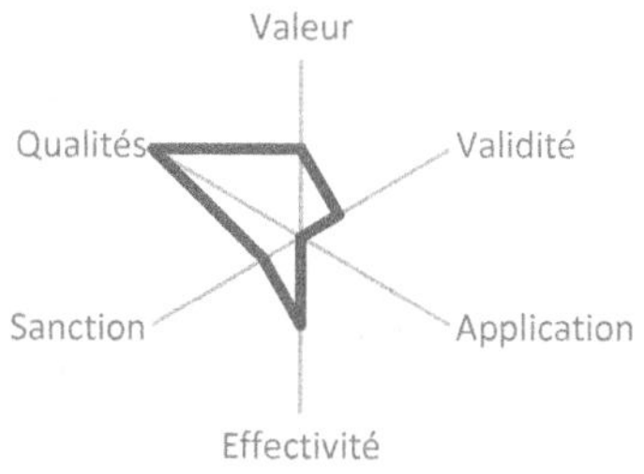

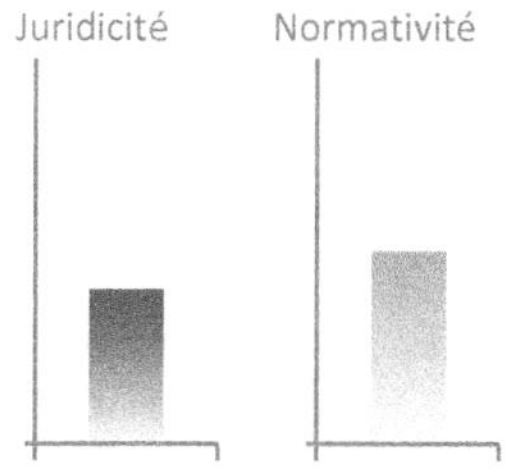

• *Explication* : Cette disposition est d'ordre purement pratique ; elle semble neutre sous l'angle de sa valeur juridique. — Elle est valide dans un ordre normatif peu développé (celui de l'entreprise, qui est loin de comporter toutes les normes de procédure nécessaires afin d'assurer les fonctions de création, d'application et de juridiction, qui n'est guère souverain et qui est moyennement efficace). — Il s'agit d'une norme de conduite impérative ; sa généralité est discutable mais paraît devoir être retenue : elle vise tout membre du personnel du bâtiment B ainsi que tous les autres membres de l'entreprise quels qu'ils soient ; si elle concerne une entreprise précisément identifiée et un parking déterminé, ses destinataires sont désignés de manière impersonnelle, si bien que chacun est potentiellement susceptible de se retrouver un jour sous l'empire de cette norme ; celle-ci est en outre claire, précise et compréhensible. — L'ordre normatif de l'entreprise prévoit la sanction des contrevenants, mais cette sanction n'est jamais appliquée. — Si les juges (liés à l'ordre juridique étatique, très développé) appliquent le règlement intérieur lorsque cela leur est demandé, une telle demande n'intervient jamais à l'égard des problèmes de stationnement et donc à l'égard de la norme ici en cause ; les organes exécutifs n'ont donc pas l'occasion de l'appliquer. — Des employés stationnent régulièrement sur le parking A sans en avoir le droit ; l'effectivité de la disposition étudiée est moyenne tant matériellement que symboliquement, certains salariés (surtout du bâtiment B) la soutenant et s'y conformant quand d'autres la jugent inutile et la bafouent.

Espèce normative n° 17. — Le contrat

➢ *Premier exemple : un contrat de vente*

• *Norme étudiée* : « Le montant convenu est remis ce jour par l'acheteur au vendeur, qui lui donne bonne et valable quittance ».

• *Niveau de juridicité* : ⑦ (moyenne-forte)

• *Détail* : valeur : 2/4 ; validité : 4/4 ; qualités : 3/4 ; sanction : 4/4 ; application : 0/4 ; effectivité : 4/4

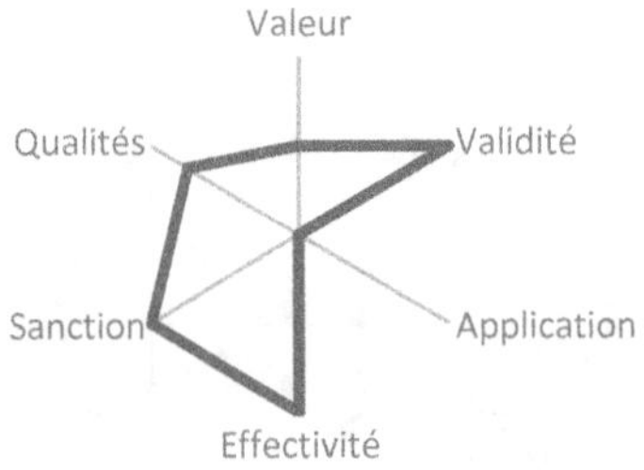

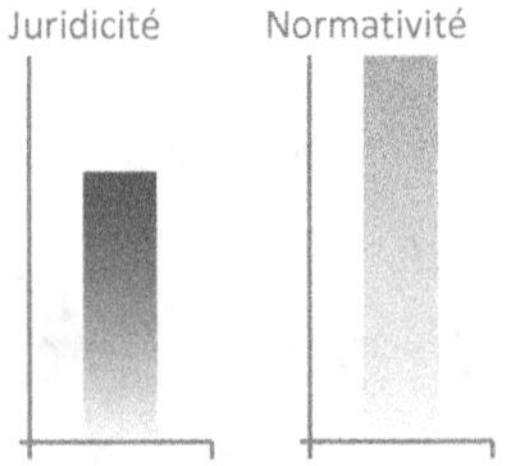

• *Explication* : Cette disposition contractuelle ayant une portée individuelle, elle n'intéresse guère les valeurs de l'observateur extérieur, même s'il est évidemment bienvenu qu'une vente s'accompagne du paiement du prix par l'acheteur au vendeur. — Cette norme est parfaitement valide, tant formellement que matériellement, dans l'ordre juridique étatique, lequel prévoit le recours au contrat de vente par les particuliers. — En réalité, deux normes de conduite obligatoires sont clairement exprimées : payer le prix et donner la quittance ; mais leur portée est individuelle, limitée à un acheteur et un vendeur précisément identifiés. — L'ordre juridique étatique organise la sanction de l'éventuel non-respect de cette disposition contractuelle ; quant à l'effectivité de cette sanction, elle ne fait en l'occurrence aucun doute même si la norme en cause n'a jamais été violée. — Aucun organe exécutif n'a eu à appliquer la clause contractuelle étudiée ; or, concernant le critère de l'application juridique, seul importe le caractère effectif de la mise en œuvre de la norme ; aussi une limite juridique des normes à portée individuelle semble-t-elle être leur absence d'application, sauf en cas de recours juridictionnel afin de demander leur exécution forcée. — La norme contractuelle est parfaitement respectée tant matériellement que symboliquement par les deux parties : le prix est payé et la quittance est donnée.

➢ *Deuxième exemple : une clause de non-concurrence dans un contrat de travail*

• *Norme étudiée* : « En cas de départ de l'entreprise A, le salarié X s'engage à ne pas travailler pour un concurrent de celle-ci pendant une durée de trois années. Cet engagement lui donne droit à une juste compensation financière ».

• *Niveau de juridicité* : ❽ (forte)

• *Détail* : valeur : 3/4 ; validité : 4/4 ; qualités : 3/4 ; sanction : 4/4 ; application : 0/4 ; effectivité : 4/4

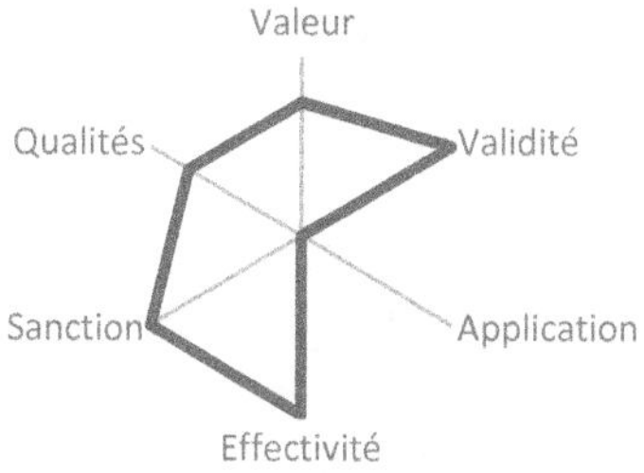

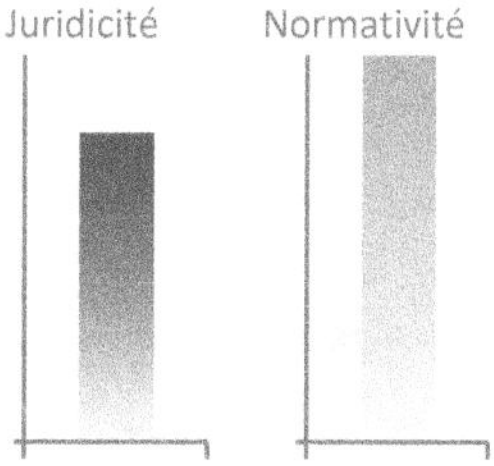

• *Explication* : Si cette disposition ne concerne que les deux parties au contrat, elle peut néanmoins être jugée plutôt légitime dès lors qu'elle mobilise des valeurs de respect et de loyauté. — Elle est valide dans l'ordre normatif de l'entreprise mais aussi et surtout dans l'ordre juridique étatique, lequel prévoit que les activités des salariés sont régies par des normes fixées dans des contrats de travail et dans des conventions collectives ; en l'espèce, la norme est valide tant au fond que sur la forme. — Est en cause une règle de conduite prescriptive ; celle-ci n'est pas impersonnelle (elle vise le salarié X dans l'entreprise A) mais est suffisamment précise pour que le salarié comprenne quelles décisions lui sont interdites. — L'ordre normatif étatique organise la sanction de l'éventuel non-respect de la clause de non concurrence ; si ce non-respect advenait, il n'est guère douteux que la sanction serait prononcée. — La disposition contractuelle étudiée n'a jamais été appliquée par quelques organes exécutifs. — Dans les faits, la clause de non concurrence est respectée par le salarié X qui la juge légitime eu égard à l'investissement consenti par l'entreprise X.

➢ *Troisième exemple : une clause* contra legem

• *Norme étudiée* : « Objet de la vente : rein de M. X ».

• *Niveau de juridicité* : ④ (faible)

• *Détail* : valeur : 0/4 ; validité : 2/4 ; qualités : 3/4 ; sanction : 0/4 ; application : 0/4 ; effectivité : 4/4

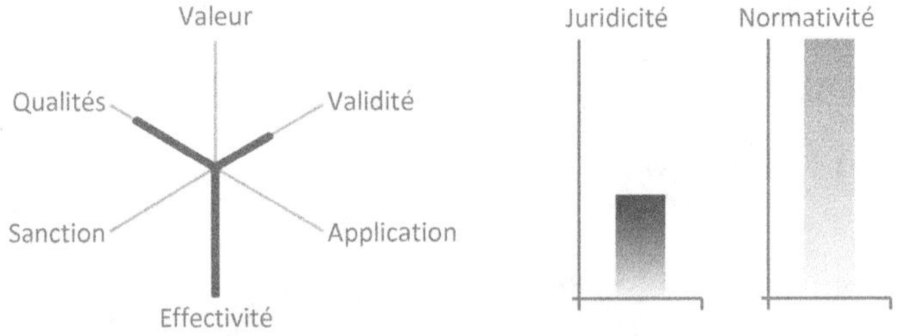

• *Explication* : Cette stipulation contractuelle paraît revêtir une valeur nulle, peu important que M. X y trouve un intérêt personnel ; elle enfreint des principes de respect de la personne et de la santé humaine. — La norme est valide formellement dans l'ordre juridique étatique, lequel consacre la possibilité de recourir au contrat de vente ; en revanche, elle n'est pas valide matériellement, la vente d'un rein étend prohibée par des normes supérieures : l'article 16-1 du Code civil prévoit que « le corps humain, ses éléments et ses produits ne peuvent faire l'objet d'un droit patrimonial ». — Il s'agit d'une norme de conduite obligatoire, précise et intelligible ; elle n'est pas impersonnelle puisque son unique destinataire est M. X. — Si l'ordre juridique étatique prévoit la sanction de celui qui ne respecte pas un contrat valide, la présente convention n'est pas concernée dès lors qu'elle est illégale. — Nul tribunal n'applique ni ne saurait appliquer le contrat en cause. — La stipulation est entièrement effective, matériellement et symboliquement, car cette effectivité dépend uniquement de la volonté et de l'opinion du contractant, lequel respecte son engagement et se réjouit d'en retirer un bénéfice pécuniaire.

Espèce normative n° 18. — Le contrat-type

➤ *Premier exemple : des conditions générales de vente*

• *Norme étudiée* : « Si le prix réel est inférieur au prix affiché, nous vous facturerons le montant le plus bas et nous vous enverrons le produit » (Conditions générales de vente d'Amazon EU SARL, art. 4, al. 3).

• *Niveau de juridicité* : ❾ (très forte)

• *Détail* : valeur : 2/4 ; validité : 4/4 ; qualités : 3/4 ; sanction : 4/4 ; application : 4/4 ; effectivité : 4/4

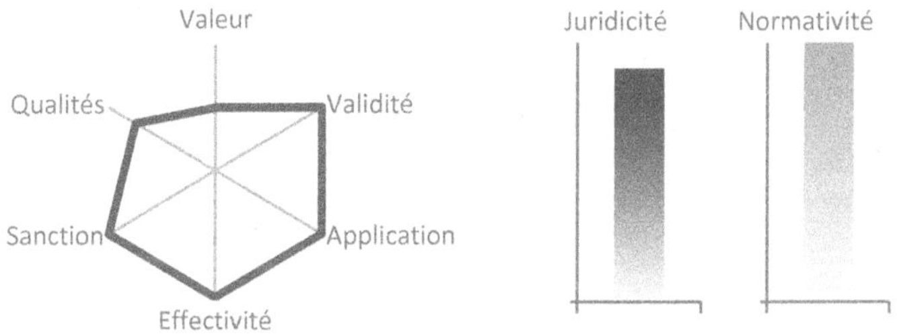

• *Explication* : Cette norme ne présente guère de spécificité en termes axiologiques, bien qu'elle soit profitable aux clients et défavorable au e-commerçant. — Elle est valide dans l'ordre normatif créé par le site de e-commerce et dans lequel les acheteurs s'insèrent ; cet ordre est juridiquement peu développé ; surtout, la norme étudiée est entièrement valide tant formellement que matériellement dans l'ordre normatif étatique, lequel impose aux e-commerçants d'établir des conditions générales de vente. — Il s'agit d'une norme de comportement obligatoire ; elle est claire, précise et accessible ; néanmoins, le fait que les acheteurs n'en prennent que très rarement connaissance nuit à sa qualité ; enfin, elle est générale puisqu'elle vise l'ensemble des clients de l'entreprise de manière impersonnelle ; si cette entreprise est précisément identifiée, elle est la source d'une norme à portée générale de son point de vue, les destinataires de cette norme étant désignés de manière impersonnelle et tout individu pouvant potentiellement être concerné dès lors qu'il en viendrait à effectuer des achats sur le site en question. — L'ordre normatif étatique comporte des normes de sanction en cas de non-respect d'une telle clause contractuelle ; cette sanction est effective. — Les tribunaux appliquent cette norme de manière rigoureuse, bien qu'ils n'aient eu que très rarement l'occasion de le faire. — Son destinataire (le site de e-commerce, qui est également sa source) s'y conforme automatiquement, lui assurant une pleine effectivité.

➢ *Deuxième exemple : des conditions générales d'utilisation*

• *Norme étudiée* : « Vous nous accordez une licence non-exclusive, transférable, sous-licenciable, sans redevance et mondiale pour l'utilisation des contenus que vous publiez » (Conditions générales d'utilisation de Facebook, art. 2-1).

• *Niveau de juridicité* : ③ (faible)

• *Détail* : valeur : 0/4 ; validité : 1/4 ; qualités : 3/4 ; sanction : 0/4 ; application : 0/4 ; effectivité : 2/4

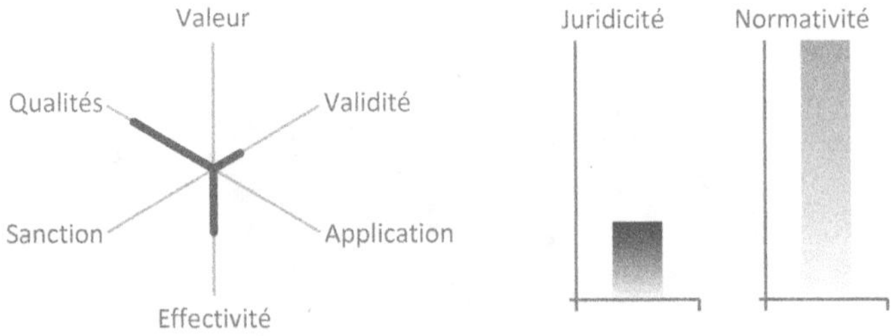

• *Explication* : Cette disposition est contraire à certaines valeurs de respect de la vie privée, de maîtrise des données personnelles et de protection de la propriété intellectuelle. — Elle est valide dans l'ordre normatif peu développé construit par le site web ; dans l'ordre étatique, elle n'est pas valide formellement puisqu'il n'est pas prévu expressément qu'un service de communication au public en ligne tel que Facebook puisse produire des dispositions à portée générale à destination de ses utilisateurs ; elle ne serait dans tous les cas pas valide matériellement puisqu'elle n'est pas compatible avec le principe de respect de la vie privée (art. 9 du Code civil) et avec la loi « Informatique et libertés » du 6 janvier 1978. — La norme étudiée est une norme attributive, créant un droit au profit du site web ; elle est impérative et générale puisque s'appliquant à tout utilisateur du service quelle que soit son identité (si le service est précisément identifié, il est la source d'une norme applicable à tous ses utilisateurs sans distinction) ; la norme comporte des termes abscons (« transfert », « sous-licence », « redevance ») et est rarement portée à la connaissance des personnes qui souscrivent au service, si bien que l'exigence de sécurité juridique n'est pas satisfaite. — Aucune sanction du non-respect de cette disposition n'est prévue, disposition qui dans tous les cas ne peut être enfreinte puisqu'elle est performative. — Aucune autorité exécutive n'a jamais fait application de cette norme. — Celle-ci est parfaitement effective matériellement puisqu'il est inévitable qu'un acte performatif produise ses effets ; en revanche, elle est très majoritairement jugée illégitime par ses destinataires lorsqu'ils en prennent connaissance, cela assez paradoxalement puisque le modèle économique d'un service de réseautage social dit « gratuit » repose entièrement sur de pareilles conditions générales d'utilisation.

➢ *Troisième exemple : des conditions générales d'utilisation (2)*

• *Norme étudiée* : « Le respect de votre vie privée nous tient à cœur. Notre Politique d'utilisation des données a été établie dans le but de vous informer sur la manière dont vous pouvez utiliser Facebook pour publier des informations et sur la manière dont nous collectons et utilisons votre contenu et vos données personnelles » (Conditions générales d'utilisation de Facebook, art. 1er).

• *Niveau de juridicité* : ② (très faible)

• *Détail* : valeur : 2/4 ; validité : 1/4 ; qualités : 0/4 ; sanction : 0/4 ; application : 0/4 ; effectivité : 2/4

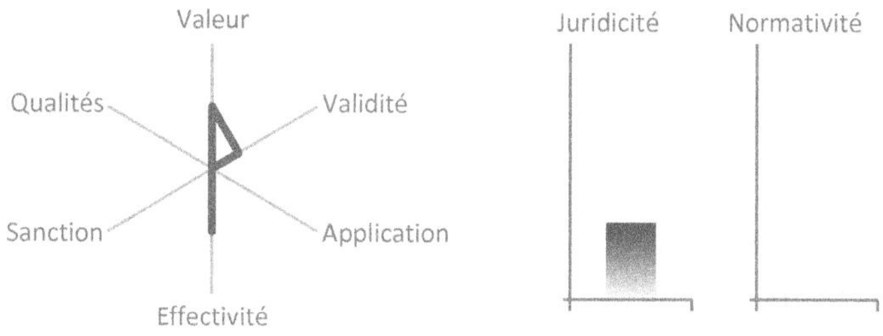

• *Explication* : Cette disposition est étonnante d'un point de vue axiologique : elle fait appel au principe essentiel de respect de la vie privée, mais à des fins non légitimes : masquer la réalité de la réutilisation des données personnelles des utilisateurs du service. — Elle n'est valide formellement et matériellement qu'au sein de l'ordre normatif de l'entreprise concernée, soit un ordre normatif faiblement développé (incomplet procéduralement, ne remplissant que très imparfaitement les fonctions de création, d'application et de juridiction, peu souverain, mais plutôt efficace). — Il s'agit d'une pétition de principe, d'une disposition purement déclarative et informative ; il ne s'agit ni d'une norme comportementale, ni d'une norme procédurale, ni d'une norme attributive ; par conséquent, aucun sous-critère à l'intérieur du critère des qualités *nomo*-juridiques ne saurait être rempli (par définition, l'obligatoriété, la généralité et la sécurité ne portent que sur ce qui constitue une norme). — Cette disposition n'est attachée à aucune norme de sanction. — Aucune autorité exécutive ne l'applique concrètement. — S'agissant d'une pétition de principe, elle n'a aucune normativité, donc aucune effectivité matérielle, aucune conséquence sur les comportements des utilisateurs du réseau social ; elle présente en revanche une importante effectivité symbolique.

➢ *Quatrième exemple : une licence* Creative Commons

• *Norme étudiée* : « CC-BY-NC - Paternité - Pas d'utilisation commerciale » (l'œuvre peut être réutilisée et modifiée, mais à condition de citer le nom de son auteur et de ne pas en faire un usage commercial).

• *Niveau de juridicité* : ④ (faible)

• *Détail* : valeur : 3/4 ; validité : 2/4 ; qualités : 3/4 ; sanction : 0/4 ; application : 0/4 ; effectivité : 2/4

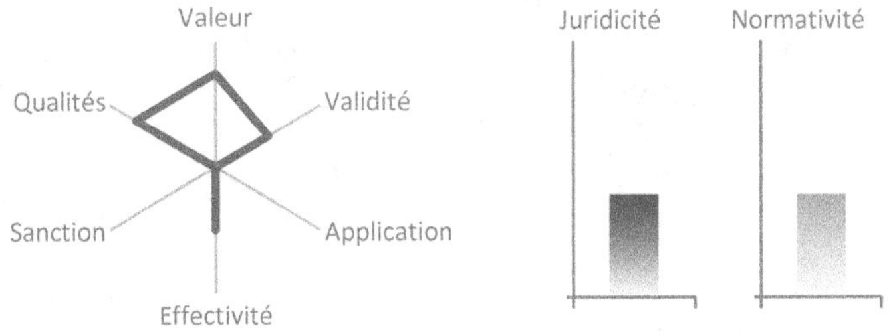

• *Explication* : Cette licence *Creative Commons* semble plutôt légitime en ce qu'elle poursuit l'idéal de liberté et notamment de liberté de création, mais aussi celui de diffusion de la culture, tout en protégeant la propriété intellectuelle à travers l'exigence de respect de la paternité des œuvres. — L'ordre juridique étatique ne prévoit pas la création de dispositions générales en matière de propriété intellectuelle par des sources privées ; la norme étudiée est valide seulement dans un ordre normatif parallèle relativement développé (celui des *Creative Commons* dont l'organisation normative est assez remarquable). — Il s'agit d'une norme de conduite obligatoire et générale puisque censée s'appliquer à tout utilisateur éventuel des contenus ; toutefois, la façon dont elle est exprimée (au moyen de sigles anglo-saxons) n'est justement pas compréhensible de tout utilisateur éventuel des contenus, ce qui porte atteinte à la sécurité juridique. — L'ordre normatif en cause ne prévoit pas de sanction en cas de non-respect de la norme. — Les organes juridictionnels de l'État se refusent à appliquer cette disposition dérogatoire au droit de la propriété intellectuelle « officiel », lequel est normalement d'ordre public, donc indérogeable ; et nul autre organe exécutif ne la met en œuvre. — Cette norme est moyennement effective tant matériellement que symboliquement : de nombreux utilisateurs des contenus sur lesquels la norme *Creative Commons* porte ne s'y conforment guère et, notamment, ne citent pas les noms des auteurs.

Espèce normative n° 19. — La coutume

➢ *Exemple : une coutume en droit de la famille*

• *Norme étudiée* : « Le nom du père est transmis à l'enfant légitime ».

• *Niveau de juridicité* : ④ (faible)

• *Détail* : valeur : 2/4 ; validité : 0/4 ; qualités : 4/4 ; sanction : 0/4 ; application : 0/4 ; effectivité : 3/4

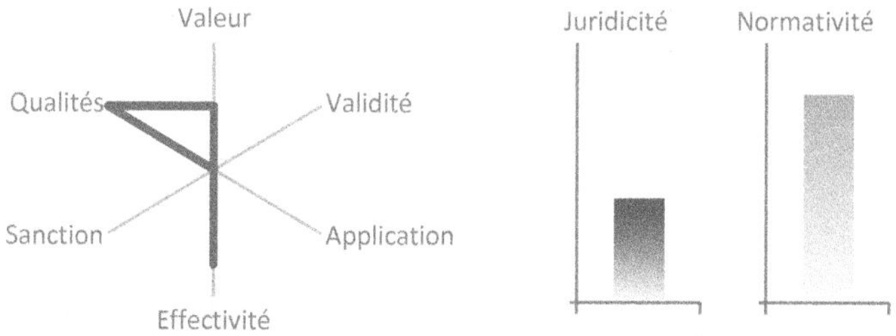

• *Explication* : Cette coutume semble pouvoir être jugée subjectivement neutre sous l'angle de sa valeur juridique. — Elle n'est pas valide dans l'ordre juridique étatique et n'intègre aucun ordre normatif quelque peu développé. — Cette coutume consiste en une règle de comportement impérative et générale ; elle est suffisamment précise et compréhensible. — Aucune norme d'un ordre normatif minimalement développé n'y attache de sanction en cas de non-respect. — L'administration et les tribunaux, aujourd'hui, n'appliquent guère cette coutume : de leur point de vue, donner le nom du père à l'enfant relève de la liberté des parents et n'est pas une obligation juridique. — Cette coutume est en général suivie par ses destinataires car son effectivité symbolique est forte ; néanmoins, une frange de la population, parce qu'elle est issue de cultures différentes ou parce que les mœurs évoluent, ne la fait pas sienne et, par suite, s'en écarte.

• *Note* : Le fait est présent dans le droit, de tout temps, à travers la coutume. Selon l'article 38.2 du Statut de la Cour internationale de justice, une coutume est « une pratique juridique acceptée comme étant le droit ». Toutefois, il n'existe pas dans l'ordre juridique français de norme secondaire conférant à la coutume le statut de règle valide et la règle ici étudiée ne revêt qu'une faible juridicité, bien que sa normativité (sa capacité à dicter concrètement les comportements de ses destinataires) soit importante. Une coutume peut présenter une force normative très importante et être plus respectée par ses destinataires qu'une loi, elle reste une forme de régulation sociale qui peine à développer sa force juridique.

Espèce normative n° 20. — L'usage

➢ *Exemple : un usage en droit du travail (une prime de vacances)*

• *Norme étudiée* : « Dans l'entreprise X, une prime de vacances est systématiquement accordée à tous les salariés à la fin du mois de juin ».

• *Niveau de juridicité* : ④ (faible)

• *Détail* : valeur : 3/4 ; validité : 0/4 ; qualités : 4/4 ; sanction : 0/4 ; application : 0/4 ; effectivité : 4/4

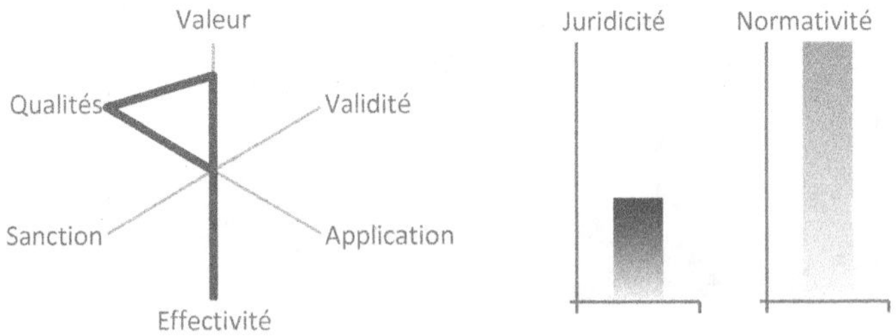

• *Explication* : L'octroi systématique d'une prime de vacances apparaît plutôt bienvenu en ce qu'il a vocation à améliorer le niveau de vie des salariés et l'entente cordiale au sein de l'entreprise. — L'usage n'a de validité dans aucun ordre normatif, même pas dans celui de l'entreprise, en raison de son origine informelle. — Il s'agit d'une norme attributive, conférant le droit à une prime de vacances aux salariés ; elle est générale dès lors que ses destinataires sont tous les salariés d'une entreprise ; si cette dernière est précisément identifiée, elle est à l'origine d'une règle impersonnelle, susceptible de s'appliquer à tout nouvel employé ; cette norme est formulée de manière suffisamment claire et précise, malgré son caractère informel (tous les salariés la comprennent à l'identique). — Le non-respect de cet usage n'est l'objet d'aucune sanction organisée dans un ordre normatif minimalement structuré. — Aucun organe exécutif d'un quelconque ordre normatif ne l'applique. — Pour autant, l'usage est parfaitement respecté et, chaque année, la prime de vacances est versée aux salariés.

Espèce normative n° 21. — La doctrine

➢ *Exemple : une proposition doctrinale*

• *Norme étudiée* : Alors que le Code du travail actuel retient la notion de « temps de repos », le Groupe de recherche pour un autre code du travail propose celle de « temps libre » : « La prévisibilité du temps de travail est l'une des questions les plus importantes du droit du travail. Cette prévisibilité évite que le salarié doive se tenir constamment prêt à répondre aux sollicitations de son employeur. Elle est la condition du temps libre » (Groupe de recherche pour un autre code du travail (E. DOCKÈS, dir.), *Proposition de Code du travail*, Dalloz, 2017).

• *Niveau de juridicité* : ③ (faible)

• *Détail* : valeur : 3/4 ; validité : 0/4 ; qualités : 2/4 ; sanction : 0/4 ; application : 0/4 ; effectivité : 1/4

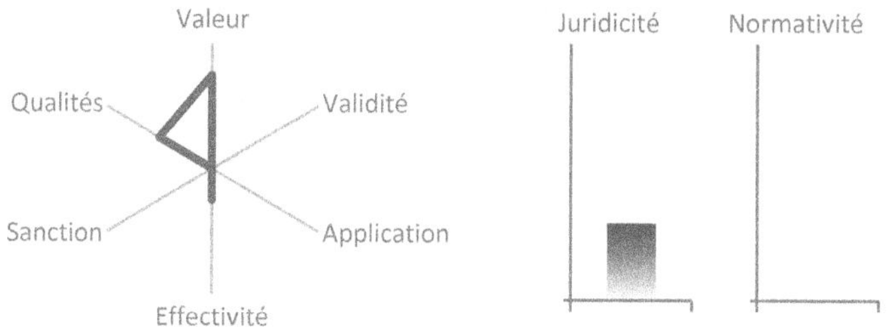

• *Explication* : La présente proposition doctrinale poursuit un objectif plutôt légitime : le bien-être des travailleurs en leur garantissant des périodes de temps libre. — Elle n'est valide dans aucun ordre normatif minimalement développé. — Il ne s'agit ni d'une norme de comportement, ni d'une norme de procédure, ni d'une norme attributive ; il s'agit plutôt d'une analyse, d'une réflexion, d'une proposition normative, d'une proposition de droit ; si sa portée est générale et si elle est suffisamment claire et précise, elle ne présente aucun caractère obligatoire mais relève de l'ordre de l'incitatif et du recommandatoire. — Il n'est nulle part prévu que le non-respect de cette proposition doctrinale puisse être sanctionné. — Aucun organe exécutif n'applique cette proposition doctrinale. — Elle n'est guère effective comportementalement puisque ses destinataires (les pouvoirs publics) ne la concrétisent pas dans le droit positif ; psychologiquement, elle suscite le débat et est donc moyennement effective.

• *Note* : Si la doctrine est souvent présentée telle une source du droit aux côtés de la loi, de la jurisprudence et de la coutume, ce n'est qu'en tant que source matérielle, donc en tant que source d'inspiration et non en tant que source formelle et directe. La juridicité d'une proposition doctrinale ne semble pas pouvoir rivaliser avec celle d'une norme législative, jurisprudentielle ou même coutumière.

Espèce normative n° 22. — L'adage

➢ *Exemple : un adage classique du droit*

• *Norme étudiée* : « *Specialia generalibus derogant* » (« les lois spéciales dérogent aux lois générales »).

• *Niveau de juridicité* : ⑤ (moyenne-faible)

• *Détail* : valeur : 3/4 ; validité : 0/4 ; qualités : 4/4 ; sanction : 0/4 ; application : 3/4 ; effectivité : 3/4

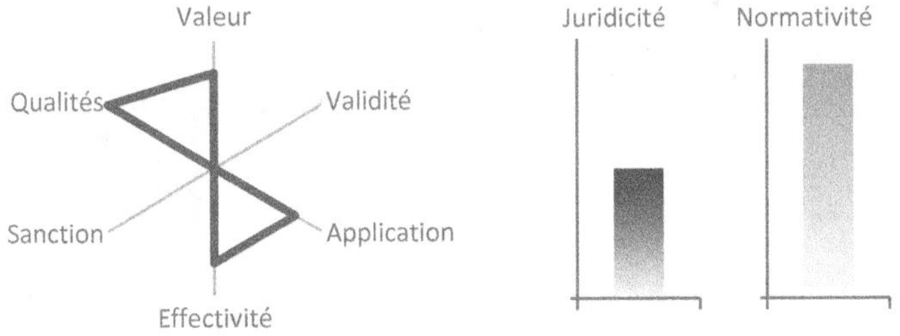

• *Explication* : Cet adage est relativement important d'un point de vue axiologique : il est au service d'une bonne justice et de la sécurité juridique. — Il consiste en une norme isolée, qui n'appartient à aucun ordre normatif ; il ne présente donc aucune validité. — Il s'agit d'une norme de procédure générale et obligatoire (en soi, donc dans son contenu, non en ce qu'un ordre juridique y attacherait un effet obligationnel) ; de plus, il est compréhensible de ses destinataires qui sont des juristes, en particulier des juges et des avocats. — Aucun ordre normatif n'organise la sanction de son éventuel non-respect. — Les tribunaux appliquent cet adage dans la majorité des cas ; ce n'est qu'à quelques occasions qu'ils s'autorisent à l'écarter en opportunité. — Les premiers destinataires de l'adage étant lesdits tribunaux, son effectivité est forte sans être totale matériellement ; elle est plus forte encore symboliquement.

Espèce normative n° 23. – Le droit transnational

➢ *Premier exemple : la* lex mercatoria

• *Norme étudiée* : « Le contrat pourra ne pas être exécuté en cas de force majeure. Il reviendra à l'arbitre désigné par les parties de constater la réalité de la force majeure » (usage classique de la *lex mercatoria*).

• *Niveau de juridicité* : ④ (faible)

• *Détail* : valeur : 3/4 ; validité : 0/4 ; qualités : 3/4 ; sanction : 0/4 ; application : 0/4 ; effectivité : 4/4

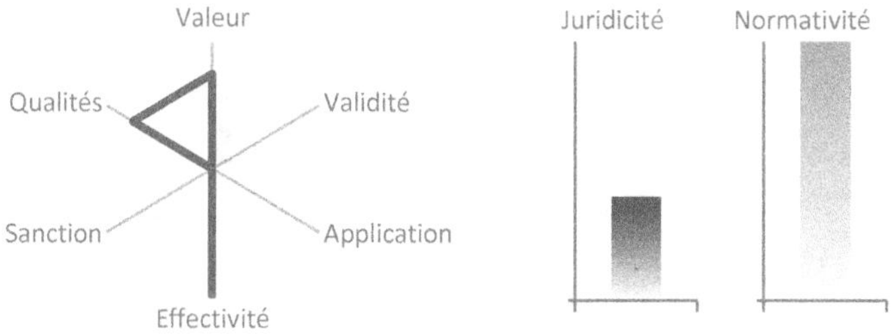

• *Explication* : Cette norme semble plutôt légitime en ce qu'elle constitue une application du principe supérieur selon lequel nul ne doit être tenu à l'impossible. — En tant qu'usage, elle ne fait partie d'aucun ordre normatif même faiblement développé ; elle n'a donc pas de validité. — Il s'agit, pour une part, d'une règle de conduite obligatoire et, pour une autre part, d'une règle de procédure renvoyant à la désignation d'un arbitre par les parties ; elle est générale et impersonnelle ; la sécurité juridique ne paraît pas satisfaite en raison de l'obscurité du concept de « force majeure », lequel risque d'autoriser un certain arbitraire dans l'inexécution des contrats. — Aucun ordre normatif n'attache de sanction à cet usage : la *lex mercatoria* repose essentiellement sur la confiance entre les acteurs économiques concernés. — Les organes exécutifs que sont les arbitres (relevant d'ordres normatifs faiblement développés : les ordres économiques transnationaux) n'appliquent pas cet usage puisque, au contraire, ils sont la conséquence de sa mise en œuvre par les parties à un contrat ; de plus, si des tribunaux étatiques l'appliquent, ce ne saurait être qu'en tant qu'il a été retranscrit dans un contrat, son caractère d'usage disparaissant alors. — Cette norme est parfaitement effective tant matériellement que symboliquement : les acteurs économiques transnationaux la connaissent et la respectent.

• *Note* : Voici un exemple significatif de règle dont la normativité (de niveau ⓾) est très supérieure à la juridicité (de niveau ⑤) ; c'est-à-dire que sa capacité à régir concrètement un certain type d'activité se démarque de sa force telle qu'appréhendée dans la pensée juridique collective.

➢ *Second exemple : les « lois du jeu » de la FIFA (Fédération internationale de Football Association)*

• *Norme étudiée* : « Il y a faute si un joueur en position de hors-jeu intervient dans le jeu, soit en touchant le ballon, soit en gênant ou influençant un autre joueur » (Loi 11 du football).

• *Niveau de juridicité* : ❽ (forte)

• *Détail* : valeur : 2/4 ; validité : 3/4 ; qualités : 4/4 ; sanction : 3/4 ; application : 3/4 ; effectivité : 4/4

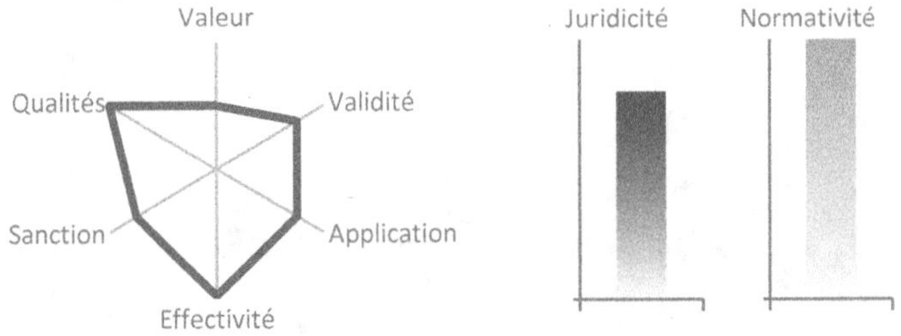

• *Explication* : Cette norme est neutre d'un point de vue axiologique. — Elle est entièrement valide tant formellement que matériellement dans un ordre normatif privé remarquablement développé : des normes de procédure multiples lui permettent de remplir les fonctions de création, d'application et de juridiction ; il est plutôt souverain (libre d'élaborer, modifier et abroger les normes qui le constituent) et plutôt efficace (ses normes, globalement, sont effectives et atteignent leurs objectifs) ; en l'occurrence, il revient à l'*International Football Association Board* (IFAB) d'établir les « lois du jeu », la FIFA étant membre de l'IFAB. — La norme étudiée est une norme de comportement obligatoire et générale puisque destinée à tous les pratiquants du football dans le monde ; elle satisfait l'exigence de sécurité juridique car elle est tout à fait claire, précise et accessible. — L'ordre normatif en cause (assez fortement développé donc) prévoit des sanctions applicables en cas de non-respect de cette norme ; ces sanctions sont effectivement appliquées par les arbitres. — Ces derniers sont les organes d'application des lois du jeu ; ils mettent effectivement en œuvre cette règle. — Tous les joueurs de football la respectent comportementalement et psychologiquement ; lorsque des fautes sont commises et des hors-jeu sifflés, c'est toujours involontairement.

• *Note* : Il s'agit là peut-être d'un exemple typique de la possibilité de forger des normes fortement juridiques dans un cadre entièrement privé — d'autres exemples, tels que le Comité International Olympique, pourraient certainement être trouvés. Outre la nécessité de construire des institutions très perfectionnées, au moyen de nombreuses normes secondaires, presque d'une Constitution, cela afin d'assurer à l'ordre normatif un important niveau de développement, il est décisif que la règle en cause puisse s'appuyer sur une entière normativité, donc sur une forte adhésion de la part de ses destinataires, comme en l'espèce.

Espèce normative n° 24. — La charte et le code de bonne conduite privés

➢ *Premier exemple : une règle de bonne conduite imposée par un opérateur économique*

• *Norme étudiée* : « Ne choisissez pas de *gamertag*, de contenu de profil, d'action d'avatar ou de contenu de jeu faisant référence à des sujets religieux, des personnes ou des organisations de mauvaise réputation faisant l'objet de controverses, ou à des événements sensibles, historiques ou d'actualité pouvant également être jugés inappropriés » (Code de conduite de *Xbox Live*, B, al. 5, 2010).

• *Niveau de juridicité* : ⑤ (moyenne-faible)

• *Détail* : valeur : 3/4 ; validité : 1/4 ; qualités : 4/4 ; sanction : 1/4 ; application : 0/4 ; effectivité : 3/4

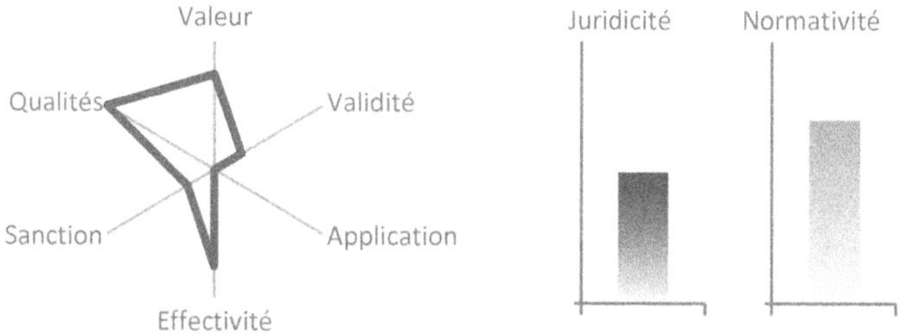

• *Explication* : Cette norme apparaît plutôt légitime en ce qu'elle vise à assurer le respect mutuel et la cohabitation pacifique entre les hommes. — Elle n'appartient qu'à un ordre normatif en gestation, très imparfait : celui constitué par le service *Xbox Live* ; elle est donc faiblement valide. — Elle consiste en une règle de conduite obligatoire ; elle est générale puisque visant indistinctement tout utilisateur des services d'un opérateur de télécommunications qui en est la source ; sa formulation est précise et aisément intelligible. — En cas de non-respect de cette norme, une sanction est prévue : le bannissement du réseau, sanction qui appartient donc à un ordre normatif fragile ; de plus, cette sanction n'est guère effective. — Aucun organe exécutif n'applique cette norme ; notamment, les tribunaux étatiques ne la mobilisent guère. — Globalement, cette norme est respectée par ses destinataires ; néanmoins, si l'effectivité symbolique est très forte, les infractions sont relativement fréquentes en raison de l'usage de pseudonymes permettant de commettre dans le monde immatériel des actes qu'on ne commettrait pas dans le monde physique.

➢ *Second exemple : une règle de bonne conduite issue de la société civile (la « netiquette »)*

• *Norme étudiée* : « [Concernant les courriers électroniques], soyez conservateur dans ce que vous écrivez et libéral dans ce que vous recevez. Vous ne devriez pas répondre "à chaud" (on appelle cela des "flambées") si vous êtes provoqué » (art. 2.1.1, al. 6).

• *Niveau de juridicité* : ④ (faible)

• *Détail* : valeur : 3/4 ; validité : 1/4 ; qualités : 3/4 ; sanction : 0/4 ; application : 1/4 ; effectivité : 2/4

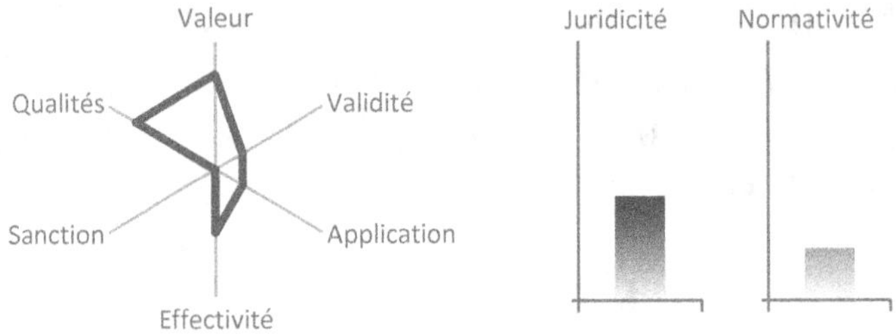

• *Explication* : Cette norme semble plutôt pertinente et bienvenue dès lors qu'elle tend à concrétiser l'idéal de relations humaines pacifiques et cordiales. — Elle intègre de nombreux ordres normatifs propres aux activités non lucratives de l'internet ; mais tous sont sous-développés du point de vue juridique : aucun ne comporte une proportion élevée de normes de procédure permettant de remplir les fonctions de création, d'application et de juridiction, même s'ils peuvent paraître relativement souverains et efficaces ; la validité de la norme étudiée est donc faible. — Il s'agit d'une règle de conduite impérative et impersonnelle ; cependant, elle pèche par manque d'intelligibilité en ce qu'elle s'appuie sur des termes tels que « conservateur », « libéral » ou « flambées » que certains de ses destinataires (*i.e.* potentiellement l'ensemble des internautes) peuvent mal saisir. — Si les ordres normatifs dans lesquels cette norme s'insère prévoient bien des sanctions (exclusion du réseau etc.), ces ordres sont trop peu développés et ces sanctions trop peu effectives. — Quelques tribunaux étatiques ont, occasionnellement, évoqués cette disposition de la « netiquette » afin de motiver certaines décisions ; mais cela reste très loin d'être systématique. — L'effectivité de cette norme est moyenne : psychologiquement, elle est forte, mais comportementalement, elle est faible.

Espèce normative n° 25. — Le droit local

➢ *Exemple : le régime spécial des bouilleurs de cru en Alsace-Moselle*

• *Norme étudiée* : « La distillation est autorisée à toute époque de l'année et à domicile, quelle que soit la quantité d'alcool produite » (décret du 27 juin 1930, précisant les conditions dans lesquelles doivent être appliquées en Alsace-Moselle, compte tenu du statut local antérieur, les dispositions de la loi du 28 févr. 1923, *Portant réglementation générale du privilège des bouilleurs de cru*).

• *Niveau de juridicité* : ⑦ (moyenne-forte)

• *Détail* : valeur : 1/4 ; validité : 2/4 ; qualités : 3/4 ; sanction : 4/4 ; application : 4/4 ; effectivité : 2/4

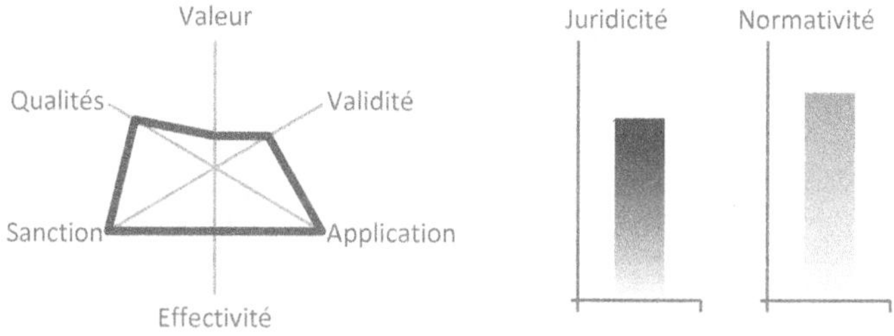

• *Explication* : La norme étudiée, créant une discrimination au sein de la population au départ de la situation géographique et au motif d'un héritage historique désormais lointain, semble, d'un point de vue subjectif, peu légitime, d'autant plus qu'elle a vocation à encourager la production domestique d'alcools forts. — Elle est parfaitement valide formellement dans l'ordre normatif étatique ; matériellement, en revanche, elle paraît contredire certaines dispositions supérieures (ou très supérieures) relatives à l'égalité des citoyens devant la loi ou à la prévention de la consommation d'alcool, cela même si, en soi, l'existence d'un droit local spécifique à l'Alsace-Moselle et justifié par des considérations historiques est matériellement valide. — Cette norme est une norme de conduite obligatoire, précise et intelligible de ses destinataires ; mais elle n'est pas générale puisque, si elle vise tout bouilleur de cru alsacien ou mosellan, elle ne s'applique pas indistinctement sur l'ensemble du territoire couvert par l'ordre étatique, alors pourtant qu'elle a été édictée par des instances étatiques. — L'ordre juridique étatique prévoit la sanction des destinataires de la norme qui ne la respecteraient pas ; si, dans les faits, cette situation ne se produit guère, la sanction doit être considérée comme effective. — S'il est rare que les conditions soient réunies pour qu'elle le soit, cette norme est appliquée par les organes exécutifs d'Alsace-Moselle. — Alors que cette norme est relativement méconnue, nombre de ses destinataires ne la considèrent plus, aujourd'hui, telle une norme valide et s'en détournent ; son effectivité est donc moyenne : elle est forte matériellement (car elle se borne à offrir une possibilité) mais est plus faible symboliquement.

Espèce normative n° 26. — La morale

➢ *Exemple : une norme morale classique*

• *Norme étudiée* : « Il faut être tolérant ».

• *Niveau de juridicité* : ④ (faible)

• *Détail* : valeur : 4/4 ; validité : 0/4 ; qualités : 3/4 ; sanction : 0/4 ; application : 0/4 ; effectivité : 3/4

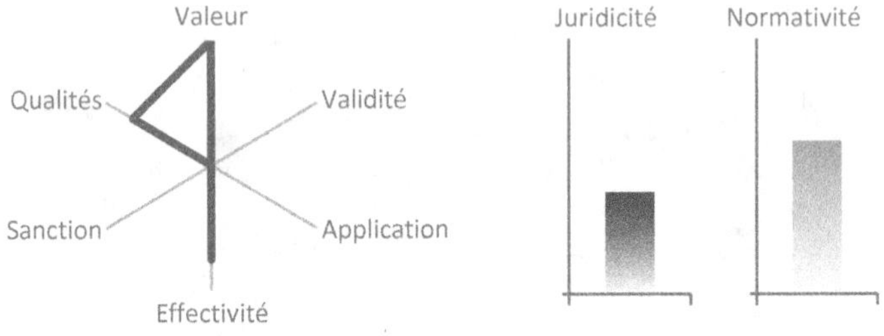

• *Explication* : Par définition semble-t-il, pareille norme morale devrait être jugée légitime car exprimant des idéaux liés au juste et au bien. — Cette norme ne revêt guère de validité car elle ne prend place dans aucun ordre normatif présentant ne serait-ce qu'un début de caractère juridique. — Il s'agit d'une règle de comportement obligatoire et générale ; elle est laconique et son concept central (la tolérance) s'avère relativement abscons, si bien qu'elle ne remplit pas l'exigence de sécurité. — Aucune sanction dans aucun ordre normatif ne s'attache à cette norme morale. — De même, aucun tribunal n'applique, en tout cas expressément, ce principe. — Son effectivité matérielle est faible : certains de ses destinataires s'y conforment quand d'autres, presque aussi nombreux, s'en détournent ; son effectivité symbolique est en revanche nettement plus forte.

Espèce normative n° 27. — La bienséance

➢ *Exemple : une règle de politesse*

• *Norme étudiée* : « Dans les transports en commun, on doit libérer les places assises pour les personnes âgées ».

• *Niveau de juridicité* : ④ (faible)

• *Détail* : valeur : 4/4 ; validité : 0/4 ; qualités : 4/4 ; sanction : 0/4 ; application : 0/4 ; effectivité : 2/4

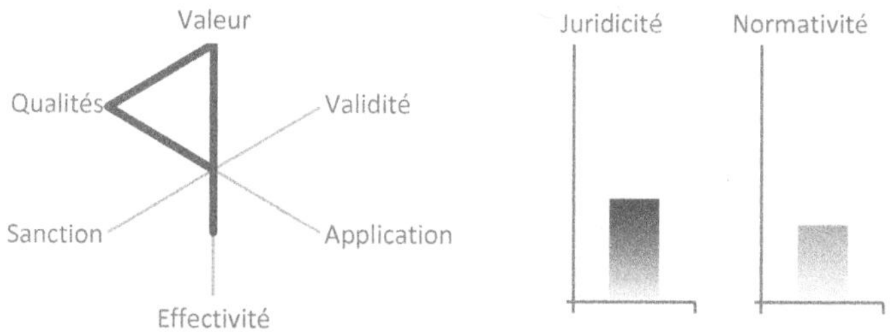

• *Explication* : Cette norme est très légitime sous l'angle du respect, de la civilité et du bien-vivre en commun. — Elle n'appartient pas à un ordre normatif quelque peu développé et n'est donc guère valide. — Elle est une règle de conduite obligatoire, impersonnelle, claire et précise. — Aucune ordre normatif ne prévoit la sanction du non-respect de cette norme. — Nul organe exécutif ne l'applique. — Cette règle de politesse est faiblement effective matériellement et fortement effective symboliquement ; en d'autres termes, beaucoup d'usagers des transports en commun jugent qu'il est bon de laisser sa place en cas de besoin à une personne âgée et, pour autant, ne sont pas prêts à libérer leur propre place.

Espèce normative n° 28. — La religion

➢ *Exemple : une règle de droit canonique*

• *Norme étudiée* : « Sont tenus par les lois purement ecclésiastiques les baptisés dans l'Église catholique ou ceux qui y ont été reçus, qui jouissent de l'usage de la raison et qui, à moins d'une autre disposition expresse du droit, ont atteint l'âge de sept ans accomplis » (Code de droit canonique de 1983, can. 11).

• *Niveau de juridicité* : ⑤ (moyenne-faible)

• *Détail* : valeur : 2/4 ; validité : 2/4 ; qualités : 3/4 ; sanction : 2/4 ; application : 2/4 ; effectivité : 1/4

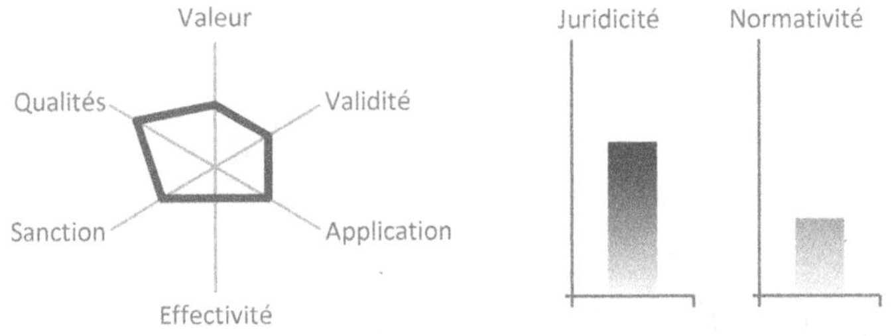

• *Explication* : Cette norme, se bornant à définir le périmètre des destinataires des lois ecclésiastiques, ne paraît pas présenter de particularité au plan des valeurs. — Elle appartient à un ordre normatif dont le niveau de développement est moyen comparativement à un ordre étatique : il comporte suffisamment de normes de procédure pour remplir les fonctions de création, d'application et de juridiction ; il est relativement souverain (c'est-à-dire libre d'élaborer, modifier et abroger les normes qui le constituent) mais moyennement efficace (ses normes ne sont pas toutes effectives ni n'atteignent leurs objectifs) ; la norme étudiée est ainsi moyennement valide. — Il s'agit d'une règle de comportement prescriptive, obligeant ses destinataires à se conformer aux lois ecclésiastiques ; elle est générale et impersonnelle ; mais elle n'assure pas la sécurité juridique : d'une part, elle est méconnue de nombre de ses destinataires (les « baptisés dans l'Église ») et, d'autre part, les idées de « réception par l'Église » et d' « usage de la raison » peuvent sembler absconses. — L'ordre normatif religieux en cause prévoit la sanction du non-respect de cette norme ; cette sanction est effective (peu important qu'elle puisse paraître indolore). — Les organes exécutifs de l'ordre normatif religieux appliquent scrupuleusement cette norme. — Aujourd'hui, il se trouve une grande proportion de non-croyants parmi les baptisés, si bien que l'effectivité de cette norme, tant matérielle que symbolique, est faible ; parmi ses destinataires, les athées sont si nombreux qu'elle ne saurait produire qu'un effet limité.

Espèce normative n° 29. — La loi mafieuse

➤ *Exemple : la loi du silence*

• *Norme étudiée* : « Il est défendu aux membres de la mafia de donner à quiconque toute indication relative à un autre membre ».

• *Niveau de juridicité* : ④ (faible)

• *Détail* : valeur : 0/4 ; validité : 0/4 ; qualités : 4/4 ; sanction : 1/4 ; application : 0/4 ; effectivité : 4/4

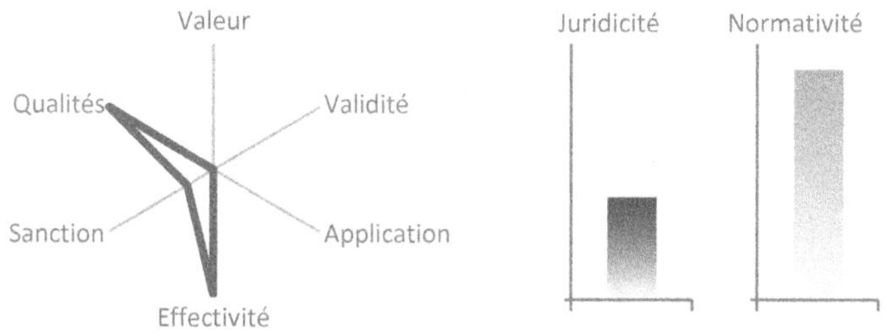

• *Explication* : Cette norme, tant de par son contenu que de par les fins qu'elle poursuit, peut être jugée illégitime, notamment dès lors qu'elle s'oppose à l'idéal de justice qui implique la collaboration avec les organes juridictionnels et la dénonciation des délits et des crimes. — Cette norme est associée à un ordre normatif (celui formé par la mafia) peu développé, mal structuré et reposant sur nombre de normes tacites ; elle-même est une norme implicite, si bien que sa validité est nulle. — Il s'agit d'une règle de comportement obligatoire et impersonnelle puisque visant tout membre du groupe quel qu'il soit ; elle est claire, précise et compréhensible. — Une norme de l'ordre normatif mafieux sanctionne de la peine de mort le non-respect de la loi du silence ; et cette sanction est relativement effective ; toutefois, cette norme de sanction étant elle-aussi tacite, le critère de la sanction ne saurait être rempli que très faiblement. — L'ordre normatif ne comporte pas d'organes d'exécution, notamment pas d'organes juridictionnels ; cette norme n'est donc pas appliquée au sens du critère de l'application juridique. — Son taux d'effectivité n'en est pas moins très élevé : les membres de la mafia jugent, sauf rares exceptions, la loi du silence légitime et s'y conforment en toutes circonstances.

Espèce normative n° 30. — La règle familiale

➢ *Exemple : une norme dans une famille*

• *Norme étudiée* : « Dans la famille F, le père de famille défend à ses jeunes enfants d'aller se coucher après 22 heures ».

• *Niveau de juridicité* : ④ (faible)

• *Détail* : valeur : 3/4 ; validité : 1/4 ; qualités : 3/4 ; sanction : 1/4 ; application : 0/4 ; effectivité : 3/4

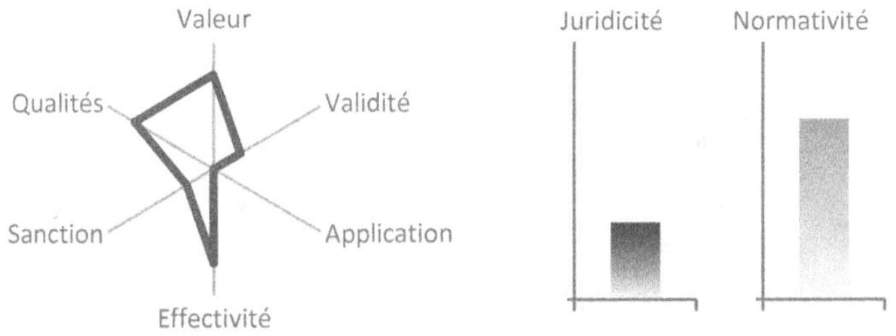

• *Explication* : Si cette norme résulte de l'arbitraire d'un homme, sa fin est de veiller à la bonne santé et au bon développement des enfants ; elle semble donc plutôt légitime. — Elle intègre un ordre normatif familial très peu développé mais qui semble néanmoins devoir être pris en compte : s'il comporte beaucoup de normes tacites et peu de normes secondaires, et s'il remplit mal les fonctions de création, d'application et de juridiction, il présente une souveraineté et une efficacité minimales ; aussi la norme étudiée apparaît-elle faiblement valide mais néanmoins valide. — Il s'agit d'une norme de conduite obligatoire ; elle est précise et claire ; mais elle n'est pas générale et impersonnelle puisqu'elle vise uniquement les enfants de la famille F. — Dans l'ordre normatif familial, elle est accompagnée d'une sanction explicite en cas de non-respect (les enfants seront privés de dessert) ; cette sanction est effective mais elle relève donc d'un ordre normatif peu organisé. — Cet ordre normatif ne donne lieu à aucun organe juridictionnel ou administratif susceptible de mobiliser la norme. — Cette dernière est fortement effective comportementalement puisque les enfants, le plus souvent, s'y conforment ; en revanche, elle est nettement moins effective psychologiquement car ils la trouvent injuste, infondée.

Espèce normative n° 31. — La règle de groupe

➢ *Exemple : une norme dans un groupe d'amis*

• *Norme étudiée* : « À l'occasion de leurs anniversaires respectifs, X., Y., Z., A. et B. se retrouvent et s'offrent des cadeaux ».

• *Niveau de juridicité* : ④ (faible)

• *Détail* : valeur : 2/4 ; validité : 0/4 ; qualités : 3/4 ; sanction : 0/4 ; application : 0/4 ; effectivité : 4/4

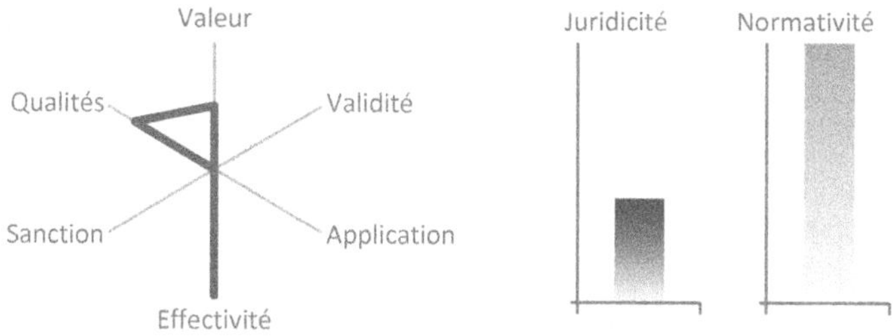

• *Explication* : Cette norme ne présente pas de particularité d'un point de vue axiologique. — Elle émane d'un ordre normatif insignifiant juridiquement et est tacite ; sa validité est donc nulle. — Elle consiste en une norme de conduite obligatoire, claire et intelligible ; en revanche, elle n'est pas générale, pas impersonnelle mais applicable à des individus nommément identifiés. — Aucune sanction ne lui est attachée. — Aucun organe exécutif ne l'applique. — Elle est néanmoins parfaitement respectée par ses cinq destinataires (X., Y., Z., A. et B.), qui la jugent légitime.

Espèce normative n° 32. — La règle de la tribu

➢ *Exemple : un usage esquimau*

• *Norme étudiée* : « En cas de conflit entre deux membres de la tribu, ils se départagent par un concours de chant *a capella* ».

• *Niveau de juridicité* : ④ (faible)

• *Détail* : valeur : 0/4 ; validité : 2/4 ; qualités : 4/4 ; sanction : 0/4 ; application : 0/4 ; effectivité : 4/4

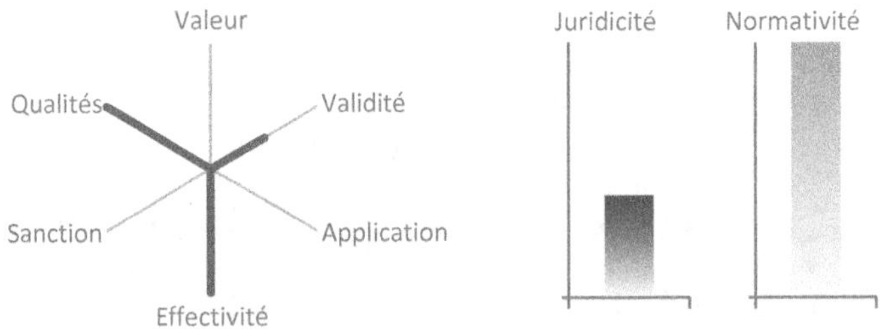

• *Explication* : Subjectivement, cette norme peut être jugée illégitime parce que contraire à l'idéal de bonne justice, contraire à l'idée selon laquelle toute justice devrait être rendue par un tiers désintéressé et sur la base d'éléments objectifs. — Elle est valide dans un ordre normatif relativement sommaire, ne remplissant que très imparfaitement les fonctions de création, d'application et de juridiction ; en revanche, cet ordre normatif est plutôt souverain (*i.e.* libre d'élaborer, modifier et abroger les normes qui le constituent) et plutôt efficace (*i.e.* ses normes sont dans l'ensemble respectées et atteignent leurs objectifs). — Il s'agit d'une norme de procédure, organisant le fonctionnement de la tribu ; elle est obligatoire, générale, claire et aisément compréhensible. — L'ordre normatif de la tribu, très partiel, ne prévoit guère de sanction en cas de violation de cette norme. — Il ne comporte pas davantage d'organe exécutif susceptible de l'appliquer. — Les membres de la tribu s'y conforment, sans exception ; elle est effective tant matériellement que symboliquement.

Espèce normative n° 33. — Le droit antique

➢ *Exemple : la justice de l'Égypte antique*

• *Norme étudiée* : « Les procès intentés contre ceux qui mettent en danger la sécurité de l'Égypte sont placés sous la vigilance de Pharaon ; il est délégué au vizir, le premier magistrat, le soin de rendre la justice de Maât au nom de Pharaon » (règle de base du système judiciaire de l'Égypte antique (point de vue : contemporain à la norme)).

• *Niveau de juridicité* : ⑤ (moyenne-faible)

• *Détail* : valeur : 0/4 ; validité : 2/4 ; qualités : 4/4 ; sanction : 0/4 ; application : 2/4 ; effectivité : 4/4

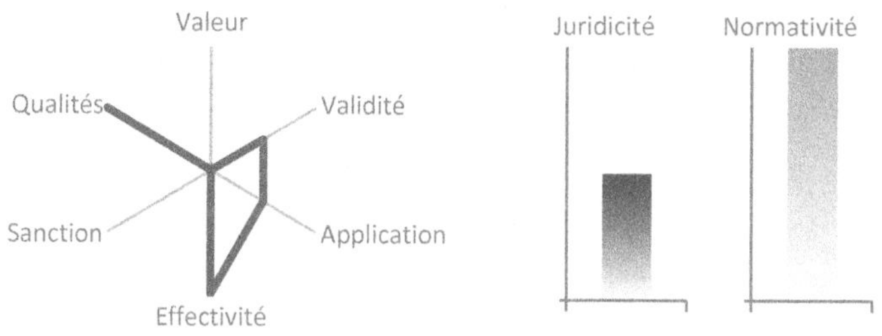

• *Explication* : Faisant reposer la justice des hommes sur des fondements irrationnels et risquant d'amener cette justice à des dérives regrettables, cette norme peut être subjectivement jugée illégitime. — Elle prend place dans un ordre normatif moyennement développé comparativement à ce qu'est un État moderne (il comprend beaucoup moins de normes secondaires et remplit moins parfaitement les fonctions de création, d'application et de juridiction, même s'il apparaît plutôt souverain et efficace) ; la validité de la norme étudiée est donc moyenne. — Il s'agit d'une règle procédurale (gouvernant le fonctionnement des institutions) à la fois obligatoire et générale ; elle est, en outre, aisément compréhensible par ses destinataires (les magistrats et, indirectement, la population de l'Égypte antique). — L'ordre normatif de l'Égypte antique n'associe aucune sanction à cette disposition. — Les organes juridictionnels de l'Égypte antique appliquent sans exception cette norme dont ils sont les destinataires. — Elle est ainsi parfaitement effective tant matériellement que symboliquement.

Espèce normative n° 34. — Le droit romain

➢ *Exemple : le* ius civile *(« droit des citoyens »)*

• *Norme étudiée* : « La procédure du *sacramentum* peut être utilisée dans toutes les hypothèses prévues par la Loi des Douze Tables » (règle issue des *legis actiones*, procédure civile romaine classique, Ve s. av. J.-C. (point de vue : contemporain à la norme)).

• *Niveau de juridicité* : ❽ (forte)

• *Détail* : valeur : 2/4 ; validité : 3/4 ; qualités : 4/4 ; sanction : 3/4 ; application : 3/4 ; effectivité : 4/4

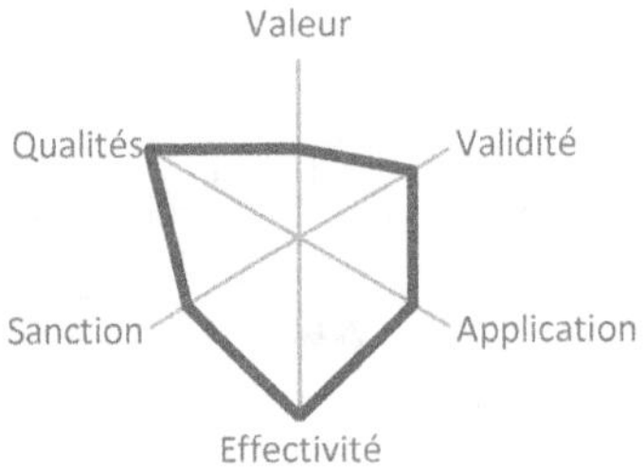

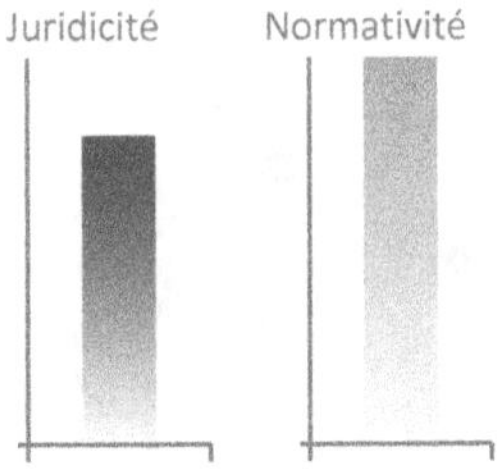

• *Explication* : Cette disposition peut être jugée neutre axiologiquement ; elle ne présente guère de spécificité sous l'angle de la valeur juridique. — Elle est valide formellement et matériellement dans un ordre normatif remarquablement développé, comportant nombre de normes secondaires organisant les activités de création du droit, d'application du droit et de juridiction, sans toutefois qu'il atteigne le niveau de perfectionnement des États modernes. — Il s'agit d'une norme attributive (créant un droit ou un pouvoir au profit de ses destinataires) ; elle est générale et obligatoire ; elle est suffisamment claire et précise pour être comprise par ses destinataires qui sont tous les citoyens et tous les jurisconsultes romains. — L'ordre normatif romain organise la sanction de l'éventuel non-respect de cette disposition et cette sanction est effective. — Les organes juridictionnels romains appliquent cette norme lorsque les conditions sont réunies pour qu'elle le soit. — Elle est très effective tant matériellement que symboliquement, ne rencontrant aucune résistance ni comportementale ni psychologique.

Espèce normative n° 35. — Le droit médiéval

➢ *Premier exemple : une charte médiévale*

• *Norme étudiée* : « Qu'il soit établi une juridiction honorable pour les riches et les pauvres » (Charte de Kortenberg, art. 2 (point de vue : contemporain à la norme)).

• *Niveau de juridicité* : ⑤ (moyenne-faible)

• *Détail* : valeur : 3/4 ; validité : 2/4 ; qualités : 4/4 ; sanction : 0/4 ; application : 1/4 ; effectivité : 1/4

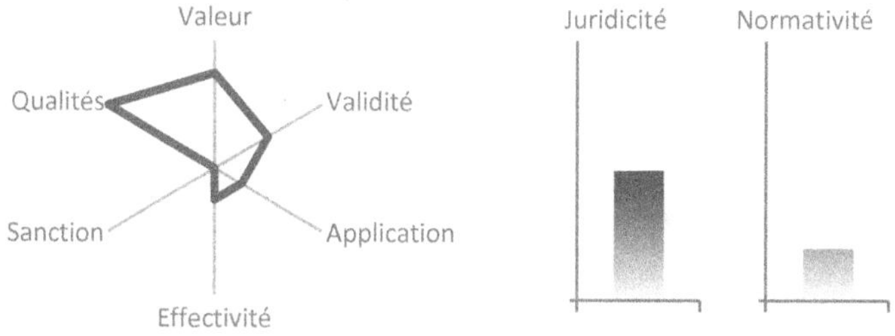

• *Explication* : Cette disposition se singularise par sa fin égalitariste ; elle semble ainsi revêtir une valeur plutôt élevée. — Elle intègre un ordre juridique en gestation, un ordre normatif au niveau de développement limité : beaucoup de pans des institutions manquent de normes de procédure pour éviter l'arbitraire, tandis que la souveraineté et l'efficacité sont moyennes. — Il s'agit d'une norme à la fois procédurale et attributive (offrant en théorie un nouveau droit à ses destinataires) ; elle est obligatoire et générale ; elle est suffisamment claire et précise bien que très générale. — Aucune sanction, en cas de non-respect de la norme, n'est prévue dans l'ordre normatif. — Des organes exécutifs sont supposés appliquer cette disposition ; dans les faits, si le conseil de Kortenberg se réunit périodiquement, l'application est très insuffisante. – L'effectivité de la règle étudiée est faible : certes, symboliquement, son impact pourrait être fort, seulement n'est-elle portée à la connaissance que d'une minorité d'individus ; matériellement, elle n'emporte que peu de conséquences ; elle apparaît davantage telle une pétition de principe.

➢ *Second exemple : la taille dans un fief*

• *Norme étudiée* : « La taille sera perçue dans quatre cas : lorsque le seigneur P sera prisonnier ; lorsque le seigneur P partira en Terre Sainte ; lorsque le seigneur P armera chevalier son fils aîné ; lorsque le seigneur P mariera sa fille aînée » (point de vue : contemporain à la norme).

• *Niveau de juridicité* : ⑤ (moyenne-faible)

• *Détail* : valeur : 0/4 ; validité : 2/4 ; qualités : 4/4 ; sanction : 2/4 ; application : 2/4 ; effectivité : 3/4

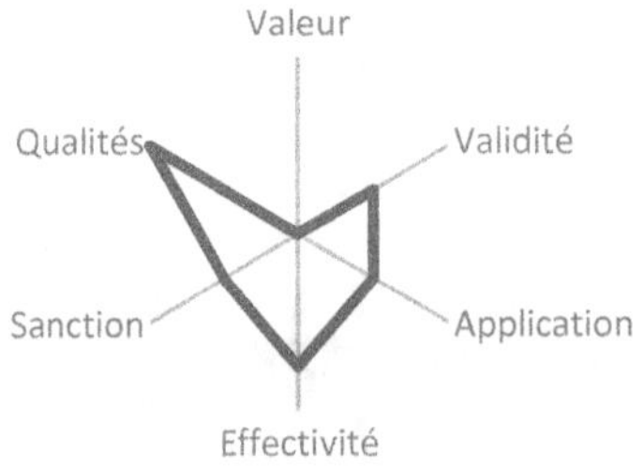

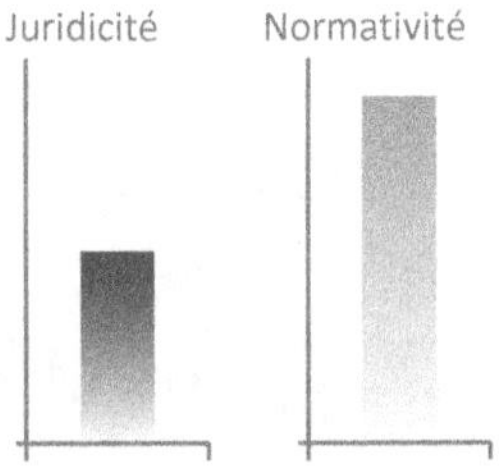

• *Explication* : L'impôt en question est arbitraire et injuste ; il s'oppose aux idéaux d'égalité et de liberté portés par le chercheur étudiant la norme. — Cette dernière est valide tant formellement que matériellement dans un ordre juridique primaire, dans un ordre normatif dont l'organisation s'avère fort sommaire, loin de celle des États modernes. — Il s'agit d'une norme de conduite prescriptive (l'obligation de payer la taille dans les cas mentionnés) ; elle est tout à fait claire, précise et intelligible ; elle est aussi générale : si elle provient du seigneur P précisément identifié, ses destinataires, tous les habitants de son fief, sont désignés de manière impersonnelle. — L'ordre normatif de cette norme, bien que sommaire, organise (là aussi sommairement) la sanction des éventuels contrevenants ; cette sanction est largement effective. — Des autorités exécutives, dans le fief, font appliquer la norme étudiée. — Celle-ci est fortement effective dans les faits puisque les habitants du fief, dans l'ensemble, paient la taille ; elle l'est sensiblement moins dans leur psyché collective et beaucoup la jugent injuste.

Espèce normative n° 36. — Le droit nazi

➢ *Premier exemple : une règle de droit nazi de 1934*

• *Norme étudiée* : « Les mariages entre juifs et citoyens de sang allemand ou apparenté sont prohibés ; de tels mariages sont réputés nuls, même s'ils ont été conclus à l'étranger » (Loi du 15 sept. 1935, *De protection du sang allemand et de l'honneur allemand*, art. 1er (point de vue : contemporain à la norme)).

• *Niveau de juridicité* : ⑦ (moyenne-forte)

• *Détail* : valeur : 0/4 ; validité : 4/4 ; qualités : 4/4 ; sanction : 3/4 ; application : 4/4 ; effectivité : 2/4

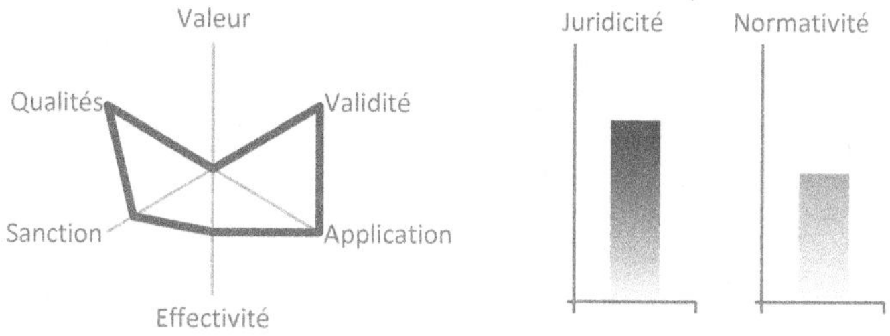

• *Explication* : Cette norme discriminatoire et antisémite ne revêt aucune valeur. — Elle est valide, formellement mais aussi matériellement, dans un ordre normatif étatique, soit un ordre normatif très développé juridiquement, comportant un grand nombre de normes secondaires, remplissant à la fois les fonctions de création, d'application et de juridiction, souverain et efficace. — Il s'agit d'une règle de comportement générale et obligatoire ; elle est claire, précise et compréhensible par ses destinataires. — L'ordre normatif de l'État allemand prévoit la sanction pénale du non-respect de cette norme ; toutefois, cette sanction n'est qu'à moitié effective car de nombreux contrevenants y échappent. — Les organes exécutifs de l'État allemand, dans leur ensemble, appliquent cette disposition. — Cette dernière est moyennement effective : tant matériellement que symboliquement, ses destinataires (la population allemande) se scindent en deux camps : d'une part, ceux qui la jugent légitime et nécessaire et qui s'y conforment strictement ; d'autre part, ceux qui la jugent injuste et qui, éventuellement, l'enfreignent.

➢ *Second exemple : une règle de droit nazi de 1941*

• *Norme étudiée* : « Les juifs doivent être éliminés physiquement » (ordre du Führer Adolf Hitler à Heinrich Himmler, chef des SS, et à Reinhard Heydrich, directeur de l'Office central de la sécurité du Reich, été 1941 (point de vue : contemporain à la norme)).

• *Niveau de juridicité* : ⑥ (moyenne)

• *Détail* : valeur : 0/4 ; validité : 3/4 ; qualités : 4/4 ; sanction : 1/4 ; application : 3/4 ; effectivité : 3/4

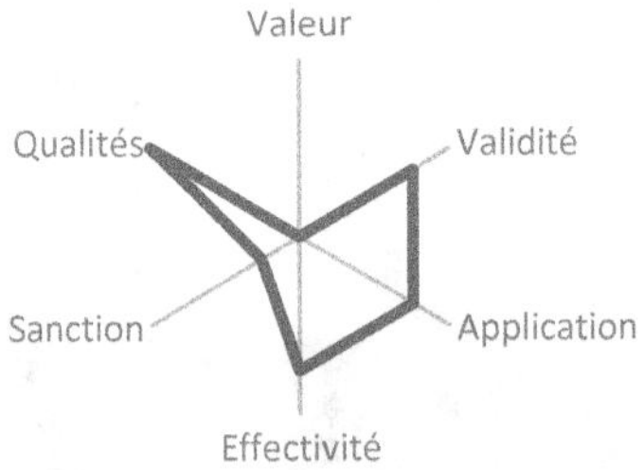

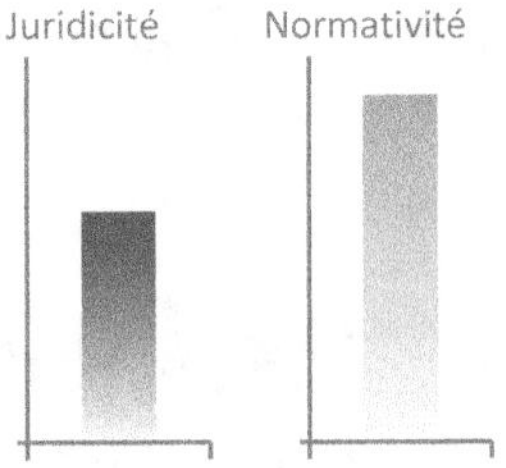

• *Explication* : Cette norme antisémite, arbitraire et violente contrevient à tous les principes naturels défendus par l'observateur ; elle n'a donc aucune valeur de son point de vue. — Elle est valide formellement et matériellement dans l'ordre normatif de l'État nazi puisque le Führer est habilité à prendre discrétionnairement toute décision ; toutefois, cet ordre normatif n'est plus aussi développé juridiquement qu'auparavant car l'arbitraire de quelques hommes (et surtout de l'un d'entre eux) a remplacé les normes procédurales dans beaucoup de domaines ; la souveraineté et l'efficacité, elles, s'attachent toujours à cet ordre normatif. — Il s'agit d'une norme de procédure, censée orienter le comportement de certains organes de l'État ; elle est obligatoire ; elle est aussi générale puisque, bien qu'alors communiquée à deux individus personnellement identifiés, ceux-ci ne sont que des canaux de transmission et la norme vise *in fine* tous les organes de l'État ; enfin, la norme étudiée est suffisamment claire et explicite pour pouvoir être comprise par ses destinataires. — L'ordre juridique positif ne prévoit pas expressément la sanction des destinataires de la norme (les officiers chargés d'organiser l'élimination physique des personnes d'origine juive) dans l'hypothèse où ils ne la respecteraient pas ; si cette sanction est certainement possible, ce n'est qu'en raison de l'arbitraire du régime nazi et en raison de l'obligation générale de loyauté qui, elle, est bel et bien portée par l'ordre normatif. — Les organes exécutifs de l'État nazi mettent concrètement en œuvre la norme ; mais ils relèvent donc d'un ordre normatif imparfait. — Ces organes exécutifs étant les destinataires de la norme, celle-ci est plutôt effective : dans leur ensemble, ils s'y conforment, bien qu'un certain nombre d'entre eux n'y adhèrent guère, si bien que l'effectivité comportementale est nettement supérieure à l'effectivité psychologique.

• *Note* : La question de savoir si le « droit » nazi peut être qualifié de droit (ou si les pouvoirs publics nazis peuvent être qualifiés d'« État ») a déjà été souvent posée, mettant notamment aux prises les jusnaturalistes (tenants de la non-juridicité des règles nazies) et les jusposititivistes (tenants de leur juridicité). Peut-être faut-il préférer une réponse nuancée telle que celle selon laquelle la juridicité du « droit » nazi ne saurait être ni pleine ni nulle, telle que celle selon laquelle il ne pourrait s'agir que de droit sous certains aspects et de non-droit sous d'autres aspects. Le critère de la valeur juridique, même s'il est subjectivement dépendant des opinions du chercheur, semble empêcher les normes nazies d'atteindre les niveaux les plus élevés de la force juridique. Mais il serait peut-être erroné d'estimer, contre la réalité historique, qu'elles n'étaient pas du droit, notamment sous l'angle de leurs effets et sous l'angle de leur lien avec des institutions étatiques.

Espèce normative n° 37. — La loi du talion

➢ *Exemple : « œil pour œil, dent pour dent »*

• *Norme étudiée* : « Qui porte un dommage à quelqu'un subira une punition du même ordre que le tort qu'il a provoqué » (point de vue : en Europe occidentale et à l'ère contemporaine).

• *Niveau de juridicité* : ① (très faible)

• *Détail* : valeur : 0/4 ; validité : 0/4 ; qualités : 4/4 ; sanction : 0/4 ; application : 0/4 ; effectivité : 1/4

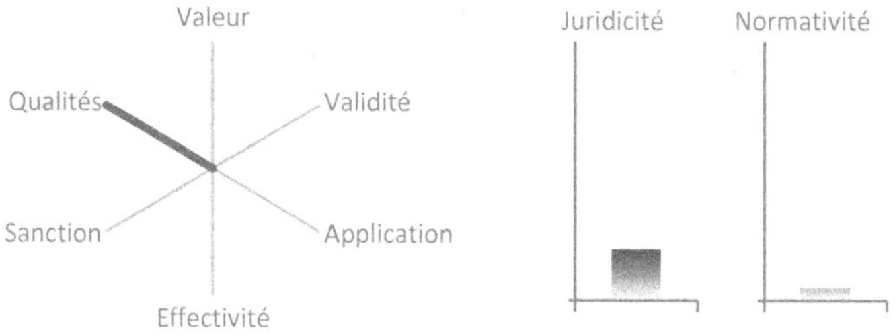

• *Explication* : La loi du talion est contraire à différents idéaux républicains et notamment à celui selon lequel la justice ne saurait être rendue que par des tiers indépendants disposant du pouvoir officiel d'infliger des peines. — Elle n'intègre aucun ordre normatif minimalement développé et n'a donc aucune validité. — Elle satisfait en revanche à toutes les exigences nomo-qualitatives : c'est un précepte comportemental à la portée générale, obligatoire et suffisamment clair, précis et accessible. — Aucune sanction organisée ne l'accompagne dans un quelconque ordre normatif. — Aucun organe exécutif, même lié à un ordre normatif imparfait, ne la met en œuvre. — La loi du talion n'a d'effectivité matérielle et symbolique qu'au sein d'une partie très marginale de la population, notamment chez des bandes rivales prospérant grâce au trafic de drogue, ce qui ne suffit pas à remplir même faiblement le critère de l'effectivité.

• *Note* : Cet exemple, avec bien d'autres présentés en ces pages, tend à montrer que le critère des qualités nomo-juridiques (fait d'être une règle de conduite, de procédure ou attributive, d'être obligatoire, d'être générale et d'être précise, claire et accessible) serait davantage un critère de reconnaissance des normes ou règles en général que de leur caractère spécifiquement juridique. Dès lors, avoir la signification de norme suffirait à accéder dans le même temps à la signification de norme juridique. Il est vrai qu'au sein de la pensée juridique collective beaucoup évoquent indistinctement des « normes » et des « normes juridiques » et que le panjuridisme (selon lequel toute norme serait juridique) prend chaque jour un peu plus d'importance. Ainsi ce critère des qualités nomo-juridiques (plus « nomo » donc que « juridiques ») permet-il d'assurer une juridicité, certes faible ou très faible, à des normes qui, à l'image de la loi du talion, risqueraient sans cela de présenter un niveau de force juridique nul.

Espèce normative n° 38. — La spécification technique

> ➢ *Exemple : une norme technique permettant de standardiser la fabrication d'une catégorie d'objets*

• *Norme étudiée* : « La longueur entre A et B doit être de 146 mm ».

• *Niveau de juridicité* : ⑤ (moyenne-faible)

• *Détail* : valeur : 2/4 ; validité : 1/4 ; qualités : 4/4 ; sanction : 0/4 ; application : 0/4 ; effectivité : 4/4

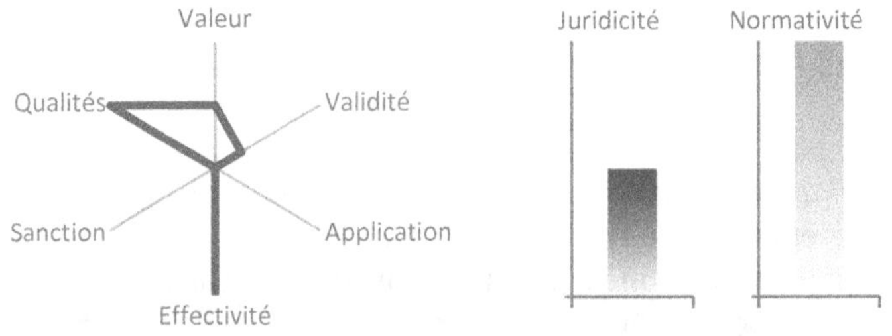

• *Explication* : La norme technique se présente tel un objet normatif neutre axiologiquement. — Elle est entièrement valide dans un ordre normatif faiblement développé : celui formé par les acteurs économiques d'un secteur particulier. — Il s'agit d'une règle de conduite à l'intention des entreprises produisant l'objet en cause ; elle est obligatoire et générale puisque visant indistinctement tout acteur du secteur ; elle est claire et précise, aisément intelligible. — Si le non-respect de la spécification technique peut générer une forme de sanction, à savoir le rejet par les consommateurs et les partenaires économiques, aucune sanction n'est en revanche organisée dans un quelconque ordre normatif. — Aucun organe exécutif, qu'il soit étatique ou qu'il relève d'un ordre normatif moins développé, ne met en œuvre la norme technique. — Celle-ci est parfaitement respectée et jugée totalement légitime par ses destinataires pour lesquels elle n'est pas une contrainte mais plutôt une garantie.

Espèce normative n° 39. — La norme comptable

➢ *Exemple : une norme IFRS (International Financial Reporting Standards)*

• *Norme étudiée* : « Une approche bilancielle (donnant priorité au bilan sur le compte de résultat) devrait être retenue ».

• *Niveau de juridicité* : ④ (faible)

• *Détail* : valeur : 2/4 ; validité : 1/4 ; qualités : 3/4 ; sanction : 0/4 ; application : 0/4 ; effectivité : 3/4

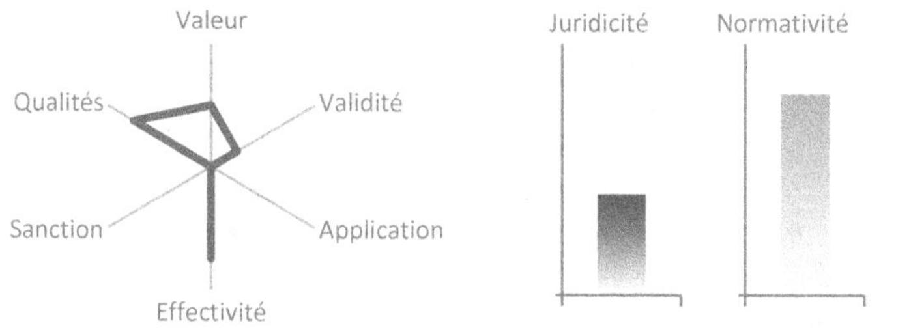

• *Explication* : La norme ici étudiée ne présente pas de particularité du point de vue des valeurs portées par l'observateur. — Elle est formellement et matériellement valide au sein d'un ordre normatif peu développé juridiquement, en comparaison du niveau d'aboutissement d'un État : il compte beaucoup moins de normes de procédure et remplit imparfaitement les fonctions de création, d'application et de juridiction ; de plus, s'il est relativement efficace, sa souveraineté s'avère fort limitée. — Cette norme comptable constitue une règle de conduite générale ; elle est aisément compréhensible par ses destinataires ; en revanche, elle n'est pas conçue sur un mode prescriptif mais sur un mode incitatif, recommandatoire. — Aucune sanction organisée ne l'accompagne. — Aucun organe exécutif, même relevant d'un ordre normatif primaire, ne l'applique au sens du critère de l'application juridique. — Étant dans la majorité des cas acceptée et suivie, son effectivité est plutôt forte.

Espèce normative n° 40. — La norme managériale

➢ *Exemple : une norme managériale ISO*

• *Norme étudiée* : « Pour mettre en place un management de la santé et de la sécurité au travail, l'entreprise doit identifier les non-conformités facteurs de risques pour y remédier en mettant en place les actions correctives ou préventives nécessaires » (norme OHSAS (British Standard Occupational Health and Safety Assessment Series) 18001 sur les systèmes de management de la santé sécurité au travail convertie en norme ISO).

• *Niveau de juridicité* : ⑥ (moyenne)

• *Détail* : valeur : 2/4 ; validité : 2/4 ; qualités : 4/4 ; sanction : 2/4 ; application : 2/4 ; effectivité : 3/4

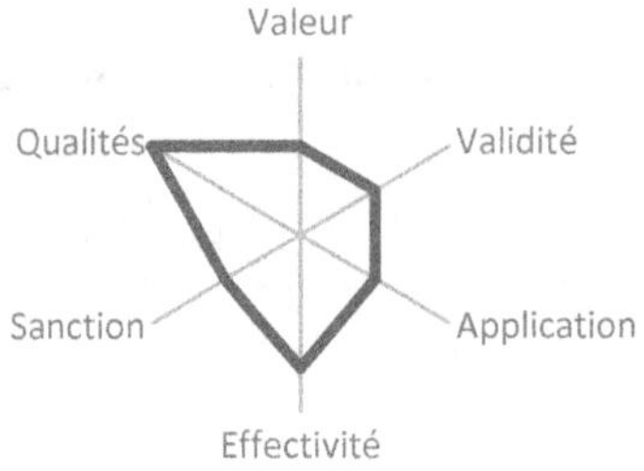

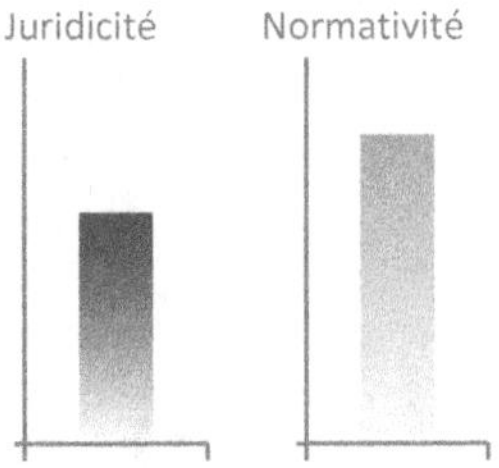

• *Explication* : Cette norme peut être jugée neutre au plan des valeurs défendues par le chercheur. — Elle est pleinement valide au sein d'un ordre normatif semi-développé, à savoir celui construit par l'Organisation Internationale de Normalisation (ISO, organisation non gouvernementale représentant un réseau d'instituts nationaux issus de 165 pays), qui comporte un nombre plutôt significatif de normes de procédure et dont l'efficacité est importante. — Il s'agit d'une règle de conduite ; celle-ci est à la fois, générale, claire, précise et accessible ; elle est aussi obligatoire car, à l'égard du sous-critère du caractère prescriptif, il importe peu que la norme fonctionne sur la base du volontarisme, l'important étant sa formulation et sa portée obligatoires ; en d'autres termes, si ses destinataires sont des volontaires, la norme n'en est pas moins obligatoire à leur égard. — L'ordre normatif de l'ISO, moyennement développé, organise la sanction du non-respect de la norme ; cette sanction est effective. — Les organes exécutifs de l'ISO appliquent cette norme dès lors que les conditions sont réunies pour qu'elle le soit. — Dans l'ensemble, cette norme est plutôt bien acceptée et respectée par ses destinataires.

Espèce normative n° 41. — Le mode alternatif de résolution des conflits

> *Exemple : la procédure de résolution des litiges de l'AFNIC (Association française pour le nommage Internet en coopération), dont les décisions constituent la « jurisprudence du .fr »*

• *Norme étudiée* : « Le Collège considère que le requérant a démontré que le Titulaire du nom de domaine <bouyguestelecomm.fr> utilisait celui-ci aux fins de le vendre au Requérant dans un but spéculatif et qu'il existait un faisceau d'indices suffisant pour conclure à la mauvaise foi manifeste du Titulaire. Le Collège considère donc que l'enregistrement du nom de domaine <bouyguestelecomm.fr> par le Titulaire constitue une violation manifeste de l'article R. 20-44-45 du Décret. La transmission du nom de domaine au Requérant est accordée » (décision FR-00143, 12 avr. 2010).

• *Niveau de juridicité* : ⑦ (moyenne-forte)

• *Détail* : valeur : 3/4 ; validité : 3/4 ; qualités : 3/4 ; sanction : 1/4 ; application : 3/4 ; effectivité : 4/4

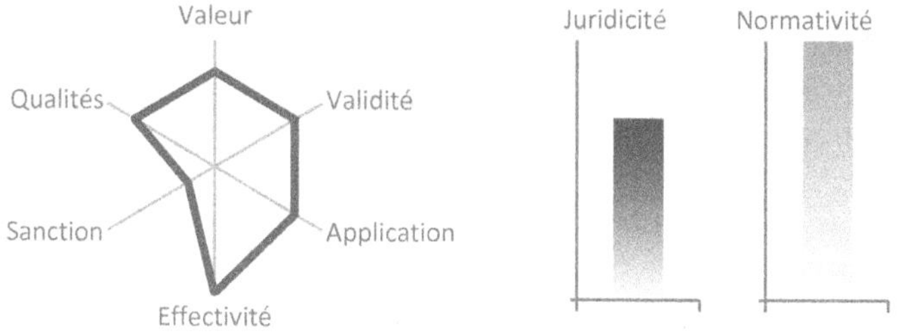

• *Explication* : Condamnant un individu s'étant rendu coupable d'un acte de typosquattage (consistant à enregistrer une adresse web faisant référence à une personnalité ou à une entreprise afin de bénéficier de sa notoriété ou afin de la lui revendre postérieurement (comme en l'espèce)), cette décision semble légitime. — Elle est valide formellement mais aussi matériellement dans un ordre normatif remarquablement développé : s'il n'est guère souverain car largement dépendant d'un ordre normatif étatique avec lequel il ne doit pas entrer en contradiction, il s'avère fort efficace et il comporte nombre de normes secondaires organisant la création des devoir-être, leur application, ainsi que la résolution des litiges. — La décision étudiée donne lieu à une règle de conduite obligatoire (le titulaire doit rendre le nom de domaine usurpé au requérant) ; celle-ci est aisément compréhensible ; en revanche, sa portée est individuelle puisqu'elle intéresse seulement les deux parties en conflit. — L'éventuel non-respect de cette norme individuelle est l'objet d'une sanction organisée dans l'ordre normatif de l'AFNIC ; toutefois, la portée de cette sanction est limitée et il est difficile de savoir si elle pourrait être effective. — Seul l'organe de résolution des litiges de l'AFNIC met en œuvre sa propre décision qui, en l'état, n'est pas appliquée par ailleurs par un quelconque organe étatique. — L'effectivité de la norme individuelle est totale : l'auteur de l'usurpation d'identité consent à transmettre le nom de domaine litigieux au requérant ; de plus, il n'estime pas la décision de l'organe de résolution des litiges infondée car il est conscient du caractère malhonnête de son acte.

Espèce normative n° 42. — Le label

➢ *Exemple : un label alimentaire*

• *Norme étudiée* : « Le label "AB" (Agriculture Biologique) est accordé lorsqu'au moins 95 % des ingrédients sont issus de l'agriculture biologique, c'est à dire d'un mode de production respectueux de l'environnement et du bien être animal, qui interdit l'utilisation des produits de synthèse et des OGM, défini dans un cahier des charges très strict avec des contrôles systématiques ».

• *Niveau de juridicité* : ⑥ (moyenne)

• *Détail* : valeur : 2/4 ; validité : 2/4 ; qualités : 4/4 ; sanction : 2/4 ; application : 2/4 ; effectivité : 4/4

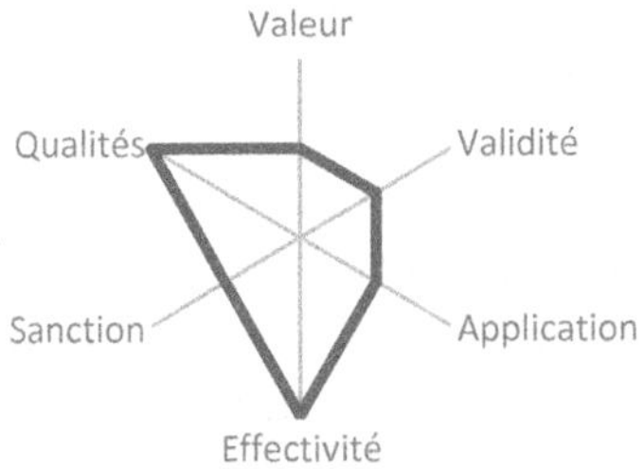

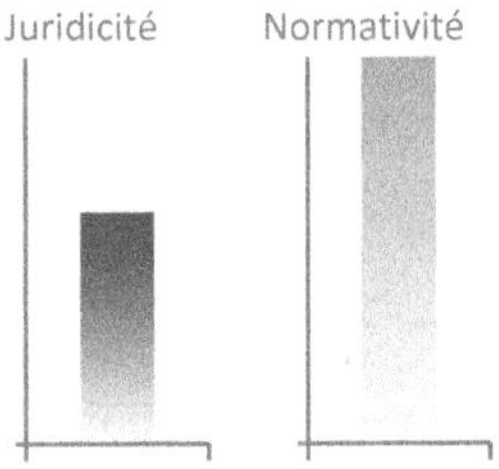

• *Explication* : Subjectivement appréhendée, par un chercheur ne faisant pas du développement de l'agriculture biologique une priorité, cette norme ne saurait être jugée ni « bonne » ni « mauvaise ». — Elle est valide au sein d'un ordre normatif moyennement développé juridiquement, qui organise les trois fonctions de création, d'application et de juridiction, mais de manière très sommaire, loin du niveau de perfectionnement d'un État ; en revanche, cet ordre normatif est très performant normativement : ses normes sont respectées par leurs destinataires et atteignent leurs objectifs. — La norme étudiée est une norme de conduite ; elle est obligatoire et générale puisque visant tous les prétendants au label « AB » impersonnellement ; elle est également claire, précise et accessible. — La sanction du non-respect de cette norme est clairement établie dans l'ordre normatif du label : le retrait dudit label ou sa non-attribution ; et cette sanction est effective. — L'ordre normatif du label organise la réunion d'une commission dont l'objet est d'attribuer, maintenir ou retirer le label à l'aune de la présente norme ainsi que d'autres normes. — La norme ici en cause est parfaitement effective : ses destinataires (les prétendants au label « AB ») cherchent à s'y conformer au mieux et la jugent pertinente.

Espèce normative n° 43. — Le standard

➢ *Exemple : un standard informatique*[1]

• *Norme étudiée* : « Un programme PostScript est composé d'une séquence de mots séparés par des espaces, tabulation (TAB), retour chariot (CR), avance de ligne (LF), ou commentaires. L'interpréteur analyse chaque mot du programme PostScript séquentiellement en fonctionnant comme un calculateur en notation polonaise inverse, c'est-à-dire que chaque mot est évalué, puis le (ou les) résultat(s) de cette évaluation est (sont) placé(s) au sommet de la pile, et ainsi de suite » (standard ouvert PostScript, langage de description de page (textes, images, polices, couleurs etc.) mis au point par la société Adobe).

• *Niveau de juridicité* : ④ (faible)

• *Détail* : valeur : 2/4 ; validité : 1/4 ; qualités : 4/4 ; sanction : 0/4 ; application : 0/4 ; effectivité : 4/4

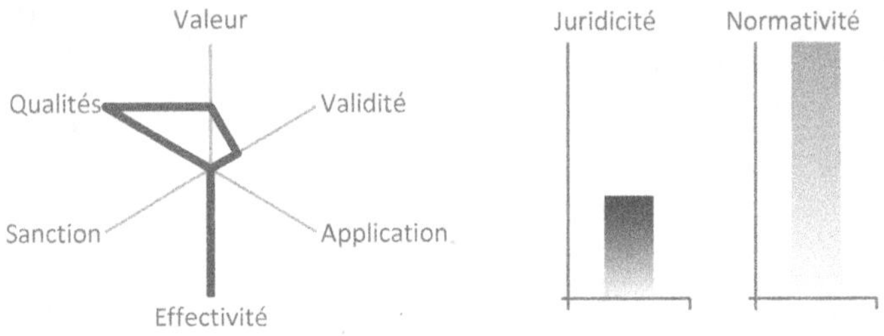

• *Explication* : Cette norme d'ordre purement technologique ne peut qu'être jugée neutre en termes axiologiques ; comme l'internet et le web, elle est susceptible de servir les causes les plus louables comme les causes les plus détestables (en fonction de l'objet des pages web créées grâce à elle). — Elle est valide dans l'ordre normatif bâti par la société Adobe, lequel est très peu développé à tous les points de vue sauf sous l'angle de l'efficacité. — Elle constitue une norme de conduite obligatoire, générale et aisément compréhensible par ses destinataires qui sont des programmeurs informatiques (qu'elle s'appuie sur un langage excessivement spécialisé n'est donc pas un obstacle à la sécurité juridique). — Son non-respect n'est associé à aucune sanction. — Nul organe exécutif d'un quelconque ordre normatif ne l'applique. — Elle est parfaitement effective : tous les programmeurs souhaitant utiliser le standard ouvert PostScript s'y conforment, sans quoi les pages web qu'ils élaborent demeureraient inaccessibles.

[1] Un standard est une norme de référence publiée par une entité privée autre qu'un organisme de normalisation national ou international ou non approuvée par un de ces organismes pour un usage national ou international. On ne parle de standard qu'à partir du moment où le référentiel a une diffusion large.

Espèce normative n° 44. — Le protocole

➢ *Exemple : un protocole de communication*

• *Norme étudiée* : « Le serveur utilise son numéro de séquence initial dans le champ “Numéro de séquence” du segment SYN/ACK (y par exemple) et ajoute le numéro de séquence du client plus un (x+1) dans le champ “Numéro d’acquittement” du segment » (TCP (Transmission Control Protocol), protocole de transport de données utilisé par Internet, qui découpe un message par paquets (coté émetteur) et le recompose après vérification (coté récepteur), documenté dans la RFC (Requests For Comments) 7931 de l’IETF (Internet Engineering Task Force)).

• *Niveau de juridicité* : ① (très faible)

• *Détail* : valeur : 2/4 ; validité : 1/4 ; qualités : 0/4 ; sanction : 0/4 ; application : 0/4 ; effectivité : 1/4

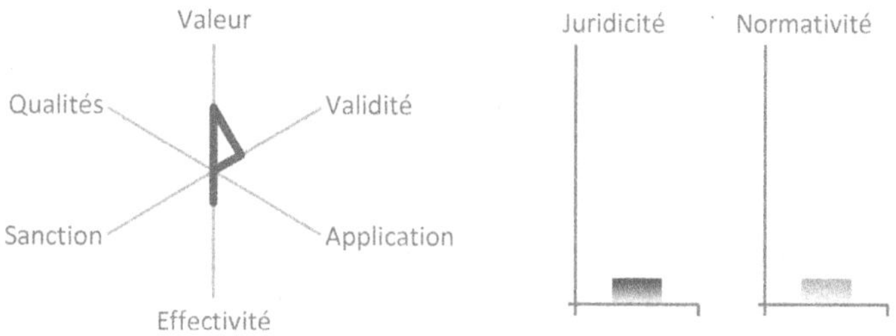

• *Explication* : Cette disposition est purement technologique ; elle ne saurait apparaître ni légitime ni illégitime. — Elle ne prend place que dans un ordre normatif technologique très peu développé : celui de l’internet, que les spécialistes appellent « *The Code* » et auquel participent des institutions telles que l’Internet Engineering Task Force, auteur du texte étudié (une RFC (Requests For Comments)). — Il ne s’agit ni d’une norme comportementale, ni d’une norme procédurale, ni d’une norme attributive ; cette disposition est seulement déclarative, seulement descriptive de l’état de la technologie ; le caractère prescriptif manque donc nécessairement ; de plus, la généralité est absente dès lors que les destinataires sont absents : sans norme, il ne peut pas y avoir de généralité de la norme ; il en va à l’identique de la sécurité juridique : outre que la formulation est compréhensible seulement par les spécialistes de la technologie et non par tout utilisateur de la technologie, ce qui réduit drastiquement sa portée, le critère des qualités *nomo*-juridiques en général et la sécurité juridique en particulier ne se rapportent qu’à des normes. — Aucune sanction n’est attachée au non-respect de cette disposition. — Elle n’est appliquée par aucun organe juridictionnel ou administratif. — Si elle n’a aucune portée normative directe, elle n'en influence pas moins la structure de l'internet et, surtout, les activités en ligne ; elle présente ainsi un début d'effectivité normative, un début de normativité.

• *Note* : Le protocole informatique ne serait donc pas une « espèce normative » en bonne et due forme, si bien qu'il faudrait parler de « dispositif à la juridicité très faible » et non de « norme à la juridicité très faible ». Peut-être même faudrait-il y voir un « dispositif à la juridicité nulle » dès lors que la valeur et la validité, seuls critères minimalement remplis, ne concernent le plus souvent, dans la pensée juridique collective, que des normes et non des considérations relatives au fonctionnement d'une technologie telle qu'un protocole informatique. Néanmoins, les spécialistes du droit de l'internet n'hésitent pas à avancer que « *Code is Law* » (*i.e.* « le code informatique est le droit de l'internet »). Il est vrai que le « *Code* » emporte des conséquences normatives certaines ; mais elles sont très indirectes, presque inconscientes, comme si, en matière technologique, une non-norme pouvait posséder un effet régulateur « naturel ».

Espèce normative n° 45. — L'algorithme

➢ *Exemple : un algorithme informatique*

• *Norme étudiée* : La suite finie d'opérations et d'instructions constituant l'algorithme d'un moteur de recherche.

• *Niveau de juridicité* : ① (faible)

• *Détail* : valeur : 2/4 ; validité : 0/4 ; qualités : 0/4 ; sanction : 0/4 ; application : 0/4 ; effectivité : 1/4

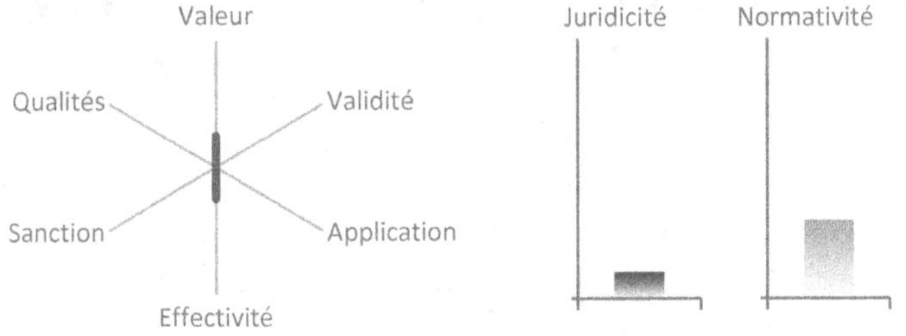

• *Explication* : Cet algorithme, s'il présente une utilité incomparable en facilitant immensément l'utilisation des services du web, est parfois manipulé afin de promouvoir certains résultats de recherche au détriment d'autres ; cela incite à l'appréhender avec une certaine méfiance. — Il ne prend place dans aucun ordre normatif et ne revêt donc nulle validité. — Il ne s'agit pas d'une norme de conduite et encore moins d'une norme de procédure ou d'une norme attributive ; il en résulte qu'aucun sous-critère relevant des qualités *nomo*-juridiques ne saurait être satisfait dès lors que celles-ci ne peuvent s'attacher qu'à des normes en bonne et due forme. — Par suite, un tel algorithme ne peut se lier à une norme de sanction. — Il n'est jamais appliqué juridictionnellement ou administrativement. — Il possède une normativité (une effectivité plus matérielle que symbolique) non négligeable : en mettant en avant certains résultats (donc certaines pages web), même si cela est normalement un pur résultat logique et mathématique, il oriente nécessairement les comportements des internautes (par exemple, il les invite à acheter un produit sur un site de e-commerce plutôt que sur un autre, à consulter un site d'actualité plus qu'un autre, à utiliser un comparateur de prix en particulier etc.).

Espèce normative n° 46. — La meilleure pratique (« best practice »)

➢ *Exemple : une bonne pratique en matière de construction de sites web*

• *Norme étudiée* : « La prise en compte de l'accessibilité des contenus aux personnes handicapées devrait intervenir dès les premiers stades de conception d'un projet web » (bonne pratique en matière de création de sites et de pages web).

• *Niveau de juridicité* : ④ (faible)

• *Détail* : valeur : 4/4 ; validité : 0/4 ; qualités : 3/4 ; sanction : 0/4 ; application : 0/4 ; effectivité : 2/4

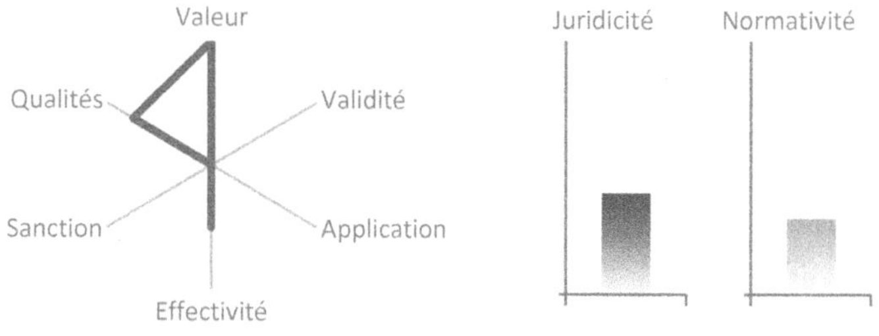

• *Explication* : Cette norme semble très légitime en ce qu'elle poursuit un objectif d'accessibilité des technologies de l'information aux personnes en situation de handicap, donc, plus généralement, un objectif d'égalité entre personnes handicapées et non handicapées. — Elle n'est valide dans aucun ordre normatif minimalement structuré. — Il s'agit d'une règle de conduite dont la portée est générale et qui satisfait l'exigence de sécurité juridique puisqu'elle est claire, précise et accessible ; mais elle n'est pas obligatoire, seulement incitative, recommandatoire. — Aucune sanction ne s'y attache. — Aucun organe exécutif, étatique ou autre, ne l'applique concrètement. — Son effectivité est faible matériellement mais forte symboliquement (le bien-fondé d'une bonne pratique ne semble pouvoir qu'être largement accepté par ses destinataires, ce qui ne signifie pas *ipso facto* qu'ils se donnent les moyens de s'y conformer dès lors que cela génèrerait d'importantes contraintes).

Espèce normative n° 47. — La statistique

➢ *Exemple : une statistique relative au marché français de l'édition*

• *Norme étudiée* : « La concentration du marché de l'édition est forte en France : les dix premiers groupes représentent 60,3 % du chiffre d'affaires du secteur en 2015 ; les deux premiers acteurs génèrent 23,1 % de ce chiffre d'affaires à eux seuls ; tandis qu'environ 1 000 éditeurs français ont une activité significative » (Syndicat National de l'Édition, « Les chiffres clés du livre et de l'édition, mars 2016).

• *Niveau de juridicité* : ① (très faible)

• *Détail* : valeur : 1/4 ; validité : 0/4 ; qualités : 0/4 ; sanction : 0/4 ; application : 0/4 ; effectivité : 1/4

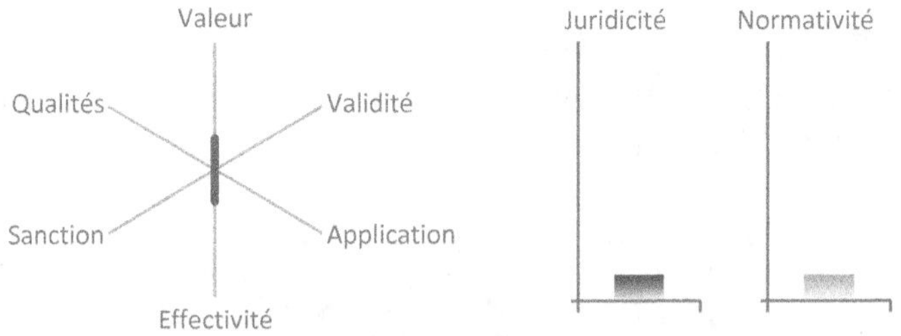

• *Explication* : Cette statistique semble plutôt regrettable dès lors qu'elle présente une réalité dans laquelle le marché de l'édition français est fortement concentré, ce qui tend à diminuer le pluralisme ainsi que la possibilité pour les « petits » éditeurs de se développer et de concurrencer les leaders du secteur. — Nulle validité formelle ni matérielle ne s'attache à cette statistique. — Il ne s'agit ni d'une norme comportementale, ni d'une norme procédurale, ni d'une norme attributive, mais seulement de données factuelles, donc d'une description ; par suite, le caractère prescriptif manque nécessairement ; la généralité est quant à elle absente dès lors que les destinataires sont absents : le critère des qualités nomo-juridiques ne concerne, par définition, que ce qui constitue une norme ; de même, la sécurité juridique est absente dès lors que la norme est absente. — La statistique n'est visée par aucune norme de sanction d'un quelconque ordre normatif. — Aucun organe exécutif ne se propose de l'appliquer. — La statistique, si elle n'est pas une norme en soi, emporte un certain effet normatif en ce qu'elle incite les pouvoirs publics à intervenir, éventuellement au moyen de l'outil législatif ou règlementaire, ou du moins à songer à intervenir afin de diminuer le niveau de concentration dont elle atteste ; ainsi la normativité ou effectivité normative de la statistique n'est-elle pas nulle mais néanmoins faible.

Espèce normative n° 48. — Le sondage

➢ *Exemple : un sondage relatif au marché français de l'édition*

• *Norme étudiée* : « 2 % des français déclarent avoir acheté un ou des livre(s) numérique(s) durant l'année 2015 » (Syndicat National de l'Édition, « Les chiffres clés du livre et de l'édition, mars 2016).

• *Niveau de juridicité* : ① (très faible)

• *Détail* : valeur : 2/4 ; validité : 0/4 ; qualités : 0/4 ; sanction : 0/4 ; application : 0/4 ; effectivité : 1/4

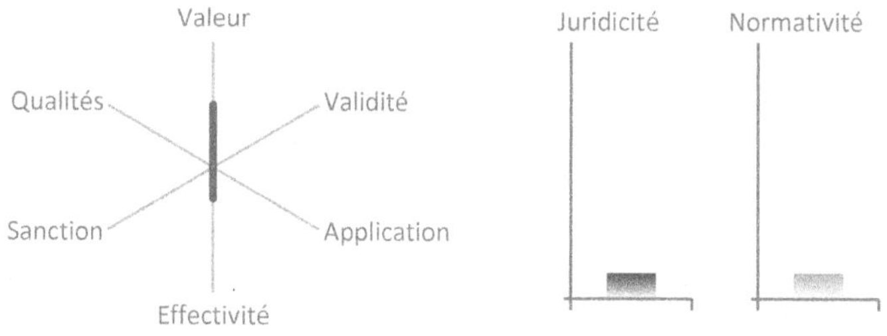

• *Explication* : L'objet de ce sondage comme son résultat apparaissent relativement neutres du point de vue des valeurs portées par le chercheur. — Ce sondage ne revêt guère de validité juridique quelle qu'elle soit. — Il ne s'agit ni d'une norme comportementale, ni d'une norme procédurale, ni d'une norme attributive ; par conséquent, aucun sous-critère à l'intérieur du critère des qualités *nomo*-juridiques ne saurait être rempli (par définition, l'obligatoriété, la généralité et la sécurité ne portent que sur ce qui constitue une norme). — Il est impossible de trouver une quelconque sanction liée au sondage. — Aucun organe juridictionnel ou administratif ne le mobilise. — Une certaine effectivité s'y attache néanmoins dès lors que le constat du faible développement du marché du livre numérique peut inciter les pouvoirs publics à l'encourager en élaborant une règlementation moins contraignante que celle applicable au livre papier ; aussi la normativité ou effectivité normative du sondage ne semble-t-elle pas nulle.

Espèce normative n° 49. — L'indicateur de performance

➢ *Exemple : un indicateur de responsabilité sociale et environnementale*

• *Norme étudiée* : « Les entreprises doivent s'engager en faveur de l'environnement en développant une politique de réduction de leurs consommations (papier, eau et énergie) et de diminution de leurs émissions de CO2 et de déchets » (indicateur de responsabilité sociale et environnementale des entreprises).

• *Niveau de juridicité* : ④ (faible)

• *Détail* : valeur : 4/4 ; validité : 1/4 ; qualités : 4/4 ; sanction : 0/4 ; application : 0/4 ; effectivité : 2/4

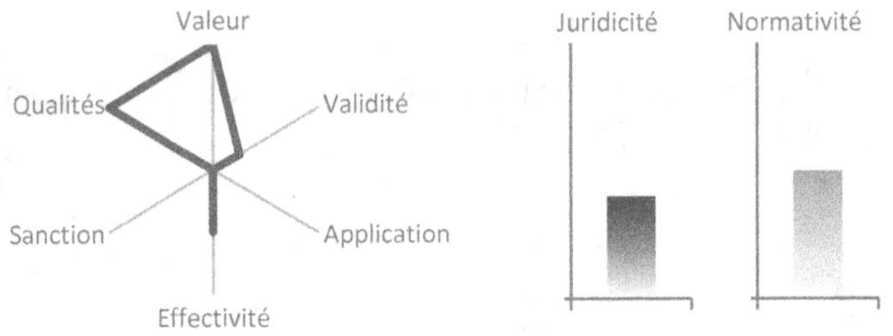

• *Explication* : Poursuivant l'objectif ô combien impérieux de protection de l'environnement et notamment de limitation des émissions de CO2, cette norme peut être jugée légitime du point de vue subjectif du chercheur. — Elle prend place dans un ordre normatif faiblement développé, qui comprend peu de normes secondaires et qui n'est souverain et efficace que de manière limitée ; sa validité est donc faible. — Il s'agit d'une règle de conduite générale, dont les destinataires sont les entreprises ; sa formulation est suffisamment explicite pour répondre au besoin de sécurité ; elle est obligatoire. — Aucune sanction organisée ne l'accompagne. — Nul organe exécutif ne la mobilise. — Si son effectivité symbolique est élevée, son effectivité matérielle l'est nettement moins.

Espèce normative n° 50. — Le classement

➢ *Exemple : un classement des « meilleures » universités dans le monde*

• *Norme étudiée* : « 1. Université d'Harvard ; 2. Université de Stanford ; 3. Université de Berkeley ; 4. Université de Cambridge ; 5. Massachusetts Institute of Technology ; 6. Université de Princeton ; 7. Université d'Oxford ; 8. California Institute of Technology ; 9. Université de Columbia ; 10. Université de Chicago ; 39. Université Pierre et Marie Curie (Paris 6) ; 46. Université Paris-Sud (Paris 11) ; 87. École Normale Supérieure (Paris) » (classement académique des universités mondiales 2016 (ARWU), publié par l'Université Jiao Tong de Shanghai en Chine).

• *Niveau de juridicité* : ① (faible)

• *Détail* : valeur : 1/4 ; validité : 0/4 ; qualités : 0/4 ; sanction : 0/4 ; application : 0/4 ; effectivité : 1/4

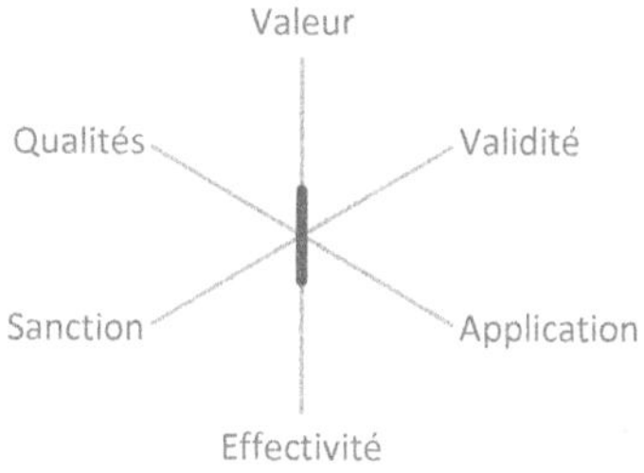

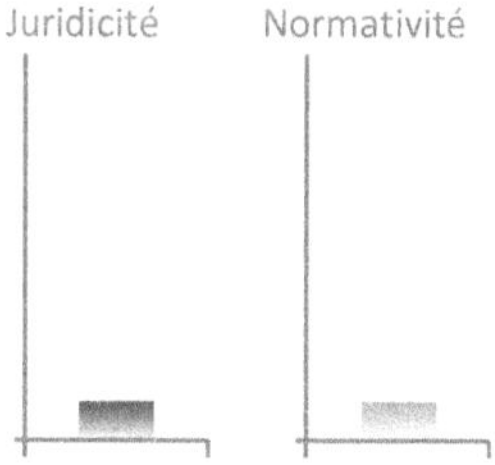

• *Explication* : Appréhendé subjectivement, ce classement paraît devoir être davantage dénoncé que loué eu égard à son objet, aux critères retenus afin de l'établir et à sa propension à mettre les établissements d'enseignement supérieur en concurrence plutôt qu'en situation de collaboration. — Il n'intègre aucun ordre normatif particulier et ne présente donc pas de validité. — Il ne constitue ni une norme comportementale, ni une norme procédurale, ni une norme attributive ; par suite, aucun sous-critère à l'intérieur du critère des qualités *nomo*-juridiques ne saurait être rempli dès lors qu'il ne s'agit pas d'une norme en bonne et due forme et que l'obligatoriété, la généralité et la sécurité ne peuvent ici s'attacher qu'à de telles normes. — Ce classement n'est accompagné d'aucune sanction. — Il n'est utilisé par aucun organe exécutif. — Il présente une légère normativité (une effectivité plus matérielle que symbolique) en ce qu'il oriente, bien que dans une mesure limitée, les décisions prises par les organes de gouvernance de certaines universités (regroupement d'établissements, mutualisation de moyens, octroi de moyens supplémentaires aux sciences « dures » et retrait de moyens aux sciences « molles », encouragement de la recherche et délaissement de l'enseignement, démultiplication des manifestations scientifiques, recrutement de chercheurs renommés et/ou ayant une importante activité de publication scientifique etc.).

Espèce normative n° 51. — La règle de grammaire

➢ *Exemple : une norme relative à l'accord sujet-verbe*

• *Norme étudiée* : « Les participes passés des verbes conjugués avec l'auxiliaire avoir ne s'accordent jamais avec le sujet : ils sont invariables si aucun complément d'objet direct ne les précède ».

• *Niveau de juridicité* : ⑤ (moyenne-faible)

• *Détail* : valeur : 2/4 ; validité : 3/4 ; qualités : 4/4 ; sanction : 0/4 ; application : 0/4 ; effectivité : 3/4

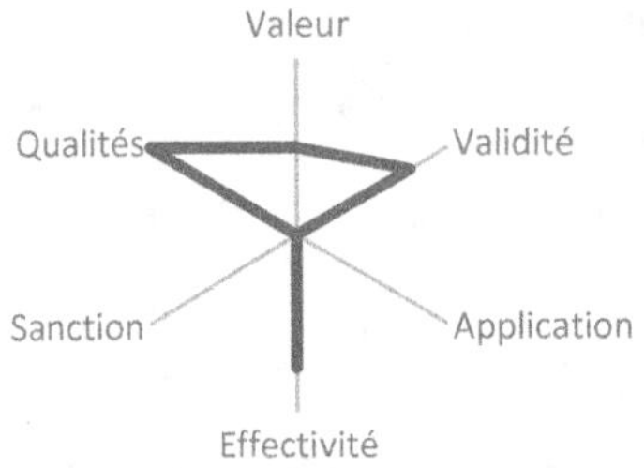

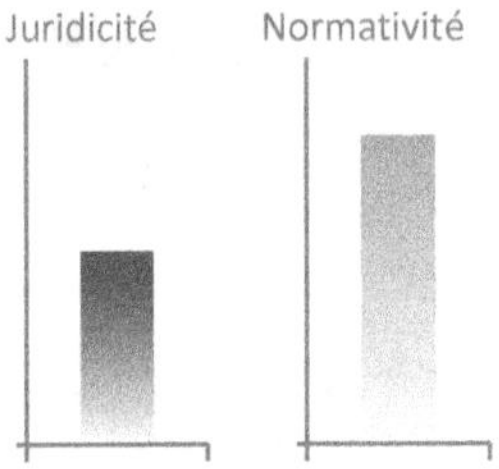

• *Explication* : Cette règle de grammaire n'interroge guère du point de vue des valeurs. — Étant édictée par l'Académie française, personne morale de droit public à statut particulier, elle est valide formellement dans un ordre normatif étatique, donc au sein d'un ordre normatif très fortement développé ; son objet est à ce point particulier au sein de l'ensemble du corpus juridique « officiel » qu'elle ne saurait remplir entièrement le sous-critère de la validité matérielle : si elle ne contrevient pas à des normes supérieures, elle ne vise pas davantage à en préciser ou concrétiser certaines, si bien que son lien avec l'ordre normatif étatique semble formel mais très peu matériel. — La règle de grammaire est une règle de conduite obligatoire, générale et impersonnelle ; de plus, son sens est clair et accessible à la plupart de ses destinataires (qui sont, tout d'abord, l'ensemble de la population française et, ensuite, l'ensemble de la francophonie). — L'ordre étatique n'organise aucune sanction en cas de non-respect de cette règle de grammaire. — Celle-ci n'est mobilisée et appliquée par aucun organe exécutif. — Tant comportementalement que psychologiquement, son effectivité est forte bien que déclinante ; une part toujours plus importante de ses destinataires l'ignorent ou s'en détournent.

Espèce normative n° 52. — La règle du jeu

➢ *Exemple : une règle du Monopoly*

• *Norme étudiée* : « Retournez à la case prison ; ne passez pas par la case départ ».

• *Niveau de juridicité* : ④ (faible)

• *Détail* : valeur : 2/4 ; validité : 0/4 ; qualités : 4/4 ; sanction : 0/4 ; application : 0/4 ; effectivité : 4/4

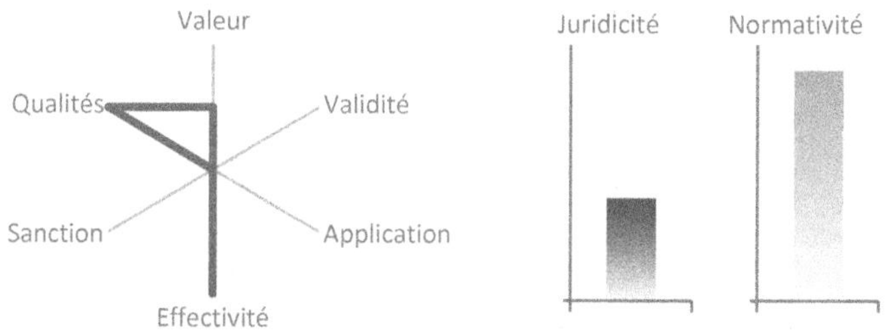

• *Explication* : Une telle règle du jeu ne poursuit ni n'enfreint aucune valeur particulière ; elle apparaît ainsi neutre axiologiquement. — Elle intègre un ordre normatif excessivement peu développé (celui du jeu du Monopoly, qui est statique, très primaire et très peu organisé, comportant un très petit nombre de normes), de telle sorte qu'aucune validité juridique ne semble pouvoir être retenue. — En revanche, cette règle du jeu constitue une norme de conduite générale (applicable à tout joueur) et impérative ; elle est précise, dépourvue de toute ambiguïté et aisément compréhensible. — Aucune sanction des éventuels « tricheurs » n'est prévue. — Nul organe exécutif n'applique cette règle du jeu. — Elle est très largement respectée par ses destinataires, donc très effective, seuls quelques rares « tricheurs » tentant de la contourner.

Espèce normative n° 53. — La règle de l'art

➢ *Exemple : une norme de la peinture classique*

• *Norme étudiée* : « Les points de distance des lignes de fuite principales doivent être situés de part et d'autre du point de fuite principal, à une distance égale à celle du peintre au tableau ».

• *Niveau de juridicité* : ③ (faible)

• *Détail* : valeur : 2/4 ; validité : 0/4 ; qualités : 4/4 ; sanction : 0/4 ; application : 0/4 ; effectivité : 2/4

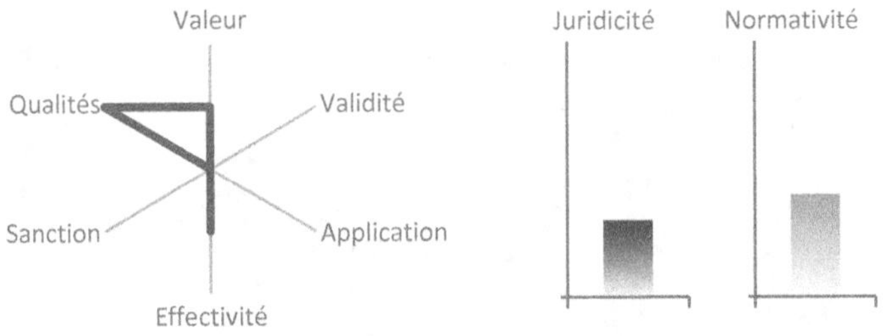

• *Explication* : Une telle règle de l'art poursuit uniquement une valeur esthétique ; elle ne paraît pas, aux yeux subjectifs du chercheur, devoir être jugée légitime car la beauté en cause n'est pas une beauté absolue mais une beauté relative, attachée à un style pictural donné et à laquelle d'aucuns n'adhèrent pas. — Cette règle ne fait partie d'aucun ordre normatif minimalement développé et n'est donc guère valide. — Elle remplit toutes les conditions nomo-qualitatives : il s'agit d'une règle de conduite prescriptive et générale puisque ses destinataires sont tous les peintres ; ceux-ci n'ont aucune peine à en saisir le sens et la portée. — Le non-respect de cette norme artistique n'est l'objet d'aucune sanction organisée. — Ladite norme n'est appliquée par aucun organe juridictionnel ou administratif relevant d'un ordre normatif minimalement développé. — Son effectivité est moyenne : tant symboliquement que matériellement, il se trouve aujourd'hui beaucoup de peintres qui s'efforcent à la respecter mais aussi beaucoup de peintres qui préfèrent suivre des canons baroques ou abstraits.

Espèce normative n° 54. — Le suivisme

➢ *Exemple : le panurgisme à l'intérieur d'une profession*

• *Norme étudiée* : L'usage récurrent du néologisme « dégagisme » par les journalistes politiques français durant l'hiver et le printemps 2017.

• *Niveau de juridicité* : ② (très faible)

• *Détail* : valeur : 0/4 ; validité : 0/4 ; qualités : 2/4 ; sanction : 0/4 ; application : 0/4 ; effectivité : 3/4

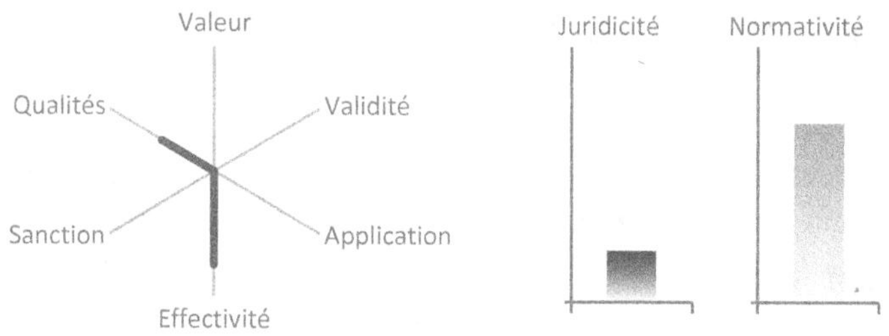

• *Explication* : Cette norme, consistant à utiliser dans les médias un terme fort familier, si ce n'est vulgaire, peut être regrettée du point de vue subjectif de l'observateur défendant un idéal de beauté de la langue française. — En tant que norme implicite et inavouée, elle ne relève d'aucun ordre normatif et n'a donc guère de validité. — Il s'agit d'une norme de conduite amenant ses destinataires à employer un certain mot malgré sa trivialité et sa malséance ; la portée de cette norme est générale : elle vise l'ensemble des journalistes politiques ; en revanche, elle n'est pas prescriptive mais seulement incitative en raison de son caractère largement inconscient ; enfin, ce caractère inconscient la rend difficile à saisir et à cerner, ce qui contrevient à l'exigence de sécurité. — Nulle sanction organisée n'accompagne cette norme. — Nul organe exécutif ne la met en œuvre. — Par nature, son effectivité est relativement forte, sans quoi elle n'existerait pas ; une frange non négligeable des journalistes se refusent néanmoins à employer le terme « dégagisme », malgré son omniprésence dans les textes et discours de leurs confrères, cela car ils le jugent par trop familier.

Espèce normative n° 55. — Le nudge

➢ *Exemple : un nudge*[1] *utilisé dans certains lieux publics afin de diminuer les frais de nettoyage*

• *Norme étudiée* :

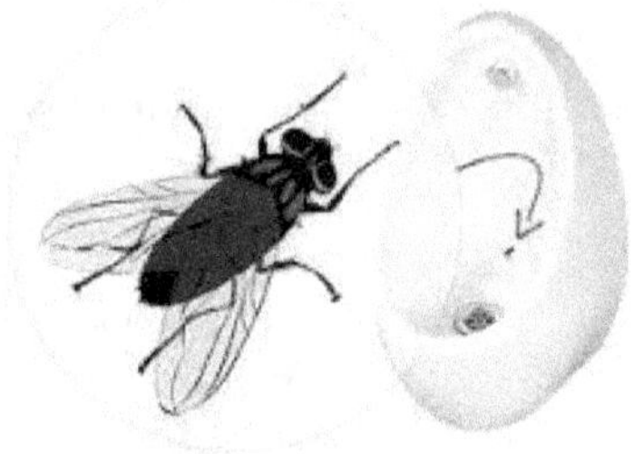

Coller une cible dans un urinoir (fausse mouche, mini-ballon et mini-but de football etc.) permettrait de réduire de 80 % les « débordements ».

• *Niveau de juridicité* : ③ (faible)

• *Détail* : valeur : 3/4 ; validité : 0/4 ; qualités : 2/4 ; sanction : 0/4 ; application : 0/4 ; effectivité : 3/4

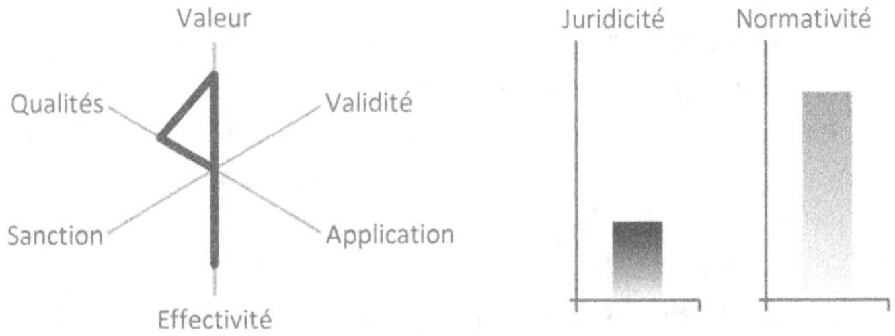

• *Explication* : Ce nudge paraît poursuivre deux fins plutôt légitimes : garantir la propreté des espaces publics et limiter les dépenses d'entretien. — Il ne présente pas de validité car il n'est lié à aucun ordre normatif. — Il consiste en un modèle de conduite dont la portée est générale, peu important qu'il ne s'adresse qu'aux hommes ; en revanche, il est purement incitatif et non obligatoire dès lors que son objet est de servir de guide comportemental inconscient ; ce caractère masqué de la norme nuit à la sécurité puisque beaucoup de ses destinataires ne sauraient prendre connaissance de son existence. — Il est impossible de trouver une sanction visant quiconque ne se conformerait pas au nudge. — Il est également impossible de trouver un organe juridictionnel ou administratif l'appliquant. — Si le nudge permet de modifier 80 % des comportements, cela signifie que son effectivité est

[1] Les nudges, qu'on peut traduire par « coups de pouce », sont des incitations comportementales qui persuadent inconsciemment d'agir d'une certaine façon.

importante ; il n'est toutefois possible de se prononcer qu'à l'égard de l'effectivité comportementale et non à l'égard de l'effectivité symbolique dès lors que le principe du nudge est d'agir sur les réflexes, sur les agissements spontanés, non sur les agissements réfléchis.

Espèce normative n° 56. — La loi économique

➢ *Exemple : la loi du marché*

• *Norme étudiée* : « Lorsque l'offre est supérieure à la demande, les prix ont tendance à baisser ; lorsque l'offre est inférieure à la demande, les prix ont tendance à augmenter ».

• *Niveau de juridicité* : ⓪ (nulle)

• *Détail* : valeur : 0/4 ; validité : 0/4 ; qualités : 0/4 ; sanction : 0/4 ; application : 0/4 ; effectivité : 0/4

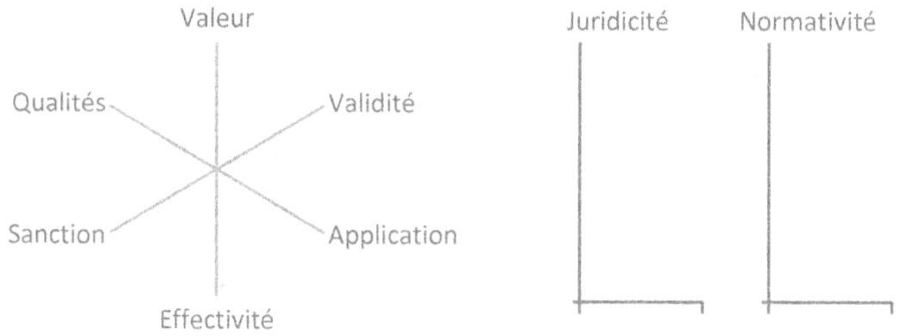

• *Explication* : Il s'agit ici d'une norme appartenant au genre des normes naturelles et non au genre des normes sociales. Or les critères de juridicité, tels qu'ils se retrouvent dans la pensée juridique collective, ne visent toujours que des normes sociales. Il est excessivement rare qu'un juriste s'intéresse à des normes naturelles. Il en résulte qu'aucun critère de juridicité ne saurait être rempli même faiblement par une telle loi économique. La valeur juridique, la validité juridique, les qualités nomo-juridiques, la sanction juridique et l'application juridique ne sauraient toucher des normes naturelles dès lors que seuls de très rares penseurs du droit imaginent que tel pourrait être le cas. Y compris l'effectivité, sur laquelle le panjuridisme s'appuie souvent, ne semble pas pouvoir, à l'aune de la psyché juridique collective, se rapporter à des normes naturelles.

Espèce normative n° 57. — La loi physique

➢ *Exemple : la théorie de la relativité restreinte*

• *Norme étudiée* : « $E = mc^2$ (une particule de masse *m* isolée et au repos dans un référentiel possède, du fait de cette masse, une énergie *E* dont la valeur correspond au produit de *m* par le carré de la vitesse de la lumière) ».

• *Niveau de juridicité* : ⓪ (nulle)

• *Détail* : valeur : 0/4 ; validité : 0/4 ; qualités : 0/4 ; sanction : 0/4 ; application : 0/4 ; effectivité : 0/4

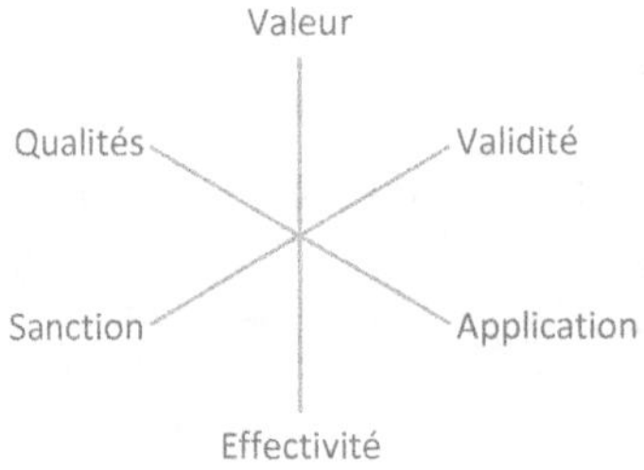

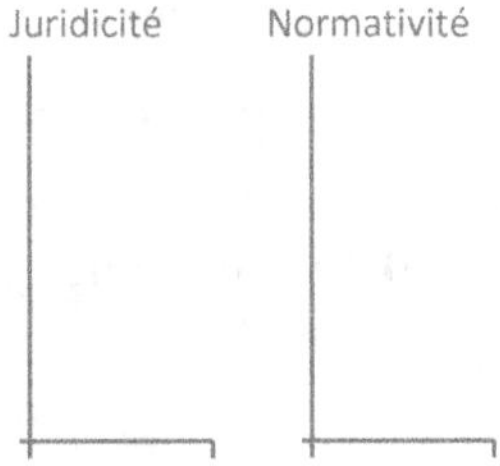

• *Explication* : À l'identique de la loi économique, la loi physique appartient au monde des normes naturelles et non à celui des normes sociales. Dès lors, les critères de juridicité ne s'appliquant qu'à des normes sociales, la force juridique de « $E = mc^2$ » ne semble pouvoir qu'être nulle. De même, la normativité étant ici envisagée telle une qualité des normes sociales (lorsque, dans les faits, elles produisent d'importants effets de régulation et modèlent véritablement les comportements), la normativité de « $E = mc^2$ » ne paraît pas pouvoir exister. Seule est ici en cause la normativité sociale ; or la loi physique revêt sans doute une normativité physique mais non une normativité sociale (comme la loi économique ne saurait s'attacher qu'à une normativité économique).

Espèce normative n° 58. — La norme personnelle

➤ *Exemple : une habitude individuelle*

• *Norme étudiée* : « Chaque mardi soir et chaque jeudi soir, M. B court dans le parc P durant une heure si les conditions climatiques le permettent ».

• *Niveau de juridicité* : ⓪ (nulle)

• *Détail* : valeur : 0/4 ; validité : 0/4 ; qualités : 0/4 ; sanction : 0/4 ; application : 0/4 ; effectivité : 0/4

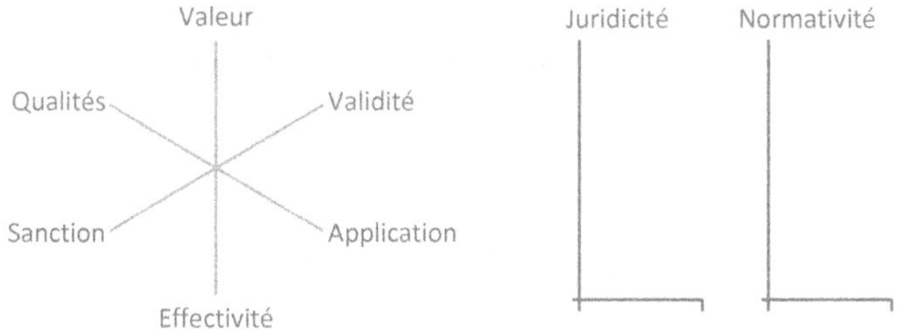

• *Explication* : La pensée juridique est ainsi construite que la juridicité ne saurait s'appliquer qu'à des normes appartenant au genre des normes sociales et non à des normes appartenant au genre des normes personnelles (*i.e.* intérieures, propres à un individu donné et souvent non extériorisées, à l'image d'une habitude individuelle). Partant, la norme étudiée présenterait nécessairement un niveau de juridicité nul. Quant à sa normativité, si elle est sans doute très forte en tant que normativité individuelle (l'habitude en question modèle sensiblement le comportement de M. B), la normativité interrogée en ces pages est toujours une normativité collective.

Les résultats de l'expérimentation de l'échelle de juridicité permettent de tracer la *courbe des forces juridiques.*

Ainsi, parmi les cinquante-cinq espèces de normes sociales examinées[1],

⇨ ⓪ : aucune ne présente une juridicité nulle

⇨ ① et ② : 7 présentent une juridicité très faible

⇨ ③ et ④ : 17 présentent une juridicité faible

⇨ ⑤ : 9 présentent une juridicité moyenne-faible

⇨ ⑥ : 7 présentent une juridicité moyenne

⇨ ⑦ : 6 présentent une juridicité moyenne-forte

⇨ ❽ : **4 présentent une juridicité forte**

⇨ ❾ : **3 présentent une juridicité très forte**

⇨ ❿ : **2 présentent une juridicité absolue**

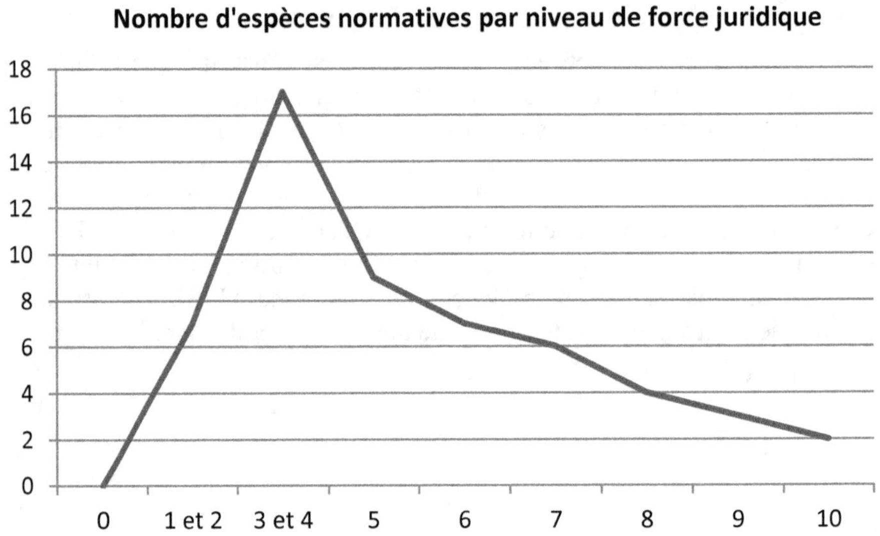

Les textures normatives étudiées appartiendraient donc principalement à la catégorie des *normes à juridicité faible*. Ensuite, elles se répartiraient entre juridicité moyenne-forte, juridicité moyenne, juridicité moyenne-faible et juridicité très faible. Sur les cinquante-cinq formes de normativité sociale étudiées, seules neuf revêtent une juridicité forte, très forte ou absolue. En conséquence, les juristes autorisés à s'intéresser uniquement à ces normes là

[1] La loi économique, la loi physique et la norme personnelle ne sont pas intégrées dès lors qu'elles ne sont pas des formes de normativité sociale. Lorsque plusieurs exemples ont été étudiés concernant une espèce normative donnée, la moyenne des résultats obtenus est prise en compte.

se couperaient de plus de quatre cinquièmes de l'univers normatif. Mais l'accès aux normes à juridicité moyenne ou faible (donc partiellement juridiques) peut-il être légitimement refusé aux juristes ?

Dans le champ des normes sociales, si seules les normes dont le niveau de juridicité est de ⓪ peuvent être comprises comme non juridiques, il est très incertain que de telles normes à la force juridique nulle existent. En effet, l'expérimentation de l'échelle de juridicité a permis d'observer qu'y compris une règle de grammaire, une règle du jeu ou une règle de l'art sont, *dans une certaine mesure* — en l'occurrence une mesure faible —, juridiques. Certes, selon les propriétés de la norme étudiée, le niveau de juridicité peut varier sensiblement, si bien que les normes fortement juridiques côtoient les normes moyennement ou faiblement juridiques. Il n'en demeure pas moins qu'aucune norme sociale extra-juridique n'a été rencontrée au cours de cette expérimentation et qu'il faut peut-être en conclure que *toutes les normes sociales sont, plus ou moins fortement, juridiques*.

Cette conclusion est primordiale aux yeux du juriste qui souhaite étudier, en qualité de juriste, certains objets normatifs originaux prospérant à l'ère contemporaine (chartes et codes privés, normes techniques, comptables ou managériales, labels, standards, *best practices*, *rankings*, *nudges* etc.). La règle de grammaire, la règle du jeu et la règle de l'art sont nettement moins juridiques que la plupart des normes supportées par la loi ou par les autres formes d'actes normatifs étatiques. Par exemple, la disposition de la Constitution de la Ve République française selon laquelle « le Président de la République est élu au suffrage universel direct »[1] revêt une force juridique absolue (⑩). Toujours est-il que, à la lumière de la théorie syncrétique du droit et de l'échelle de juridicité, il y aurait, entre la règle de grammaire et la norme constitutionnelle, *une différence de degré et non une différence de nature*.

Pareille approche de la qualité juridique des normes peut déconcerter tant, dès lors qu'on s'intéresse aux normes juridiques, on imagine spontanément qu'il existerait d'innombrables normes non juridiques au sein d'une sphère parallèle et étanche par rapport à la sphère des règles de droit. Aussi convient-il à présent de réfléchir plus avant aux implications de l'échelle de juridicité et, en premier lieu, à la forme de panjuridisme doux ou tempéré qu'elle aboutit à consacrer.

---

[1] Const. 4 oct. 1958, art. 6.

Chapitre 2. Les implications de l'échelle de juridicité : la conception graduelle du droit

Les mondes normatifs (droit, déontologie, morale, religion, technique etc.) ne seraient pas des univers juxtaposés mais des *univers entremêlés*. Certains attributs caractéristiques des règles de droit seraient donc *partagés avec d'autres types de normes* parce que ces derniers présenteraient une *dimension juridique*. Par exemple, tandis qu'une règle essentiellement morale peut être également juridique dès lors qu'elle remplit certaines conditions de juridicité, une règle essentiellement juridique peut être également morale dès lors qu'elle remplit certaines conditions de moralité[1].

Aussi l'échelle de juridicité suppose-t-elle une *conception graduelle de la qualité juridique* : l'expérimentation précédente incite à retenir qu'il n'existerait pas une partition binaire du monde de la régulation sociale, avec le droit d'un côté et le non-droit de l'autre, mais diverses formes de semi-droit, de droit en développement et de début de droit aux côtés du droit en bonne et due forme (*section 1*). Or il s'agit d'une divergence importante par rapport aux approches de plus en plus en vogue à mesure qu'on accepte d'étudier, dans le cadre des facultés de droit, des phénomènes normatifs originaux tels que le « droit global » — des approches qui tendent à placer toutes les normes examinées sous la coupe d'une seule et même juridicité, qu'il s'agisse de normes d'origine législative ou bien de normes issues de l'autorégulation d'un groupe de narcotrafiquants.

En prenant appui sur la définition lexicographique du droit et en observant qu'il y aurait beaucoup de normes faiblement juridiques et de normes moyennement juridiques aux côtés des normes fortement juridiques, l'échelle de juridicité espère parvenir à *préserver l'autonomie du droit tout en augmentant les potentialités des recherches en droit* (*section 2*). Reste que cette proposition qu'est l'échelle de juridicité génère diverses difficultés auxquelles il importera de réfléchir afin de pouvoir en saisir la portée éventuelle mais aussi les limites incontournables (*section 3*).

---

[1] La généralité, l'impersonnalité et la permanence, notamment, ne seraient pas des critères de reconnaissance de toutes les normes, y compris les normes morales et religieuses, mais seulement des normes juridiques dès lors qu'un nombre significatif d'auteurs font de ces généralité, impersonnalité et permanence des marques de fabrique des règles de droit. Si les normes morales et religieuses sont générales, impersonnelles et permanentes, cela signifierait que, sous ces aspects, ces normes seraient juridiques.

Section 1. *L'échelle de juridicité au service d'un panjuridisme modéré*

Entre la proposition selon laquelle il faudrait que toutes les conditions de juridicité soient réunies pour qu'une norme puisse être qualifiée de « juridique » et celle selon laquelle chaque condition serait une voie d'accès particulière au monde du droit, l'échelle de juridicité conduit à avancer que toutes les conditions doivent être réunies pour qu'une norme puisse être qualifiée d' « absolument juridique » et que chaque condition est une voie d'accès particulière à la lisière du monde du droit. Ainsi cette échelle espère-t-elle conjuguer les diverses dimensions du concept de droit, en assumer les polarités contrastées. Une conception graduelle du droit permet de retenir que l'absence de réponse à un critère de juridicité fait perdre à la norme la part de juridicité correspondante, mais non toute juridicité. Une norme est donc juridique à hauteur du nombre de conditions qu'elle remplit et en fonction de la plénitude avec laquelle elle les remplit.

Or la plupart des normes étudiées au sein du chapitre précédent ne sont ni dans la situation où elles s'habilleraient de tous les attributs de la juridicité, ni dans la situation où elles ne s'habilleraient d'aucun de ces attributs, si bien qu'il semble inévitable d'admettre l'hypothèse de degrés de juridicité. Cependant, nombre de théoriciens du droit et de juristes, parce qu'ils recherchent ce qui serait le signe caractéristique et déterminant du droit, envisagent la juridicité tel un état qui pourrait seulement être ou ne pas être. Le droit serait un absolu ou ne serait pas ; nulle demi-mesure ne serait concevable[1].

Contre cette vision d'un droit toujours entier et hermétique, l'une des premières conséquences de l'échelle de juridicité et, par suite, de la théorie syncrétique du droit est de retenir que la juridicité connaîtrait des *paliers* : le droit pourrait être fort ou faible, mais aussi très fort, très faible etc. Pareilles forces juridiques plurielles invitent à ne plus penser le droit de manière manichéenne : droit contre non-droit. L'expérimentation de l'échelle de juridicité enseigne que toute source de normativité sociale serait en même temps une source de droit. Mais *la juridicité n'est pas la normativité* : des règles très juridiques et peu normatives cohabitent avec des règles peu juridiques et très normatives. La normativité (fait d'être effectivement un modèle de conduite du point de vue de ses destinataires) n'est qu'un indice

---

[1] C'est ainsi que raisonnait, par exemple, Hans Kelsen : il faisait de la validité le « mode d'existence spécifique des normes [juridiques] » (H. KELSEN, *Théorie pure du droit*, 2e éd., trad. Ch. Eisenmann, Dalloz, 1962, p. 18). La validité serait donc une propriété constitutive des règles de droit interdisant toute possibilité de normes semi-juridiques puisqu'une norme pourrait seulement être valide ou non-valide. Kelsen semble avoir ainsi proposé, en même temps qu'une « théorie pure du droit », une « théorie du droit pur », n'imaginant guère que la juridicité puisse connaître des nuances.

parmi d'autres de la juridicité (fait d'être une règle de droit). Une telle distinction n'est possible qu'à condition d'adopter des approches graduelles de cette juridicité et de cette normativité. Mais, si « l'unité du droit est une hypothèse douteuse »[1], la juridicité graduelle est peut-être une hypothèse nécessaire et, plus encore, une observation inévitable.

Sans doute quelques rares théoriciens du droit ont-ils déjà soutenu que la juridicité « ne doit pas être envisagée sur un mode binaire valide/non valide, mais par degrés »[2]. Toujours est-il que « tout se passe classiquement comme s'il n'y avait pas de degrés dans le droit, ou bien on y est tout entier, ou bien on n'y est pas du tout et on parle d'autre chose »[3]. À l'instar de tout construit social et de tout construit intellectuel, le droit n'est-il pas inexorablement variable : variable dans le temps, variable dans l'espace, mais aussi variable dans sa nature et variable dans sa plénitude ? Il serait alors permis de retenir, après Jean Carbonnier, la thèse selon laquelle il se trouverait, aux côtés des normes les plus juridiques, des espèces de « sous-droit »[4], car « le droit n'est pas cet absolu dont souvent nous rêvons »[5], car il « n'est pas la coulée de bronze que décrivent les juristes dogmatiques »[6] et car il connaît, comme les hommes et les sociétés qui en sont à l'origine, des forces et des faiblesses. L'échelle de juridicité permet de constater combien les normes sociales seraient dans leur grande majorité *juridiques sous certains aspects et non juridiques sous d'autres*.

Ensuite, une des conséquences de la juridicité progressive est de poser autrement cette question essentielle de la théorie juridique : une norme extra- ou para-étatique peut-elle être juridique ? En d'autres termes, du droit peut-il jaillir de foyers privés de normes indépendants des États ? Entre les étatistes, tenants de la non-juridicité des normes autres qu'étatiques, et les panjuridistes, tenants de l'entière juridicité de toutes les normes sociales, peut-être la force juridique graduelle peut-elle trouver sa place : une norme para-étatique et une norme étatique seraient toutes deux juridiques mais, généralement, la norme para-étatique profiterait d'une force juridique inférieure à celle de la norme étatique. Il existerait donc une *hiérarchie des normes sous l'angle de leurs forces juridiques* — et les normes publiques seraient globalement supérieures aux normes privées.

C'est pourquoi l'échelle de juridicité permettrait d'*opposer un panjuridisme doux au panjuridisme brut* selon lequel il n'existerait qu'une

---

[1] Ch. ATIAS, *Épistémologie juridique*, Dalloz, coll. Précis, 2002, p. 58.
[2] H. BATIFFOL, *La philosophie du droit*, 4e éd., Puf, coll. Que sais-je ?, 1970, p. 90.
[3] B. LATOUR, *La fabrique du droit – Une ethnographie du Conseil d'État*, La découverte, 2004, p. 273.
[4] J. CARBONNIER, *Sociologie juridique*, Puf, coll. Quadrige manuels, 2004, p. 360.
[5] J. CARBONNIER, *Flexible droit – Pour une sociologie du droit sans rigueur*, 8e éd., LGDJ, 1995, p. 92.
[6] *Ibid.*, p. 93.

nature juridique mais aussi qu'un palier de juridicité. Ensuite, si l'échelle de juridicité sert le panjuridisme doux, ce panjuridisme doux permet de *motiver l'expansion du terrain d'enquête des juristes*. Cela ne serait pas anodin en des temps où la régulation étatique et inter-étatique est de plus en plus complétée et concurrencée par de nouveaux modes de régulation normative ou semi-normative que les juristes ne paraissent pas pouvoir ignorer.

Les organisations privées sont comme les institutions publiques des sources de normes. Et il semble que la régulation publique serait l'exception quand la régulation privée serait le principe. Mais ces considérations ne disent rien de la qualité juridique des normes en cause ni, par suite, de la compétence des juristes à en traiter. Si les États et les instances inter-étatiques produisent assurément du droit, qu'en est-il de la juridicité de toute la régulation non étatique ? Peut-être le droit est-il l'exception et le non-droit le principe. Les juristes seraient alors cantonnés à l'étude de ce qui vient des États ou va aux États. Toutefois, à l'ère contemporaine, les conceptions panjuridiques gagnent du terrain — en particulier grâce au pragmatisme juridique, à la sociologie du droit, à l'anthropologie du droit ou encore au pluralisme juridique. La difficulté sur laquelle ces conceptions panjuridiques achoppent est qu'elles intègrent toutes les formes de normes dans la sphère du droit sans justifier d'une quelconque manière cette intégration — tandis que, face à elles, l'étatisme juridique s'appuie sur un critère rigoureux : la validité dans un ordre normatif étatique. Aussi l'échelle de juridicité pourrait-elle conférer un peu d'assurance *jus*-théorique au panjuridisme, soit à nombre de travaux actuellement menés autour des normativités extra-étatiques. Si la question n'est plus de savoir si le droit est l'exception et le non-droit le principe mais si le fortement juridique est l'exception et le faiblement juridique le principe — ce que semble indiquer la courbe des forces juridiques précédemment esquissée —, c'est qu'il s'agit dans tous les cas de droit.

Seulement une telle position à l'égard du domaine juridique n'aboutit-elle pas à interdire toute autonomie du droit, donc à ruiner des décennies d'efforts *jus*-théoriques ? La différence entre le panjuridisme brut et le panjuridisme doux serait que ce dernier, loin de porter atteinte aux spécificités du juridique dans le social, les conforterait. En effet, si les normes absolument juridiques peuvent être différentes des normes fortement juridiques, elles-mêmes différentes des normes moyennement juridiques etc., cela provient de l'application de la définition lexicographique du droit, donc de critères de juridicités minutieusement arrêtés. D'ailleurs, entre les normes absolument juridiques et les normes très faiblement juridiques, les divergences paraissent beaucoup plus nombreuses et beaucoup plus importantes que les convergences. Ainsi chaque niveau de force juridique présenterait-il au moins une certaine autonomie. Surtout, le droit se reconnaîtrait toujours à certaines caractéristiques, loin de se confondre sans autre forme de procès avec la normativité — ce qui constitue la marque du panjuridisme brut. Bien que conduisant à une forme de panjuridisme, l'échelle de juridicité n'invite en aucun instant à retenir qu'il suffirait de savoir ce qu'est une règle pour savoir ce qu'est une règle de droit ou qu'il suffirait de savoir ce qu'est la régulation pour savoir ce qu'est la régulation juridique.

Section 2. *L'échelle de juridicité protectrice de l'autonomie du droit*

Au XXIe s., un antagonisme se développe au sein des facultés de droit en raison de la volonté d'un nombre croissant de chercheurs en droit d'étudier les nouveaux types de normes qui apparaissent, régissant toujours plus d'activités. Or les théoriciens du droit, de tout temps, entendent consacrer et préserver l'autonomie du monde juridique, donc définir le périmètre du droit au moyen de critères précis afin de le séparer rigoureusement des modes de régulation sociale non juridiques. Cela les a le plus souvent amenés à *attacher le droit à l'État* — notamment avec les normativistes qui n'imaginent pas qu'il puisse exister du droit ailleurs que dans la « pyramide » étatique et avec les réalistes qui lient le droit à l'activité des tribunaux.

La théorie syncrétique et l'échelle de juridicité essayent de dépasser cet antagonisme en retenant à la fois une définition du droit constituée de critères relativement fins et une conception panjuridique permettant d'analyser toute norme sociale en tant que norme juridique. Le panjuridisme est normalement l'adversaire de l'autonomie du droit : soit tout est droit, soit n'est droit que ce qui présente certaines caractéristiques. L'échelle de juridicité réussirait à associer ces deux alternatives — qui n'en seraient dès lors plus.

La théorie syncrétique et l'échelle de juridicité défendraient donc l'autonomie du droit grâce à la définition lexicographique du droit : seules sont juridiques les normes revêtant certains traits distinctifs. Ensuite, il ne semble pas exister de normes sociales n'arborant aucun de ces traits distinctifs. Mais une norme peu juridique, ne satisfaisant qu'à un seul critère de juridicité, n'en est pas moins incomparable à une norme très juridique, réunissant tous les attributs de la juridicité. Aussi une norme faiblement juridique appartiendrait-elle au même genre mais non à la même espèce qu'une norme fortement juridique. S'il n'est plus question d'autonomie du droit par rapport au non-droit, il est encore question d'autonomie des normes fortement juridiques — qui répondent à tous les critères de juridicité ou presque — par rapport aux normes moyennement ou faiblement juridiques.

À la question « qu'est-ce que le droit ? » — *i.e.* « qu'est-ce que l'objet d'étude des juristes ? » — les panjuridistes sont tentés de répondre qu' « il est inutile d'entrer dans ce genre de considérations »[1]. Le caractère juridique des travaux reposant sur une telle prémisse se trouve peut-être compromis[2] ; car il n'est, semble-t-il, pas inconsidéré de convenir que la plupart des normes ou au moins certaines normes ne seraient pas juridiques et qu'il serait par conséquent déterminant de savoir séparer droit et non-droit au moment d'entreprendre une recherche juridique. Il paraît indispensable de définir — et ainsi circonscrire et borner — l'objet d'étude avant de l'étudier. On ne saurait connaître un objet sans savoir déjà le reconnaître[3]. Certainement le droit est-il voué à constituer une « notion à l'imprécision accueillante »[4]. Le danger est que, en en venant à admettre toutes les normativités sous la bannière de la juridicité — et d'une même juridicité —, l'imprécision du droit risque de servir la dissolution du droit et, finalement, la disparition du droit, le concept de droit ne désignant plus aucun objet particulier[5].

---

[1] Dans le cadre du panjuridisme brut, tout est droit, mais on ne sait pas vraiment ce qu'est le droit puisque la question « qu'est-ce que le droit ? » n'est guère posée. La spécificité de l'échelle de juridicité est d'associer le panjuridisme à une définition du droit : toutes les normes sont, dans une certaine mesure, juridiques, mais le concept de droit n'en désigne pas moins certains objets normatifs plus que d'autres.

[2] En ce sens, on note que les auteurs en cause connaissent des « difficultés à préserver la juridicité de leur objet d'étude » (Gh. OTIS, « Les figures de la théorie pluraliste dans la recherche juridique », in Gh. OTIS, dir., *Méthodologie du pluralisme juridique*, Karthala, coll. 4 vents, 2012, p. 9).

[3] En témoignent, par exemple, ces explications issues de l'introduction d'un ouvrage récemment consacré aux « nouvelles sources du droit » : « Étudier les nouvelles sources du droit suppose nécessairement de réfléchir sur le système juridique, son contenu, ses caractéristiques et de se positionner par rapport au modèle pyramidal kelsénien et au postulat luhmannien de l'autoréférentialité du système Droit. [...] La pyramide des normes kelsénienne s'est imposée comme l'aboutissement des efforts de rationalisation et de scientifisation du droit, les concepts-clé d'objectivité, de véracité-validité et d'autonomie du droit étant censés rendre possible le départ entre ce qui est juridique et ce qui ne l'est pas. [...] Si seulement [les] hypothèses de clôture, d'autoréférentialité, de cohérence et de validité normative n'étaient pas considérées comme des conditions et caractéristiques exclusives du système juridique, cela permettrait d'envisager de nouveaux mécanismes et de nouvelles forces de production juridique, de nouvelles sources du droit qui ne peuvent plus se satisfaire de l'espace marginal qui leur a été traditionnellement concédé » (V. LASSERRE, *Le nouvel ordre juridique – Le droit de la gouvernance*, LexisNexis, 2015, p. 9-10).

[4] P. DEUMIER, *Le droit spontané*, Economica, coll. Recherches juridiques, 2002, p. 441.

[5] De plus en plus de chercheurs « en droit », par exemple lorsqu'ils soutiennent une « redéfinition sociologique du droit qui dépasse l'opposition entre droit et mondes sociaux » (L. ISRAËL, « Question(s) de méthodes – Se saisir du droit en sociologue », *Dr. et société* 2008, p. 390) ou lorsqu'ils se penchent sur des problématiques nouvelles telles que celles relevant du « droit global », se montrent quelque peu insensibles à la spécificité du juridique au sein du social que des générations de penseurs du droit se sont évertuées à forger. Pour le panjuridisme brut, la question du sens du concept de droit serait inconséquente, seulement source de tergiversations intellectuelles sans portée pratique aucune. Pour le panjuridisme modéré, cette question serait la plus épineuse mais aussi la plus décisive, donc la première de toutes celles auxquelles quiconque s'intéresse au

Aussi l'intention de l'échelle de juridicité est-elle de répondre au besoin de plus en plus pressant d'*équilibre entre autonomie du droit et ouverture du droit* : grâce aux enseignements tirés de son expérimentation, le chercheur en droit peut se consacrer à tous les foyers de normes, y compris les plus originaux, tout en s'inscrivant — certes par un biais inhabituel et inattendu — dans la lignée des courants dominants de la pensée du droit contemporaine. Avec la conception graduelle de la force juridique, la « contradiction entre, d'une part, la nécessité d'élargir le champ du droit par rapport à la définition qu'en donnent les théories classiques sous peine de ne pas saisir l'ensemble du phénomène juridique et, d'autre part, le risque ainsi encouru d'en perdre de vue la spécificité »[1] n'en est plus une.

Pour reprendre l'exemple des travaux relatifs au pluralisme juridique, la seule voie envisageable afin d'accueillir entièrement le pluralisme juridique horizontal (différents types de sources du droit) sans ruiner le particularisme ontologique du droit résiderait dans le pluralisme juridique vertical (différents niveaux de force juridique). À l'époque actuelle, entrent en confrontation cette grandeur majestueuse de l'État qui invite au monisme juridique et cet éclectisme nébuleux du pluralisme juridique qui oblige au non étatisme. Or ce pluralisme juridique se laisse chaque jour davantage saisir telle une évidence tant la régulation normative est de moins en moins statocentrée et légicentrée, ce qui malmène le concept de droit et les habitudes des juristes. Ceux-ci sont de plus en plus tentés de s'éloigner des chemins balisés de la loi et de la jurisprudence. La spontanéité du chercheur est statofuge, tandis que les dogmes statopètes tendent à s'estomper.

L'enjeu, dès lors, serait double : d'une part, « sauver » une notion de droit qui semble de plus en plus se fragiliser et même entrer en crise à mesure que la panjuridisme et le pragmatisme juridique gagnent du terrain ; d'autre part, étendre l'horizon des juristes afin d'éviter qu'ils ne se coupent excessivement de la réalité des pratiques normatives. L'aspiration de l'échelle de juridicité est de répondre dans un même mouvement à l'un et à l'autre de ces défis pourtant *a priori* inconciliables.

Reste que les incertitudes quant à la frontière entre normes juridiques et autres normes sociales sont telles qu'il serait peut-être raisonnable de considérer qu'une telle frontière n'existerait pas. Cela justifierait le panjuridisme. Mais ce dernier encourt le reproche adressé à certaines

---

droit serait amené à répondre. De son point de vue, toute étude du droit qui se passerait de définition du droit — ou qui retiendrait simplement la définition implicite selon laquelle « la juridicité se confond avec la normativité » — *reposerait sur des fondations théoriques peu solides, donc peu porteuses*. *In fine*, ce serait jusqu'à l'existence des facultés de droit qui se trouverait mise en doute, les juristes n'ayant plus d'objets différents de ceux des sociologues, des psychologues, des économistes et des spécialistes des sciences de gestion à étudier.

[1] H. ABDELHAMID, « Les paradigmes postmodernes et la démarche pluraliste dans la recherche juridique », in Gh. OTIS, dir., *Méthodologie du pluralisme juridique*, Karthala, coll. 4 vents, 2012, p. 167.

conceptions émergentes du droit qui ne feraient que « standardiser » et « niveler » le droit, qui procèderaient d'une vision diluée et approximative de la juridicité permettant à toute forme d'expression normative d'intégrer le monde du droit. Cela mènerait à la « mort du droit »[1] par la disparition de tout signifié assorti au signifiant « droit », lequel ne serait plus qu'une coquille vide à ranger au banc de l'histoire. Parce qu'elle retient qu'il y aurait, entre les diverses normes sociales, non des variations de nature mais des *variations dans leur degré de consolidation juridique*, l'échelle de juridicité espère permettre au panjuridisme de ne plus encourir un tel reproche.

Par ailleurs, l'utilisation de cette échelle pose quelques difficultés qu'il importe de relever, soit afin de s'en prémunir, soit afin de relativiser la portée des résultats obtenus.

Section 3. *Les limites de l'échelle de juridicité*

Tout d'abord, l'échelle de juridicité est, comme la définition lexicographique du droit, relative : elle permet de mesurer une force juridique *temporellement et géographiquement située*[2]. Cette force juridique diffère en fonction du moment et du lieu[3]. Si l'échelle de juridicité en venait à présenter une quelconque utilité afin de mieux comprendre le concept de droit, celle-ci n'existerait dans tous les cas qu'ici et maintenant, en tout cas dans les termes retenus au sein de ces pages consacrées à la pensée juridique actuelle d'une communauté déterminée. Pour exporter l'échelle de juridicité, il faudrait reconsidérer entièrement la définition lexicographique du droit, donc la liste des critères de juridicité revêtant une force doctrinale significative. Sans actualisation, l'échelle de juridicité n'est transposable ni spatialement ni temporellement, cela car les critères de juridicité sont localisés et temporaires.

En l'état, une telle exportation de l'échelle de juridicité ne semble pas envisageable tant le phénomène juridique et, plus encore, la notion de droit paraissent historiquement et culturellement fixés. Si le droit est un sous-système au sein d'une société, il y aurait autant de droits que de sociétés et autant de différences entre les droits qu'entre les sociétés. Alors qu'un « choc

---

[1] J. CHEVALLIER, *L'État post-moderne*, 3e éd., LGDJ, coll. Droit et société, 2008, p. 146.

[2] Peut-être certaines théories du droit (dites « générales ») négligent-elles le facteur-temps et le facteur-espace, alors que des usages linguistiques et des constructions psychiques ne sauraient accéder au caractère définitif de certaines vérités scientifiques.

[3] Il faut rappeler le point de vue retenu au moment d'expérimenter l'échelle de juridicité : sauf contre-indication expresse, seule la qualité juridique des normes du point de vue d'un observateur français et contemporain a été recherchée.

des cultures » serait à l'œuvre, sans doute un « choc des cultures juridiques » l'est-il aussi. Or les systèmes juridiques concernés par l'échelle de juridicité exposée et expérimentée en ces pages sont uniquement ceux qui ont pour traits communs les critères de juridicité constitutifs de la définition lexicographique du droit. Par conséquent, l'échelle de juridicité ne saurait présenter de quelconque pertinence au-delà du territoire de la famille du droit civil (« *civil law* »), dont le berceau est la vieille Europe continentale, où s'est développé le droit romain duquel elle procède et qui continue de l'inspirer[1].

Pour ce qui est de l'aspect temporel, l'échelle de juridicité ne saurait permettre de mesurer une juridicité éternelle. Mais elle pourrait idéalement suivre et intégrer les mutations de la pensée juridique. Et ce sont même ses prémisses méthodologiques qui pourraient être corrigées — il n'est, en effet, que possible de suivre Émile Durkheim lorsqu'il expliquait que ses formules, « résumé d'une pratique personnelle et forcément restreinte, devront nécessairement évoluer à mesure que l'on acquerra une expérience plus étendue et plus approfondie de la réalité sociale. En fait de méthode, d'ailleurs, on ne peut jamais faire que du provisoire ; car les méthodes changent à mesure que la science avance »[2]. La mesure de la force juridique est une opération trop délicate et controversable pour qu'on puisse imaginer que l'échelle de juridicité ne serait pas vouée à connaître des changements plus ou moins substantiels à l'avenir[3].

Dans le domaine du droit, qu'il soit théorique ou positif, tout est précaire et passager, en mouvement et contingent. En outre, tout y est localisé. Plus une recherche juridique se veut générale, plus elle risque de pécher par excès d'abstraction. Toute norme juridique et tout ordre juridique possèdent une unité d'espace et de temps : ils n'existent ni partout dans le monde ni de tout temps. Par conséquent, *à la fois l'instrument d'étude et l'objet d'étude seraient foncièrement relatifs et, donc, limités*. Le niveau de force juridique d'une norme donnée peut changer dans le temps — et tel est sans doute souvent le cas. Selon les circonstances et selon les mouvements de son environnement, la règle de droit émerge, se renforce, s'épuise et s'éteint. L'échelle de juridicité ne permet

---

[1] Peut-être même ne faudrait-il pas envisager que le « droit » existe ailleurs que dans les pays francophones dès lors que ceux qui traitent du « *law* », du « *recht* » ou du « *diritto* » ne s'intéresseraient pas exactement au même objet que ceux qui évoquent le « droit » — les populations qui parlent d'autres langues que le français connaissent peut-être le droit sans connaître « droit » (*i.e.* le mot « droit »). Si un objet peut être présent dans la réalité sans mot pour le désigner, il ne saurait en revanche y avoir de signifié sans signifiant ; or l'échelle de juridicité ne porte pas sur des objets réels mais sur le sens attribué à des objets réels, cela au sein d'une communauté linguistique. Si les langues du monde ne possèdent guère de pur équivalent du terme « droit », cela signifierait que le « droit », les données « juridiques » et la « juridicité » n'y existeraient pas, en tout cas sous la forme intéressant la définition lexicographique du droit et l'échelle de juridicité.

[2] É. DURKHEIM, *Les règles de la méthode sociologique*, 2e éd. (1937), Puf, coll. Bibliothèque de philosophie contemporaine, 1973, p. XI-XII.

[3] Aussi faut-il redire combien ce livre ne s'envisage pas tel un ensemble d'affirmations visant à livrer clés en main la théorie syncrétique et l'échelle de juridicité au lecteur, mais plutôt tel un ensemble de propositions volontiers soumises à la discussion et à la critique.

donc de mesurer la force juridique des normes qu'à un certain moment — et en un certain lieu. Toute norme connaîtrait nécessairement une *histoire juridique*, une trajectoire dans la juridicité, si bien que pourraient être tracées des courbes de juridicité des normes rendant compte de leurs *creux et pics de force juridique*. La valeur d'une norme, sa validité, ses qualités nomo-juridiques, sa sanction, son application et son effectivité ne sauraient demeurer inchangées. Le cheminement de la règle dans le droit dépend de sa capacité à remplir plus ou moins bien les critères de juridicité au fur et à mesure que le temps s'écoule, mais aussi des changements pouvant affecter la liste des critères de juridicité.

Certains critères de juridicité ont, en outre, tendance à faire évoluer plus que les autres le niveau de juridicité des normes : la validité juridique et les qualités nomo-juridiques sont peu sujettes aux fluctuations ; la sanction juridique, l'application juridique et, surtout, l'effectivité le sont bien davantage ; quant à la valeur juridique, dépendante de l'appréhension subjective de la norme par l'observateur, elle est aussi mouvante que la psychologie humaine. La force juridique de nombreuses normes peut ainsi varier en raison de la diversité des aspirations axiologiques des chercheurs et selon qu'elles sont progressivement appliquées ou désappliquées par les organes exécutifs et respectées ou dérespectées par leurs destinataires[1]. De plus, la juridicité d'une norme donnée ne connaît pas que des changements temporels, verticaux ; elle connaît également des changements spatiaux, horizontaux[2].

Enfin, exprimant la pensée juridique collective, l'échelle de juridicité *ignore les différences de conception du droit qui existent entre les branches du droit et entre les branches de la recherche juridique*. Certainement le droit des professeurs de droit international n'est-il pas tout à fait le même que celui des professeurs de droit commercial ; et sans doute le droit des historiens du droit n'est-il pas tout à fait le même que celui des sociologues du droit. Autant d'échelles de juridicité qu'il y a de branches du droit et de branches de la recherche juridique pourraient être élaborées. Une norme serait dès lors plus ou moins juridique selon la branche du droit et la branche de la recherche juridique dans le cadre desquelles elle est étudiée.

---

[1] D'ailleurs, c'est aussi cette évolutivité temporelle de la juridicité des normes, rarement soudaine, le plus souvent lente et insidieuse, qui pourrait justifier d'abandonner toute approche manichéenne du droit au profit d'une conception graduelle.

[2] Les critères de juridicité peuvent être sujets à variabilité géographique : si la valeur, la validité juridique et les qualités nomo-juridiques sont nécessairement satisfaites de manière homogène dans l'espace d'un ordre juridique, celui-ci peut être en revanche marqué par des disparités géographiques, par des phénomènes de localisme concernant la sanction juridique, l'application juridique et l'effectivité. Par ailleurs, l'effectivité peut être touchée par des formes de variabilité sociale : la réception de la norme est susceptible de différer en fonction du milieu social, de la profession, de la classe d'âge ou du sexe.

Conclusion

La théorie syncrétique du droit est le fruit d'une *quête d'équilibre*. En s'inspirant de la religion romaine qui accueillait jadis dans son panthéon tous les dieux grecs et étrusques, l'ambition est de concevoir une *théorie du droit équilibrée*, demeurant sur la *via media*, ne donnant pas la priorité à un pôle de juridicité au détriment des autres. Cette théorie poserait ainsi quelques jalons d'une nouvelle forme de rationalité *jus*-théorique marquée notamment par la *modération*. Aussi ne serait-ce pas par hasard qu'elle aboutit, avec l'échelle de juridicité, à *mesurer* la force juridique. Peut-être faudrait-il — dans le cadre de la pensée juridique et au-delà — se souvenir en permanence de l'éloge de la mesure par lequel Albert Camus conclut *L'homme révolté*[1], se souvenir en permanence du goût de Montaigne, bon cavalier, pour le trot plutôt que pour le pas ou le galop, se souvenir en permanence des aphorismes de Pascal sur les rapports entre le juste milieu et la maïeutique[2].

Alors que l'essence et les sens du droit se perdent dans de labyrinthiques mouvements sémantiques, beaucoup d'auteurs cherchant à imposer leur « critère générique stipulé »[3] de juridicité, une nouvelle route du droit pourrait être explorée : celle du syncrétisme juridique. La subjectivité, la relativité et la contingence des observations touchant aux phénomènes dits « juridiques » semblent insuffisamment prises en compte. La conscience de cette subjectivité, de cette relativité et de cette contingence pourrait motiver le choix d'une définition lexicale du droit, donc d'une étude scientifique du concept de droit. Alors que le signifié de « droit » conserverait son obscurité malgré les nombreuses entreprises menées afin de l'éclaircir, il deviendrait nécessaire de concilier plutôt que trancher et exclure ; promouvoir une communion scientifique face à la confrontation des subjectivités qui est souvent la marque de la théorie juridique. Aux yeux de la théorie syncrétique, la réalité du concept de droit ne saurait résider ailleurs que dans la combinaison des opinions actuellement recevables — c'est-à-dire non acceptables d'un point de vue personnel mais *acceptées du point de vue de la pensée juridique collective*. Aussi cette théorie ne saurait-elle donner raison à une position contre les autres. Pour elle, chacune forge une part de l'identité du droit et ce n'est que collectivement qu'elles répondent à la question « qu'est-ce que le droit ? ».

---

[1] A. CAMUS, *L'homme révolté*, Gallimard, coll. Nrf, 1953.
[2] B. PASCAL, *Pensées*, 1669.
[3] A. JEAMMAUD, « La règle de droit comme modèle », *D.* 1990, p. 200.

On note que, d'ordinaire, « chaque camp théorique ne tient guère à rencontrer l'adversaire, et plutôt que le dialogue constructif on préfère souvent le monologue, [...] s'enfermer dans des soliloques confortables »[1]. Le syncrétisme serait donc une intention épistémologique assez dissonante dans le concert moderne des théories du droit, où chacun est habitué à jouer sa propre partition plutôt qu'une partition commune. Si de nombreuses introductions au droit passent en revue différents critères potentiels de la règle de droit, c'est souvent afin d'essayer d'isoler celui qui serait *le* critère de reconnaissance du droit ; mais chacun ne pourrait-il pas constituer *un* critère de reconnaissance du droit ?

Toutefois, signe d'une éventuelle transition de la modernité juridique vers la postmodernité juridique, quelques théories pluralistes du droit se développent. Grâce à ces théories pluralistes, l'union doctrinale commence à remplacer les batailles doctrinales. La théorie syncrétique constitue une forme particulière de théorie pluraliste du droit : une *théorie intégrale et fédératrice* en ce qu'elle ne saurait refuser droit de cité à une quelconque conception du droit — sauf si elle est défendue par trop peu d'auteurs[2]. La théorie syncrétique aspire donc à une certaine complétude. Tandis que les théories du droit modernes, « voulant comprendre l'entier phénomène juridique par une clé d'explication unique, s'expose[nt] à laisser hors de [leur] champ d'analyse de nombreux aspects de la richesse de la mécanique du droit »[3], la théorie syncrétique espère traduire et témoigner de la diversité qui est la marque de la pensée du droit contemporaine, donc du droit contemporain.

L'acte de définition véritable serait une *opération intellectuelle collective et non individuelle*, car le fait qu'un signifié soit attaché à un signifiant est uniquement un usage. Dès lors, l'intérêt des définitions stipulatives serait seulement de susciter de nouvelles pistes de réflexion ; jamais elles ne permettraient de connaître le sens d'un mot. Ce sens se construit et se consolide pas à pas, à mesure qu'au sein de la communauté linguistique on le confirme et on élimine ses concurrents par leur non-emploi. Pour ce qui est du concept de droit, plusieurs significations sont aujourd'hui toujours en conflit : il s'agit d'une *lutte sémantique*, autre forme de la « lutte pour le droit » décrite il y a longtemps par Rudolf von Jhering[4]. L'usage est encore loin d'avoir tranché en faveur de l'un ou l'autre sens.

---

[1] J.-P. CHAZAL, « Philosophie du droit et théorie du droit, ou l'illusion scientifique », *Arch. phil. droit* 2001, p. 303-304.

[2] À l'inverse, les théories pluralistes du droit associent habituellement différentes marques de juridicité au départ d'un tri personnel et subjectif. Bien sûr, toute théorie intégrale et fédératrice du droit ne peut qu'être utopique. Il s'agit de souligner ainsi seulement le projet particulier du syncrétisme juridique, sans ignorer qu'il ne saurait atteindre parfaitement son but.

[3] P. DEUMIER, *Introduction générale au droit*, 2e éd., LGDJ, coll. Manuel, 2013, p. 74.

[4] R. VON JHERING, *La lutte pour le droit* (1872), trad. O. de Meulenaere, Dalloz, 2006.

Or, sous cet angle, la théorie syncrétique ne saurait être d'un grand secours puisqu'elle tend à *consacrer le pluralisme de la notion de droit* et non à le réduire. Son souhait n'est pas de remédier à la polysémie du terme « droit » mais d'en tirer les conséquences, ce qui suppose de la reconnaître, de l'accepter. Les définitions sont des conventions de langage, donc des conventions sociales ; et la convention portant sur le mot « droit » comporte des clauses très diverses, parfois même antagonistes, tant et si bien que les juristes ne la ratifient jamais entièrement. Ce que la théorie syncrétique du droit propose, c'est justement de signer dans son ensemble ce contrat relatif au droit — et de forger quelques outils afin d'en assurer la bonne exécution[1].

La théorie syncrétique compterait, en outre, au nombre des *« théories ouvertes »*[2]. Elle serait une théorie susceptible d'évoluer, de s'adapter sur le fond et/ou sur la forme, une théorie non dogmatique, non arc-boutée sur une quelconque vision du droit — une certaine orthodoxie juridique — qu'il s'agirait de défendre contre ses concurrentes. Elle entend ainsi se désolidariser de la tendance de la théorie du droit à constituer une force de conservation opposée au temps et à la société, forces de changement. De son point de vue, en effet, la définition du droit repose sur une pensée juridique collective par nature mouvante[3]. La théorie syncrétique entend *refléter l'état actuel de cette pensée juridique collective*. Loin de craindre les changements du droit, mais aussi loin de contraindre les changements du droit, elle souhaite seulement exprimer les changements du droit[4].

Par ailleurs, si les définitions stipulatives permettent de gagner en personnalité mais font perdre en capacité de communication, la grande perplexité qui entoure actuellement la notion de droit pourrait légitimer les approches privilégiant la capacité de communication sur la personnalité, donc privilégiant *l'esprit de synthèse et le dialogue théoriques* sur l'individualisme et le monologue théoriques. Ce sont bien ces fins que la

---

[1] Comme l'anthropologue étudie le pluralisme des cultures sans s'inscrire personnellement dans l'une d'elles, le scientifique de la pensée juridique doit étudier le pluralisme des définitions du droit sans jamais prendre parti, se bornant à constater la signification du mot « droit ». Il serait ainsi possible de retenir, plus qu'une définition pluraliste ou plurielle, la définition lexicographique du droit, une définition située au carrefour des théories du droit.

[2] C. THIBIERGE, « "Force normative" et "validité plurielle" – Des alliées pour une "théorie ouverte du droit" ? », in Y. CARTUYVELS, H. DUMONT, Ph. GÉRARD, I. HACHEZ, F. OST, M. VAN DE KERCHOVE, dir., *Les sources du droit revisitées – Volume 4 : Théorie des sources du droit*, Publications de l'Université Saint-Louis-Anthémis (Bruxelles), 2013.

[3] Les théoriciens du droit y sont d'ailleurs très minoritaires, quoiqu'ils l'influencent largement. Notamment, les approches panjuridiques et juspragmatistes, qui sont élaborées plus ou moins consciemment par des auteurs ne se présentant en aucun instant tels des théoriciens du droit, n'y pèsent pas moins que les ouvrages publiés sous le titre *Théorie du droit*.

[4] Cela se traduit notamment dans le critère de l'effectivité, lequel semble être le dernier à avoir acquis une force doctrinale significative et lequel se distingue des autres critères en ce que cette effectivité n'a pas à être qualifiée de « juridique » — elle tend à se confondre avec la normativité : il s'agit du principal critère retenu par les panjuridistes.

théorie syncrétique poursuit[1]. Elle invite à considérer davantage « le droit » que « mon droit » ; autrement dit, à ne pas entrer dans une forme de résistance théorique participant de la tension davantage que de la réconciliation des visions du droit. Tout juriste s'arrimerait subjectivement à « une certaine idée du droit » ; mais il serait aussi possible de s'arrimer objectivement à « l'idée de droit ». Pour cela, il faut convenir que la théorie du droit peut être affaire de connaissances scientifiques et non seulement affaire de croyances.

« Il n'est, enseigne-t-on, pas de point de vue pertinent à partir duquel la notion de droit se révèlerait dans sa nudité, dans sa plénitude »[2]. La théorie syncrétique du droit se conçoit pourtant tel un point de vue à partir duquel il serait possible de constater et recueillir, objectivement et empiriquement, scientifiquement, la notion de droit. Pareille *intention théorico-scientifique* aboutit à renverser le rapport du théoricien du droit à la définition du droit. Aussi un autre objectif motivant l'élaboration de la théorie syncrétique et de l'échelle de juridicité est-il de songer aux formes que pourrait prendre une *théorie scientifique du droit*, donc une recherche descriptive et neutre axiologiquement en théorie du droit — même si la scientificité peut sans doute se comprendre telle une valeur. Alors qu'on rapproche (jusqu'à confondre) la théorie du droit et la philosophie du droit, il s'agit ici de tenter de lier la théorie du droit et la science du droit, d'essayer de contribuer au *progrès des connaissances scientifiques relatives à la notion de droit*. C'est à ces fins qu'une méta-théorie scientifique du droit est proposée : son rôle est d'inscrire plus fermement et expressément la théorie syncrétique dans un cadre scientifique.

Les théoriciens retiennent souvent des définitions stipulatives du droit parce qu'ils préfèrent mettre en avant certaines valeurs ou, plus simplement, certaines hypothèses, certaines analyses ou certaines propositions personnelles. Ils considèrent que procéder à des études objectives et empiriques de réalités données *a priori* serait le propre des scientifiques et qu'il serait impossible de faire à la fois œuvre théorique et œuvre scientifique. La théorie se distinguerait radicalement de la science ; s'il existe de nombreuses théories de la science, nulle théorie scientifique ne serait concevable. C'est pourquoi l'on pourrait juger que la théorie syncrétique du droit usurperait le titre de « théorie ». Les lignes de

---

[1] Encore faut-il rappeler combien cette théorie syncrétique est intimement dépendante des définitions stipulatives du droit antérieurement esquissées et combien elle ne saurait exister sans elles. La définition lexicographique du droit est forcément seconde chronologiquement ; son contenu repose entièrement sur les propositions personnelles qui ont rencontré un certain écho, un certain succès dans la psyché commune. Aussi la théorie syncrétique ne dénonce-t-elle ou critique-t-elle en aucun instant les définitions stipulatives ni ceux qui les élaborent puisqu'elle perdrait tout sens sans eux.

[2] R. LIBCHABER, *L'ordre juridique et le discours du droit – Essai sur les limites de la connaissance du droit*, LGDJ, 2013, p. 9.

convergence ne peuvent que manquer entre qui entend déterminer l'essence métaphysique éternelle du droit et qui entend recueillir la définition lexicographique actuelle du droit.

Aussi faut-il soutenir qu'une « théorie scientifique » ne serait pas une *contradictio in adjecto*. Si le choix de faire œuvre stipulative et personnelle est généralement motivé par la poursuite d'un objectif axiologique ou critique, c'est-à-dire par l'insatisfaction du théoricien devant la pensée de son temps, il faut gager que des recherches *jus*-théoriques peuvent emprunter d'autres voies et notamment celle du syncrétisme juridique — qui suppose une approche scientifique. La théorie du droit ne serait dès lors plus le domaine réservé des opinions personnelles et collectives.

Nombre de juristes considèrent que le droit pourrait être une technique ou un art — art littéraire, art oratoire — mais non une science, car il n'offrirait aux éventuels chercheurs aucune vérité scientifique à étudier. Néanmoins, il se trouve également beaucoup de juristes qui retiennent que le droit pourrait être une science en même temps que l'objet d'une science. La théorie syncrétique, pour sa part, mise sur la possibilité de voir dans le concept de droit une réalité qu'un scientifique pourrait observer. Par suite, cette théorie constitue nécessairement une théorie des théories, une théorie transversale recoupant les théories préexistantes, une « science des théories du droit »[1]. L'un des premiers enjeux attachés à la théorie syncrétique et à l'échelle de juridicité consiste donc à élever la science juridique au niveau théorique, à rénover la théorie du droit en la soumettant à une rationalité scientifique.

Concrètement, le *jus*-syncrétiste, théoricien du droit devenu chercheur-scientifique, est conduit à mener une enquête de terrain afin d'observer et comprendre les représentations et les prémisses que mobilisent ceux qui pensent l'objet intellectuel « droit ». Ensuite, il isole et retranscrit les critères de juridicité actuellement influents au sein de la pensée juridique collective. Puis, appliquant ces critères de juridicité à diverses normes provenant de toutes les régions de la normativité sociale, il mesure la force juridique de chacune en suivant une méthode systématique. C'est ainsi qu'il lui serait possible d'arrêter, dans un cadre scientifique, la liste des sources de règles juridiques, donc d'établir la carte du droit et de tracer les frontières de la juridicité — si elles existent[2].

---

[1] Émile Durkheim expliquait qu'« une science ne peut se regarder comme définitivement constituée que quand elle est parvenue à se faire une personnalité indépendante. Car elle n'a de raison d'être que si elle a pour matière un ordre de faits que n'étudient pas les autres sciences » (É. DURKHEIM, *Les règles de la méthode sociologique*, 2e éd. (1937), Puf, coll. Bibliothèque de philosophie contemporaine, 1973, p. 143). Les théories du droit préexistantes et la pensée juridique collective constituent peut-être un tel « ordre de faits que n'étudient pas les autres sciences », si bien qu'une nouvelle science (la « science des théories du droit ») serait bel et bien envisageable.

[2] Une telle orientation théorico-scientifique ne peut qu'engendrer de nouvelles controverses en même temps qu'elle essaye d'en résoudre d'anciennes. Aussi le texte qui s'achève ne visait-il bien

La théorie, loin de s'en couper, doit être au service de la pratique. Elle ne saurait constituer une fin en soi et l'étude du concept de droit n'a de sens que parce que *les moyens et les résultats de l'étude du droit positif en dépendent*. Or la théorie syncrétique est aussi une *théorie du pluralisme du droit*. Elle soutient, grâce à l'échelle de juridicité dont l'expérimentation indique qu'il n'existerait guère de normes sociales non juridiques, le pluralisme juridique (selon lequel divers foyers de règles de droit concurrenceraient les États) contre le monisme juridique (selon lequel les États bénéficieraient du monopole de la production ou, du moins, de la validation des règles de droit). L'échelle de juridicité enseigne que toute norme sociale serait, plus ou moins parfaitement, une norme juridique et que toute source de normes sociales serait, plus ou moins parfaitement, une source de normes juridiques. Partant, toutes seraient susceptibles d'être analysées au sein de travaux juridiques.

Longtemps, la culture juridique occidentale a réduit l'empire du droit à l'empire de l'État, quand elle n'a pas conçu « État » et « droit » tels deux synonymes. Aujourd'hui, si cet étatisme juridique recule, il empreint toujours de nombreux pans de la recherche juridique. La théorie syncrétique et l'échelle de juridicité permettraient d'ouvrir la notion de droit sans la dissoudre, d'élargir le champ de vision des juristes sans le flouter. Une telle expansion de l'univers juridique pourrait être bienvenue tant, si la prospérité de l'étatisme juridique a pu coïncider avec des temps dans lesquels l'État était l'acteur dominant, si ce n'est omnipotent, de la société, la pensée juridique serait désormais obligée de se confronter à la réalité d'un État contesté, d'un État concurrencé, d'une souveraineté évanescente et d'une gouvernance éclectique faite de formes multiples de normativité para-étatique — quand elle n'est pas anti-étatique. La « vision étriquée du droit moderne »[1] serait chaque jour un peu moins acceptable, risquant de cantonner les juristes à l'étude d'un « droit dogmatique » de théoriciens par trop éloigné du « droit réel » des praticiens[2].

Néanmoins, les théories selon lesquelles il se trouverait du droit hors de l'État, selon lesquelles l'étaticité ne permettrait pas seulement ou même pas du tout d'identifier la juridicité, s'avèrent désormais aussi nombreuses que diverses. Elles sont de mieux en mieux connues et de plus en plus populaires et beaucoup en viennent à regretter que « le positivisme juridique constitue,

---

qu'à proposer la théorie syncrétique et l'échelle de juridicité, ainsi que, et plus encore, à les soumettre à la discussion.

[1] F. TERRÉ, « Une pyramide », *Droits* 1990, n° 11, p. 65.

[2] En ce sens, les derniers ouvrages de théorie du droit ne manquent pas de remarquer que « l'Occident a imposé une conception qui lie le droit à l'État et il n'est pas facile de les détacher. Il le faut néanmoins si l'on veut saisir la réalité du droit » (R. LIBCHABER, *L'ordre juridique et le discours du droit – Essai sur les limites de la connaissance du droit*, LGDJ, 2013, p. 248).

depuis l'âge moderne, un obstacle à la connaissance vraie du droit »[1]. Désormais, on entend « reconnaître une valeur juridique à des normes qui, depuis quelque temps déjà, régissent en coulisse et invisiblement des situations de plus en plus nombreuses »[2]. Pareille reconnaissance consiste inéluctablement en un acte théorique audacieux : la *révision du concept moderne de droit*. Ce n'est que dans un second temps qu'elle peut prendre la forme d'un acte empirique, soit la recherche et l'identification concrètes de ce qui, grâce à la réformation de la notion de droit opérée, passe de l'empire du non-droit à l'empire du droit. La théorie syncrétique et l'échelle de juridicité souhaitent s'inscrire dans ce mouvement d'abandon des canons du droit moderne et d'édification d'un nouvel environnement théorique et épistémologique pour le droit et les juristes mieux adapté aux enjeux et aux réalités des modes de régulation du XXIe s.

Le XXe s. a porté à son apogée la radicalisation de la distinction droit/non-droit. Une acception progressive de la qualité juridique ne devrait-elle pas prendre le relai ? Les rapports, intrications et antagonismes entre ces trois entités que sont l'État, la société et le droit sont d'une telle complexité qu'il n'est peut-être pas possible (ou plus possible) de les traduire par de simples alternatives binaires. Les conclusions tirées de l'expérimentation de l'échelle de juridicité ne seraient pas insignifiantes à l'ère de la « crise du droit », laquelle consisterait déjà en une crise de la notion de droit ouvrant la voie vers un nouveau droit, donc vers une nouvelle conception du droit, vers un nouveau concept de droit. Si le droit positif est gagné par les questionnements et par l'inquiétude, c'est aussi l'identité du droit qui interroge et qui peut laisser le juriste dans une situation de perplexité et d'incertitude. L'heure serait à l'ouverture et à la souplesse dans le monde juridique. Cette ouverture et cette souplesse pourraient empreindre jusqu'aux réponses apportées à la question « qu'est-ce que le droit ? ».

Le problème de l'actualisation du savoir juridique touche en particulier la possibilité et la réalité d'un « droit global » sans État, d'un droit transnational échappant aux lois étatiques et aux accords internationaux. Ce droit est parfois perçu comme une évidence, mais il est aussi souvent qualifié de « désordre » extra-juridique. Les résistances demeurent puissantes : on y voit des pérégrinations normatives qui, extérieures au droit, ne l'affecteraient guère. Ainsi la problématique essentielle pour la théorie juridique ne changerait-elle guère : « La question première et fondamentale posée par les instruments de "droit" mou est : font-ils partie du droit ? »[3]. Il ne serait pas temps d'abandonner la question « qu'est-ce que le droit ? » mais, au

[1] H. ABDELHAMID, « Les paradigmes postmodernes et la démarche pluraliste dans la recherche juridique », in Gh. OTIS, dir., *Méthodologie du pluralisme juridique*, Karthala, coll. 4 vents, 2012, p. 135.

[2] V. LASSERRE, *Le nouvel ordre juridique – Le droit de la gouvernance*, LexisNexis, 2015, p. 203.

[3] C. THIBIERGE, « Le droit souple – Réflexion sur les textures du droit », *RTD civ.* 2003, p. 599.

contraire, temps d'y apporter des réponses « postmodernes » capables de légitimer les nouveaux développements des sciences du droit.

La situation de la théorie du droit contemporaine, à qui il revient de se saisir de la question « qu'est-ce que le droit ? », est délicate. En effet, si de plus en plus de *jus*-scientifiques s'accommodent de l'existence de tout un pan de droit d'origine privée issu de l'autorégulation et parallèle aux lois, règlements et jurisprudences, il est rare que ces chercheurs justifient en théorie du droit l'agrandissement du domaine des sciences juridiques. Ils retiennent simplement que les nouveaux objets normatifs ne sauraient laisser les juristes indifférents, si bien que ces derniers ne pourraient qu'en faire, sans autre forme de procès et quoi qu'aient pu écrire les *jus*-théoriciens, de nouvelles espèces de droit. Ainsi une pensée du droit ignorant la question « qu'est-ce que le droit ? » s'insinuerait-elle, le juspragmatisme subrogeant progressivement le juspositivisme moderne.

Le souhait de la théorie syncrétique et de l'échelle de juridicité est de remplacer ce panjuridisme brut, qui tend à nier tous les efforts *jus*-théoriques actuels et passés, par un panjuridisme doux, tempéré, modéré, soit un panjuridisme capable d'accorder, avec les juspragmatistes, la qualité juridique à tous les objets normatifs produisant d'importants effets de régulation tout en préservant, avec les *jus*-théoriciens, l'autonomie du droit faisant qu'on ne saurait le confondre avec la morale, avec la religion ni avec aucune autre branche de la normativité sociale.

Alors que le défaitisme autour de la notion de droit gagne du terrain[1], le pari pris en ces pages était de regretter ce défaitisme — on pourrait aussi s'y accoutumer, mais la non-définition du droit provoquerait *ipso facto* la disparition du droit. Ensuite, l'enjeu était d'explorer de nouvelles voies possiblement ni dogmatiques ni sceptiques. En particulier, le concept de « force juridique » ou, mieux, de « forces juridiques » pourrait constituer une issue à la guerre du droit et du non-droit. Cette guerre cantonne les sciences juridiques dans des batailles d'abstractions, dans des manœuvres philosophiques qui freinent ou même empêchent les expéditions empiriques. Elle oblige les juristes soit à demeurer enfermés dans des prisons sémantiques sans fenêtres permettant d'entrevoir le monde extérieur, soit à s'évader de ces prisons sémantiques pour échapper au procès du concept de droit — en somme à fuir le droit.

Traduisant les idées de gradualité et de dynamique et, ce faisant, capables d'exprimer la singularité et la complexité du droit contemporain,

---

[1] Illustre ce phénomène de défaitisme, par exemple, qui écrit qu' « il ne faut pas perdre de temps avec la question du droit. Je veux éviter la question de la définition de "droit" [...]. Il est suffisant de dire que ces questions de définition et de frontière sont très sujettes à controverse. Des douzaines de chercheurs ont "ramé" là-dessus. Bien entendu, il n'y a pas, et il ne peut pas y avoir, un quelconque accord sur le sujet » (L. M. FRIEDMAN, « La sociologie du droit est-elle vraiment une science ? », *Dr. et société* 1986, p. 118).

les forces juridiques s'imposeront peut-être bientôt telles des évidences. Elles pourraient alors mettre fin au conflit des pensées juridiques, au profit d'une union théorique. Entre grand droit et non-droit, il y aurait bel et bien une place pour le demi-droit et le petit droit.

Table des matières

Seconde partie
L'échelle de juridicité
(une recherche des dimensions du droit)

QUESTIONS JURIDIQUES AUX ÉDITIONS L'HARMATTAN

Dernières parutions

EXISTE-T-IL ENCORE UN SEUL « NON BIS IN IDEM » AUJOURD'HUI ?
Sous la direction de Delphine Brach-Thiel
«Nul ne doit pouvoir être jugé et condamné deux fois à raison des mêmes faits.» Si le principe est simple, c'est précisément son interprétation par de très nombreuses juridictions - pas toujours à l'unisson - qui pose question et explique le retour de ces interrogations sur le devant de la scène aujourd'hui. L'analyse ici présentée se veut riche et féconde de la rencontre entre universitaires belges et français, entre praticiens et chercheurs, entre européanistes, internationalistes ou pénalistes.
(Coll. Comité international des pénalistes francophones, 23.50 euros, 230 p.)
ISBN : 978-2-343-11828-4, ISBN EBOOK : 978-2-14-004143-3

ESSAI SUR LA NOTION D'EXÉCUTION CONTRACTUELLE
Alvarez Isabelle
L'exécution contractuelle constitue la cause impulsive de l'établissement du contrat qui, paradoxalement, est un mécanisme trop familier pour être bien connu. Adopter une méthode d'analyse alternative permet d'esquisser une définition de cette notion juridique. Est ici proposée une approche dynamique des échanges contractualisés, orientés vers la réalisation satisfactoire de l'opération économique, démontrant que cette phase exécutoire recèle un panel étendu de perspectives. (Étude à jour de l'ordonnance n° 2016-131 du 10 février 2016 portant réforme du droit des contrats, du régime général et de la preuve des obligations).
(Coll. Logiques Juridiques, 45.00 euros, 486 p.)
ISBN : 978-2-343-12604-3, ISBN EBOOK : 978-2-14-004271-3

LES ACCORDS COLLECTIFS DE GROUPE
Théodoropoulos Alexandra - Préface de Gérard Vachet
De simple expérimentation issue de la pratique, la négociation collective de groupe est devenue un véritable niveau de négociation collective reconnue par le législateur. L'accord de groupe est désormais consacré comme une norme créatrice de droits et d'obligations entre employeurs et salariés du groupe, mais sa place dans la hiérarchie des normes n'a pas été précisée. Cette situation génère de nombreuses interrogations quant à sa portée et à ses limites.
(Coll. Logiques Juridiques, 44.00 euros, 440 p.)
ISBN : 978-2-343-12269-4, ISBN EBOOK : 978-2-14-004330-7

LA SIMPLIFICATION DU DROIT DES SOCIÉTÉS À L'AUNE DU CAS HONGKONGAIS
L'exemple des SARL et SAS
Tortellier Nathalie - Préface de Mme le professeur Catherine Barreau
Cette étude comparative puise dans les règles et mécanismes de la société fermée à risque limité hongkongaise des techniques pouvant fortement contribuer à l'assouplissement et à

la simplification du droit des sociétés. L'analyse décortique la vie des SARL et SAS et propose l'application de la méthodologie pragmatique du droit hongkongais par thèmes dans un souci d'adaptabilité du droit français. Il ressort de cette analyse comparative 80 recommandations inspirées de la société hongkongaise pour développer une société outil au service de l'entreprise, une société adaptée et adaptable aux acteurs économiques contemporains.
(Coll. Logiques Juridiques, 49.00 euros, 638 p.)
ISBN : 978-2-343-11885-7, ISBN EBOOK : 978-2-14-004220-1

LE DROIT DE L'INFORMATIQUE
4e édition (2017)
Bismuth Yves
À travers l'étude des grands thèmes du droit de l'informatique (protection des logiciels et des données, contrats informatiques, protection des libertés, gestion du risque informatique), cet ouvrage permet au lecteur d'établir lui-même un diagnostic juridique des problèmes rencontrés à l'occasion de la mise en place d'un système informatique. Il est complété par des extraits de code, une bibliographie, un index et un lexique, et est à jour des dernières lois et décrets intervenus en la matière.
(38.00 euros, 436 p.)
ISBN : 978-2-343-11527-6, ISBN EBOOK : 978-2-14-004177-8

MÉTHODE ET ASPECTS FORMELS DE LA RECHERCHE
Petit manuel à l'usage des juristes (2e édition)
Marain Gaëtan
L'ouvrage propose un apprentissage de la recherche et de son formalisme qui doit permettre aux étudiants confrontés à la rédaction d'une thèse ou d'un mémoire en droit d'aborder ce travail avec sérénité. L'auteur donne ainsi une méthode pour définir le sujet, échafauder un plan et trouver la documentation utile. Est également abordée, entre autres, la question du référencement des sources et de la citation d'auteur. Des recommandations propres à l'organisation de la soutenance et à son bon déroulement sont prodiguées. Voici un guide à même d'éclairer les premiers pas du jeune chercheur en droit.
(15.50 euros, 138 p.)
ISBN : 978-2-343-12682-1, ISBN EBOOK : 978-2-14-004300-0

LA PROCÉDURE DE LIBÉRATION CONDITIONNELLE COMME OUTIL DE GESTION DU RISQUE
Ben Gadi Amélie - Préface de Joana Falxa
La procédure d'octroi de la libération conditionnelle des longues peines témoigne d'une sévérité accrue à leur égard. En imposant une évaluation de dangerosité, le législateur a souhaité «verrouiller» la procédure. Cependant, la notion de dangerosité est très complexe à définir et ne fait l'objet d'aucune définition légale. Elle introduit la notion de gestion du risque, ouvrant le chemin vers une justice de précaution. La présente étude éclaire la problématique de la réinsertion des longues peines.
(Coll. Bibliothèques de droit, 15.00 euros, 132 p.)
ISBN : 978-2-343-11550-4, ISBN EBOOK : 978-2-14-004296-6

LETTRE À TOUS CEUX QUI PERSISTENT À VOULOIR FAIRE LEUR DROIT
Charles Thierry
Le droit court derrière la «révolution numérique». Les algorithmes nous espionnent et restreignent les libertés publiques, ils calculent les indemnités au service des compagnies d'assurances. La diminution lente et continue des services chargés de veiller à l'application du droit affaiblit et parfois anéantit l'efficacité de ces lois. L'échec de la loi Hadopi est significatif à cet égard. Le mal est en fait bien plus profond et ne date pas d'hier. Nous vivons une époque de démolition des codes établis. Si le droit est partout, en définitive il n'est nulle part...
(20.50 euros, 204 p.)
ISBN : 978-2-343-12343-1, ISBN EBOOK : 978-2-14-004306-2

FÊTE ET DROIT PUBLIC
Sous la direction d'Adrien Azarete, Elie Guerrero et Thomas Moretto
S'inscrivant dans une approche globale et élargi à tout le droit public, le présent ouvrage, issu du colloque « Fête du Droit Public », a pour objet l'étude de l'application du droit public dans la fête par les différents acteurs de cette branche du droit. De l'autorisation de la fête à sa responsabilité, en passant par son organisation, son coût et sa sécurité, le droit public est présent partout, de par l'évidente présence et implication de la puissance publique et des collectivités territoriales.
(Coll. Bibliothèques de droit, 20.00 euros, 192 p.)
ISBN : 978-2-343-11018-9, ISBN EBOOK : 978-2-14-003946-1

LA DÉMOCRATIE EN DROIT INTERNATIONAL
Étude critique sur le statut juridique de la démocratie en droit international et la légitimité de l'imposer par la force
Alshiabani Abuhamoud
En droit international, la démocratie était jusqu'à très récemment absente. Malgré les appels lancés au début du 20e siècle, celui-ci a toujours considéré la démocratie comme une idéologie dans laquelle il ne doit pas s'impliquer. Après la fin de la Guerre froide et la victoire de la démocratie libérale, la démocratie s'est renforcée au plan international. Elle a exercé une pression considérable sur le droit international pour qu'il s'adapte aux nouvelles exigences des réalités politiques. Cet ouvrage traite de ce sujet et montre le contexte dans lequel se sont développés la démocratie et le concept d'ingérence démocratique.
(Coll. Logiques Juridiques, 39.00 euros, 408 p.)
ISBN : 978-2-343-10818-6, ISBN EBOOK : 978-2-14-003833-4

LES PRINCIPES GÉNÉRAUX DANS LA JURISPRUDENCE DE L'ORGANE DE RÈGLEMENT DES DIFFÉRENDS DE L'OMC
Aydi Ghozzi Mariem - Préface de Slim Laghmani
Représentant la justice marchande, le Système de règlement des différends de l'organisation Mondiale du Commerce (OMC) est censé rendre une meilleure justice. Bien qu'il ne constitue pas une véritable juridiction, il chemine sur les traces du juge international dans la détermination et la régulation du sens du droit de cette organisation, les principes généraux devraient en constituer des instruments de moralisation et de développement. Cependant, la méthode par laquelle l'organe de règlement des différends appréhende lesdits principes mérite une attention particulière.
(Coll. Droit aujourd'hui, 37.50 euros, 368 p.)
ISBN : 978-2-343-12079-9, ISBN EBOOK : 978-2-14-004047-4

LA RESPONSABILITÉ DES ENTREPRISES MULTINATIONALES POUR LES VIOLATIONS DES DROITS DE L'HOMME EN AFRIQUE
Opportunités et défis
Belporo Christelle
La question de la responsabilité des entreprises multinationales pour les violations des droits de l'homme est d'une actualité brûlante. Alors qu'à travers le monde les scandales se multiplient, sur le continent africain, des voix s'élèvent pour dénoncer les nombreuses violations des droits internationalement protégés. Cet ouvrage évalue les réponses offertes par le droit pour l'encadrement de la responsabilité juridique des entreprises multinationales à l'aune des instruments internationaux et africains.
(Coll. Études africaines, 20.50 euros, 200 p.)
ISBN : 978-2-343-11365-4, ISBN EBOOK : 978-2-14-004005-4

CONCEPTS ET PRATIQUES PROFESSIONNELLES EN DOUANES
Origines, procédures, régimes et valeur
Bouga Boukari Dan
Ce livre explique d'abord les concepts, c'est-à-dire le vocabulaire douanier de façon à ne saisir que l'essentiel. Il expose ensuite les exigences des pratiques douanières pour tous les scénarios du

commerce international. Il procède enfin à des illustrations pour une meilleure compréhension des droits et obligations des opérateurs en douane.
(Harmattan Côte-d'Ivoire, 20.00 euros, 184 p.)
ISBN : 978-2-343-11805-5, ISBN EBOOK : 978-2-14-004075-7

LE DROIT POSTMODERNE
Une introduction
Barraud Boris
Au XIXe siècle le droit a changé d'ère passant du droit moderne au droit postmoderne. Sa principale caractéristique résiderait dans le développement d'une forme de concurrence juridique entre puissances publiques et puissances privées. La révolution copernicienne de la pensée juridique serait ainsi la rupture du lien consubstantiel entre droit et État que la modernité avait noué. La société civile serait désormais au cœur du jeu juridique. Ce livre propose quelques pistes et une grille de lecture afin de comprendre le nouveau droit que la globalisation modèle.
(Coll. Droit aujourd'hui, 32.00 euros, 320 p.)
ISBN : 978-2-343-12077-5, ISBN EBOOK : 978-2-14-003633-0

LE CONSEIL DE L'EUROPE ET LES COLLECTIVITÉS TERRITORIALES
Contribution à l'étude de l'autonomie locale
Kalimeri Vasiliki
Le Conseil de l'Europe est la première organisation internationale à avoir intégré l'acteur infra-étatique dans son action. La Charte européenne de l'autonomie locale et le Cadre de référence pour la démocratie régionale ont cristallisé la conception de la notion d'autonomie locale en Europe, élargie désormais à deux niveaux : le local et le régional. Au niveau extérieur, le traité de Maastricht intègre également les collectivités locales dans la reformulation du fonctionnement de l'Europe.
(Coll. Logiques Juridiques, 49.00 euros, 664 p.)
ISBN : 978-2-343-12019-5, ISBN EBOOK : 978-2-14-003697-2

GUIDE PRATIQUE DU CAPITAL INVESTISSEMENT ET DES AIDES PUBLIQUES
Créer, développer, transmettre son entreprise
Battini Pierre - Préface d'Olivier Millet
Cet ouvrage entend démystifier le capital investissement et répondre concrètement aux questions que se posent les entrepreneurs, leur donner les clés pour être efficaces, gagner du temps et avoir plus de chances de réussir leur projet. Beaucoup d'exemples et de cas concrets sont exposés. Ce livre traite la question des fonds d'investissements et des aides publiques sous différents angles : finance et outils financiers, juridique et montage des opérations, valorisations et accompagnement.
(30.00 euros, 292 p.)
ISBN : 978-2-343-12074-4, ISBN EBOOK : 978-2-14-003636-1

ET COMMENT VONT LES ENFANTS ?
Réflexions d'un notaire sur l'évolution de la parentalité des années 60 à nos jours
Dauptain Pierre
PMA, GPA, adoption, statut du beau-parent, familles homoparentales, ces sujets sont au cœur des débats contemporains et témoignent de l'évolution de la parentalité sur les cinquante dernières années. Avec un regard impartial, l'auteur inscrit sa réflexion dans les mouvements de la société tout entière. Fidèle à la méthode qui a fait le succès de son premier essai, il nous parle de droit en termes simples pour exposer les changements que la famille a connus en cinq décennies.
(Éditions Pepper/Harmattan, 22.50 euros, 218 p.)
ISBN : 978-2-343-12076-8, ISBN EBOOK : 978-2-14-003757-3

L'HARMATTAN ITALIA
Via Degli Artisti 15; 10124 Torino
harmattan.italia@gmail.com

L'HARMATTAN HONGRIE
Könyvesbolt ; Kossuth L. u. 14-16
1053 Budapest

L'HARMATTAN KINSHASA
185, avenue Nyangwe
Commune de Lingwala
Kinshasa, R.D. Congo
(00243) 998697603 ou (00243) 999229662

L'HARMATTAN CONGO
67, av. E. P. Lumumba
Bât. – Congo Pharmacie (Bib. Nat.)
BP2874 Brazzaville
harmattan.congo@yahoo.fr

L'HARMATTAN GUINÉE
Almamya Rue KA 028, en face
du restaurant Le Cèdre
OKB agency BP 3470 Conakry
(00224) 657 20 85 08 / 664 28 91 96
harmattanguinee@yahoo.fr

L'HARMATTAN MALI
Rue 73, Porte 536, Niamakoro,
Cité Unicef, Bamako
Tél. 00 (223) 20205724 / +(223) 76378082
poudiougopaul@yahoo.fr
pp.harmattan@gmail.com

L'HARMATTAN CAMEROUN
TSINGA/FECAFOOT
BP 11486 Yaoundé
699198028/675441949
harmattancam@yahoo.com

L'HARMATTAN CÔTE D'IVOIRE
Résidence Karl / cité des arts
Abidjan-Cocody 03 BP 1588 Abidjan 03
(00225) 05 77 87 31
etien_nda@yahoo.fr

L'HARMATTAN BURKINA
Penou Achille Some
Ouagadougou
(+226) 70 26 88 27

L'HARMATTAN SÉNÉGAL
10 VDN en face Mermoz, après le pont de Fann
BP 45034 Dakar Fann
33 825 98 58 / 33 860 9858
senharmattan@gmail.com / senlibraire@gmail.com
www.harmattansenegal.com